Baleines

en liberté

Sommaire

Question de confiance

Baleines et dauphins occupent une place singulière dans le monde animal. Il y a de cela des dizaines de millions d'années, plutôt que de lutter pied à pied contre des concurrents mieux armés que lui, et au risque de disparaître, leur ancêtre terrestre à quatre pattes a préféré « lâcher prise ». Il a cédé, et s'est tourné vers la mer, seul espace de liberté disponible, et s'y est risqué. Il a conquis un nouvel univers, pour y jouer un rôle que nul être vivant ne tenait alors. Il a innové sans cesse, tant et si bien qu'au long des millions d'années, il a progressivement modifié son aspect extérieur, s'est diversifié en de nombreuses espèces, explorant au passage des voies incertaines, occupant des niches écologiques nouvelles pour parvenir à la perfection que nous constatons aujourd'hui. Qui pourrait nier que baleines et dauphins sont en parfaite harmonie avec leur environnement ?

Que pouvons-nous en déduire, nous qui sommes confrontés chaque jour à d'incessants conflits avec nos semblables et à la délicate gestion de notre planète ? Comment comprendre ce choix du « lâcher prise pour survivre » plutôt que de lutter vainement et disparaître ? Nous massacrons ces animaux depuis si longtemps que leur agressivité serait compréhensible. Contre toute attente, ils continuent de sillonner les océans en y puisant ce que leur donne la mer et rien de plus. Et surtout, ils s'obstinent à nous faire confiance…

Comment interpréter le fait que ces animaux doués à la fois de force, d'intelligence et de mémoire, et qui pourraient régner sans partage sur leur territoire, non seulement nous tolèrent mais souvent nous recherchent ? Pourquoi les dauphins accompagnent-ils nos bateaux ? Pourquoi une maman baleine incite-t-elle son baleineau à s'approcher de nos embarcations ? Et si tout cela avait un sens que nos peurs nous empêchent de comprendre, une sorte de leçon que l'Univers nous transmettrait par leur ambassade, et où l'obstination aveugle laisserait enfin la place à la confiance absolue, à l'amour donc ?

GÉRARD SOURY

1 Hier et aujourd'hui

Cétacés primitifs, les protocétidés chassaient dans les eaux de la mer de Téthys, il y a 48 millions d'années.

Baleines des origines

Au début de l'éocène, le *Diacodexis,* dont la taille avoisinait celle d'un gros lièvre, se nourrissait de la faune des rivages de la mer de Téthys, à l'emplacement de l'actuel Pakistan.

Voici 55 millions d'années, les dinosaures n'existent déjà plus qu'à l'état de fossiles. La géographie de la Terre d'alors n'est pas celle que nous connaissons aujourd'hui, loin s'en faut. Par exemple, l'Amérique du Nord n'est pas encore rattachée à l'Amérique du Sud et l'Australie ne s'est toujours pas détachée du Continent antarctique. L'Inde est perdue au beau milieu d'un immense océan sans avoir encore rejoint l'Asie. Mais, surtout, l'Afrique est séparée de l'Europe par une mer gigantesque qui s'étend de la Chine à l'Amérique centrale sans un obstacle : la Téthys. C'est depuis ses rives, à la hauteur de l'actuel Pakistan, que le lointain ancêtre des cétacés choisira de prendre le chemin de la mer.

Il y a 64 millions d'années, la mer de Téthys s'étendait de l'Amérique à la Chine.

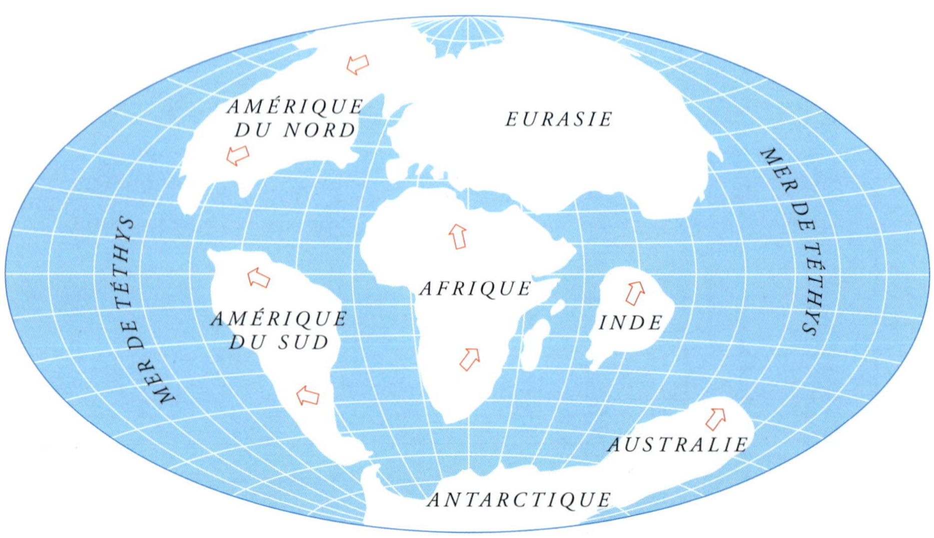

LE RETOUR VERS LA MER

Le grand ancêtre : *Diacodexis...*

À l'origine, c'est un mammifère comme les autres ou presque, de la taille d'un gros lièvre dont il a également la mobilité ; il se déplace sur quatre pattes, s'accouple, allaite et élève ses petits. Simplement, il vit près des rivages marins et se nourrit de crustacés, de certains mollusques, d'animaux amphibies et sans doute de

LE DIACODEXIS

Le *Diacodexis* possédait un petit os bien particulier dans le pied : l'astragale, commun aux artiodactyles (mammifères ongulés dont le nombre de doigts est pair) auxquels appartiennent, entre autres, le porc et l'hippopotame. En comparant des fossiles d'hippopotames et de cétacés *(Pakicetus)*, des chercheurs ont découvert la présence commune de cet os. Entre 60 et 50 millions d'années, les cétartiodactyles (ancêtres de tous les ongulés), groupe auquel appartient notre *Diacodexis,* ont donc donné naissance à deux lignées distinctes. La première mène aux anthracothères (lignée de l'hippopotame), aujourd'hui disparus, la seconde aux cétacés, *via* le *Pakicetus.* En conclusion, à ce jour, le monde scientifique est au moins d'accord sur un point : les mésonichidés (mammifères ongulés carnivores, dépourvus d'astragale), qui avaient longtemps été considérés comme les vrais ancêtres des cétacés, leur sont totalement étrangers.

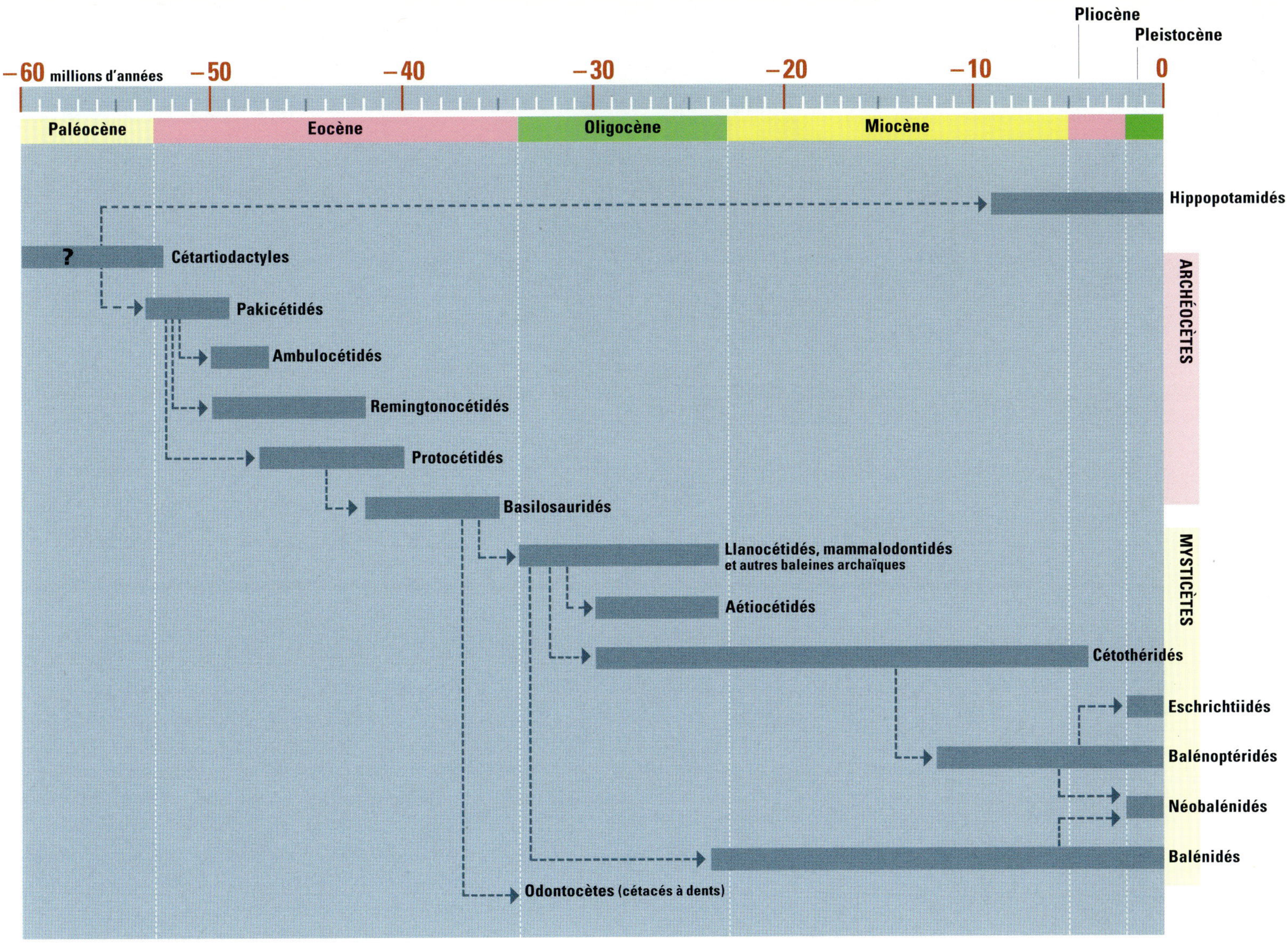

« Les baleines et leurs ancêtres », d'après R. E. Fordyce, *Encyclopedia of life sciences,* Nature Publishing Group, Londres, 2000.

poissons. Ce choix alimentaire est déterminant lorsque le niveau des eaux monte, réduisant la surface des terres émergées, et que l'activité volcanique se déchaîne. Sans doute moins performant que d'autres prédateurs mieux armés que lui pour la compétition sur la terre ferme, il cède la place et occupe progressivement une niche écologique bien à lui. Il se spécialise de plus en plus et va chercher sa nourriture non plus seulement dans les marécages et les flaques abandonnées par les marées, mais plus loin et plus profond dans l'océan.

… et ses successeurs

Animés du désir à la fois de survivre et de s'affranchir une fois pour toutes des rivages, les successeurs voient leur morphologie évoluer. Cela prend des millions d'années, mais, progressivement, leur aspect extérieur se modifie : les poils disparaissent, les pattes antérieures deviennent nageoires pectorales ; les pattes postérieures régressent presque totalement tandis que la queue se transforme en nageoire caudale, à terme leur principal moyen de propulsion. Ce nouveau mode de vie qui les pousse à séjourner en mer de plus en plus fréquemment et de plus en plus longtemps implique d'autres modifications. Les narines, à l'origine placées en avant du museau, les contraignent, lorsqu'ils respirent en surface, à relever la tête, donc à perdre momentanément le contrôle de ce qui se passe sous eux. Qu'à cela ne tienne ! Au gré de leur évolution, les narines reculent progressivement jusqu'à venir se placer au-dessus du crâne. C'est ce que nous appelons aujourd'hui l'« évent » – unique chez les odontocètes (cétacés à dents), double chez les mysticètes (cétacés à fanons). Les pavillons auditifs externes disparaissent. Simultanément, l'oreille

Il y a presque 50 millions d'années, semblable à une grosse loutre, le *Pakicetus* possédait encore les caractéristiques d'un mammifère terrestre.

interne se modifie pour devenir plus performante en milieu marin, où les sons se propagent cinq fois plus vite que sur la terre ferme, et nous assistons à l'apparition de « bulles tympaniques » osseuses. Soumises en permanence à la poussée de la nageoire caudale, les vertèbres se renforcent et se soudent partiellement afin de rendre plus efficace la nage en ligne que pratiquent les dauphins et les baleines d'aujourd'hui.

LES ARCHÉOCÈTES

Les pakicétidés

Il y a environ 54 millions d'années, le retour vers la mer se confirme. Passé les premières tentatives des ancêtres cétartiodactyles, des générations d'archéocètes vont se succéder, chacune amenant un progrès vers la perfection des cétacés actuels.

Vieux de 53,5 millions d'années, *Himalayecetus subathuensis* ressemble à un phoque. Long de 3 m à peine, il est connu grâce à un fragment de mâchoire et quelques dents exhumés au cœur des Simla Hills, au nord de l'Inde, dans une région alors recouverte par la Téthys orientale.

Vieux de 49,5 millions d'années, *Pakicetus inachus,* dont les vestiges ont été découverts au Pakistan, ressemblait sans doute à une grosse loutre au museau allongé. Il est doté d'un astragale, os du pied que possèdent les ongulés modernes comme l'hippopotame. Il n'a pas encore développé toutes les caractéristiques d'un animal entièrement aquatique et dépend pour beaucoup de la proximité des rivages. Il y dort, s'y nourrit encore partiellement et les femelles s'y réfugient pour mettre bas et élever leur progéniture, loin des dangers de l'océan. En outre, il est toujours hétérodonte (1) et ses narines n'ont que peu reculé. Sa queue n'est pas encore devenue le propulseur idéal, mais sa silhouette s'affine en même temps que le museau s'allonge. Les pakicétidés s'éteignent il y a environ 49 millions d'années. Entre-temps, la Nature a tenté trois « essais » à partir de cette souche.

Les ambulocétidés

Les premiers sont les ambulocétidés. Ils vont exister 3 millions d'années seulement. L'étude d'un squelette d'*Ambulocetus natans* découvert au Pakistan atteste la persistance des quatre membres. Long de 3 m et pesant 300 kg, l'animal devait se mouvoir dans l'eau en ondulant, comme une grosse loutre. À l'instar du crocodile, son mode de prédation devait davantage faire appel à la ruse et à l'affût qu'à la vitesse pure. Les ambulocétidés n'auront pas de descendants.

(1) Hétérodonte : se dit d'un animal dont les dents sont différenciées en incisives, canines, molaires, etc., par opposition aux homodontes, dont les dents ont toutes la même forme comme chez les dauphins.

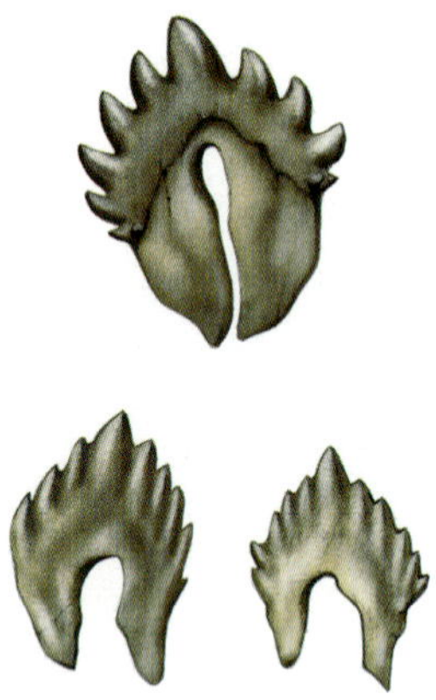

Contrairement aux dauphins actuels, dont toutes les dents sont de forme identique, les archéocètes possédaient des dents différenciées. Pour les baleines, elles évolueront plus tard en fanons.

Entre 48 et 47 millions d'années, les protocétidés se sont partiellement affranchis de la terre ferme. Leurs membres postérieurs leur servaient déjà de nageoires.

Il y a 42 millions d'années, le *Basilosaurus,* qui mesurait plus de 15 m, part à la conquête des océans. Il donnera ensuite naissance à deux groupes distincts : les baleines et les dauphins.

Les remingtonocétidés

Viennent ensuite les remingtonocétidés, dont on a également découvert des restes fossiles dans la partie orientale de la Téthys. Ils vont perdurer pratiquement 10 millions d'années, jusqu'au début de l'éocène supérieur. Leur branche s'éteint également, sans succession directe.

Les protocétidés

Entre 48 et 47 millions d'années apparaissent les premiers protocétidés. Leurs pattes antérieures ne les portent plus sur la terre ferme et font plutôt office de nageoires. Quant aux pattes postérieures, elles ont quasiment disparu. On a exhumé les restes de nombreux protocétidés sur tout le périmètre de l'ancienne Téthys : *Eocetus* en Égypte et en Caroline du Nord, *Pappocetus* au Nigeria, *Natchitochia* en Louisiane et *Protocetus* au Texas. De l'Inde au Pakistan, les genres foisonnent : *Babiacetus, Gaviacetus, Takracetus* et *Indocetus* – ces genres n'étant connus que par des dents ou des fragments de mâchoires. Exhumé au Pakistan, un squelette vieux de 46 millions d'années de *Rodhocetus kasrani* en fait le maillon indiscutable entre l'ancêtre terrestre (cétartiodactyles) et les vraies baleines. On observe déjà les vertèbres cervicales courtes et les lombaires adaptées à la nage dorso-ventrale [(2)] des cétacés. De plus, le lieu de sa découverte, correspondant à une situation géographique éloignée des rivages continentaux de l'époque, laisse à penser que *Rhodocetus* avait déjà colonisé des îles lointaines. La lignée des protocétidés s'éteint il y a 40 millions d'années, mais depuis déjà 2 millions d'années, elle a donné naissance à une autre lignée majeure qui a entrepris de coloniser les océans : celle des basilosauridés.

LE « ROI DES LÉZARDS »

Les basilosauridés

Il y a 42 millions d'année, émergent les basilosauridés, un groupe clé à partir duquel naîtront les deux grands groupes actuels de cétacés : odontocètes (cétacés à dents) et mysticètes (cétacés à fanons). En 1832, en Louisiane, le Dr Richard Harlan étudie les vertèbres d'un grand animal fossile à la forme allongée. Persuadé qu'il s'agit d'un grand reptile, il le baptise *« Basilosaurus »* (du grec *basileus,* « roi », et *sauros,* « lézard »). Quelques années plus tard, il soumet le crâne de l'animal, exhumé entre-temps, à un célèbre anatomiste et paléontologiste de Londres, sir Richard Owen. Ce dernier constate qu'il ne s'agit pas d'un reptile mais d'un mammifère. Il s'empresse de rebaptiser le prétendu lézard *« Zeuglodon »* (du grec *zugotos,* « accouplé » ou « jointif », et *odous,* « dent »). Ce fossile est en quelque sorte le chaînon manquant à partir duquel les cétacés se sont spécialisés.

Les basilosauridés, de grande taille (de 15 à 18 m), sont les premiers archéocètes à se répandre bien au-delà de la mer de Téthys. Leurs mâchoires révèlent l'absence d'une troisième molaire caractéristique de leurs ancêtres protocétidés et, surtout, elles montrent ces fameuses dents triangulaires, constituées d'une cuspide (pointe) centrale entourée de cuspides latérales. Les narines (l'évent) ont progressé vers l'arrière et se trouvent maintenant à mi-chemin du sommet du crâne. Les vertèbres lombaires sont plus nombreuses, les membres postérieurs sont toujours présents mais fortement réduits et n'ont plus de connexions osseuses avec la colonne vertébrale. Enfin, la forme aplatie des vertèbres de la queue prouve l'existence d'une nageoire caudale. Cependant, les membres de cette lignée

(2) Nage dorso-ventrale : nage ondulante, sur le plan vertical.

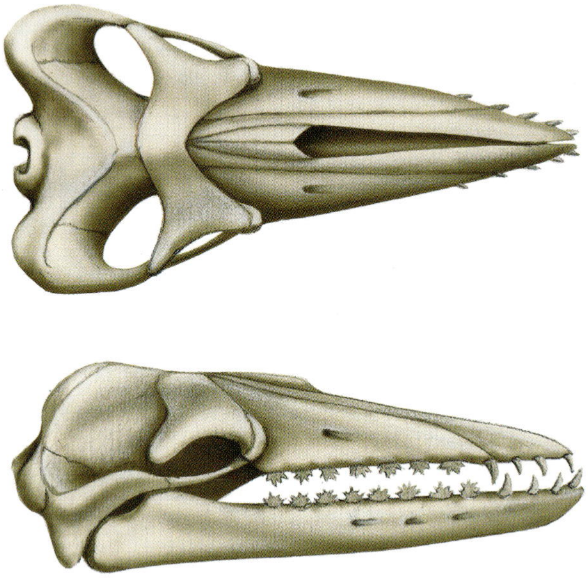

Vieux de 34 millions d'années, *Llanocetus denticrenatus* filtrait déjà l'eau au travers de ses dents crénelées. En revanche, son évent n'ayant pas encore atteint le sommet du crâne, il ne disposait pas du confort respiratoire des baleines actuelles.

étaient probablement des nageurs médiocres, plutôt familiers des eaux côtières peu profondes dans lesquelles ils traquaient des proies relativement faciles.

On a exhumé de nombreux fossiles de basilosauridés aux confins et même au-delà de la mer de Téthys. Ils comprennent deux sous-familles : les basilosaurinés et les dorudontinés. Des premiers, on connaît *Basilosaurus cetoides,* de Louisiane, d'Alabama et du Mississippi (États-Unis), et *Basilosaurus isis,* d'Égypte ; des seconds, de plus petite taille, on connaît les genres *Dorudon* (Égypte), *Pontogenus, Zygorhiza* (Alabama, Mississippi, Égypte, Nouvelle-Zélande).

Les basilosauridés s'éteignent avant la fin de l'éocène, mais ils se sont diversifiés au point de donner naissance à deux groupes majeurs bien distincts. L'un aboutira aux odontocètes ou cétacés à dents, l'autre aux mysticètes ou cétacés à fanons, que nous appelons « baleines ». Cette séparation a lieu un peu avant le début de l'oligocène, il y a 35 millions d'années.

LES BALEINES « ARCHAÏQUES »

Llanocétidés, kékénodontidés, mammalodontidés...

Curieusement, à ce stade de l'Évolution, le tableau devient moins précis qu'il ne l'a été pour des fossiles plus anciens car certaines espèces possédaient des dents tout en présentant les caractéristiques osseuses des cétacés à fanons, tel le dessus du crâne triangulaire et aplati. C'est dans l'hémisphère Sud et... en France que l'on trouve la plupart des fossiles. *Llanocetus dendicrenatus* vivait en Antarctique, près de l'île de Seymour, il y a 34 millions d'années. Le grand *Kekenodon onamata* vivait en Nouvelle-Zélande il y a de cela 28 millions d'années et *Mammalodon colliveri* en Australie, il y a 23 millions d'années. Ces mysticètes archaïques filtraient probablement leur nourriture à travers leurs dents, bien que quelques organes filtrants additionnels, semblables à des fanons primitifs, aient pu compléter la filtration. Malheureusement, nous n'avons aucune trace fossile de ces organes pour le confirmer.

De ce groupe quelque peu « fourre-tout » sortent trois branches distinctes : les aétiocétidés, dont l'existence sera relativement brève et sans succession, les cétothéridés, qui donneront plus tard les rorquals, et les balénidés, d'où émergeront les baleines franches actuelles.

Les aétiocétidés

Ce groupe, comme le précédent, est issu des basilosauridés. Leur courte existence de 4 millions d'années correspond à la fin de l'oligocène. Les découvertes de fossiles ont toutes eu lieu dans le Pacifique Nord : *Aetiocetus cotylalveus* dans l'Oregon (États-Unis), *Chonecetus* et *Morawanocetus* au Japon. Au plan de l'Évolution, les aétiocétidés ne sont finalement qu'une « tentative ». Ils disparaissent voici 24 millions d'années.

Les cétothéridés

Ce groupe de cétacés est particulièrement florissant : les paléontologues en ont réparti les fossiles connus en vingt-sept genres. Ses premiers représentants sillonnent les mers il y a 28 millions d'années ; les derniers quittent la scène au milieu du pliocène, il y a 4 millions d'années : un record de durée. Autant dire que certains hominidés, nos tout premiers ancêtres, ont pu, en théorie, voir les ultimes souffles de ces baleines d'un autre âge. En France, des fossiles de *Pelocetus mirabilis,* découverts près de Doué-la-Fontaine et à Noyant-la-Plaine, sont conservés au musée paléontologique d'Angers

(Maine-et-Loire). La taille de cette baleine à fanons ne dépassait pas 10 m. Dans la même région, on a également découvert une mandibule d'une baleine du genre *Cetotherium.* Des fossiles de *Cetotherium rathkii,* vieux de 12-13 millions d'années, proviennent d'Ukraine. Aucun d'entre eux ne mesurait plus de 4 m. La transformation la plus importante dont vont hériter les descendants des cétothéridés est la disparition progressive des dents et le développement des fanons.

LES BALEINES ACTUELLES

Les balénoptéridés

Issus des cétothéridés, les balénoptéridés, que nous appelons communément « rorquals », apparaissent il y a 12 millions d'années, au début du miocène supérieur. Ils se divisent peu après en deux sous-familles, les balénoptérinés (baleine bleue, et apparentées) et les mégaptérinés (mégaptère ou baleine à bosse). Des restes de *Megaptera hubachi* datant du pliocène ont été mis au jour au Chili, et d'autres, du genre *Balaenoptera,* en Nouvelle-Zélande.

Les eschrichtiidés

Jusqu'à présent, aucun fossile de cette famille dont l'unique espèce actuelle est *Eschrichtius robustus* (baleine grise) ne remonte au-delà de 500 000 ans. Ces restes remettent en question la réalité d'une descendance directe des cétothéridés, éteints bien avant cette époque. Aujourd'hui, les paléontologues penchent plutôt pour une parenté avec les balénoptéridés (rorquals).

Les néobalénidés

Unique représentant contemporain de la famille, la discrète *Caperea marginata* (baleine franche pygmée) a des ancêtres plus qu'incertains. Son origine semble se situer au début du pléistocène, il y a environ 2 millions d'années. Sa morphologie la plaçant entre les balénoptéridés (rorquals) et les balénidés (baleines franches), son ascendance reste encore un mystère, d'autant qu'aucun fossile n'a été étudié à ce jour.

Les balénidés

Ce groupe, d'où sont issues les baleines franches actuelles, prend naissance au début du miocène, il y a 24 millions d'années. Leurs ascendants directs n'étaient autres que les célèbres basilosauridés. Des restes fossiles de *Morenocetus parvus,* vieux de 20 millions d'années, ont été exhumés en Patagonie (Argentine) et des fragments de *Balaena primigenia,* datant de moins de 2 millions d'années, en Grande-Bretagne.

Comparés aux odontocètes, les mysticètes semblent être les parents pauvres en ce qui concerne la richesse des fossiles. Nombreuses sont les lacunes dans leur généalogie et il faut toute leur science aux paléontologues pour interpréter judicieusement les quelques fragments dont ils disposent. Cela dit, au gré des découvertes, la lumière se fait progressivement et nous parvenons peu à peu à reconstituer les nombreux cheminements, hésitations, renoncements parfois de la Nature à l'égard des baleines et de leurs cousins les dauphins, pour finalement admirer le résultat et constater la parfaite adaptation des espèces actuelles à leur environnement. Simple question de temps.

Entre 28 et 4 millions d'années, le *Cetotherium,* dont la taille n'exédait pas 10 m, colonise les eaux qui recouvrent une grande partie de l'Europe. C'est au sein des cétothéridés que les fanons vont progressivement remplacer les dents. Leurs derniers représentants ont été contemporains de nos premiers ancêtres.

Les cétacés à fanons

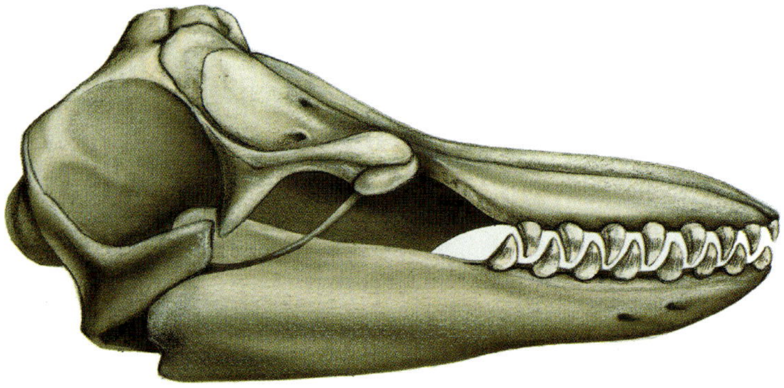

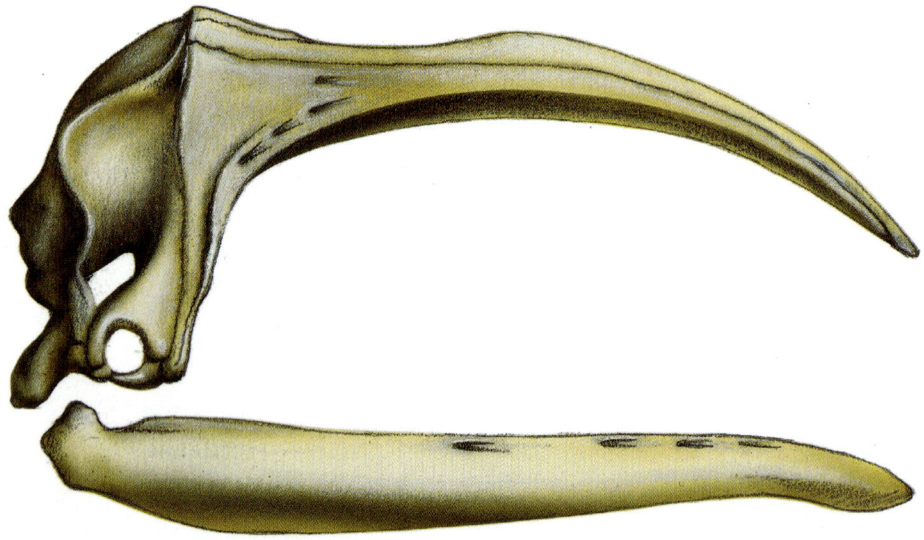

La comparaison d'un crâne d'orque (en haut) avec celui d'une baleine franche (ci-dessus) met en évidence la différence de mode alimentaire. Compactes et pourvues de dents solides, les mâchoires de l'orque sont adaptées à la capture de proies uniques, tandis que les immenses mâchoires de la baleine supportent les fanons destinés à la capture de nombreuses proies de petite taille.

Le choix des mysticètes

La lumière sur l'origine exacte des cétacés à fanons, ou mysticètes, n'est toujours pas faite aujourd'hui, il s'en faut de beaucoup. Pourtant, en quelques millions d'années, ils se sont radicalement différenciés des cétacés à dents, ou odontocètes, parmi lesquels nous trouvons pêle-mêle des animaux aussi différents que les dauphins, les orques, le narval, les cachalots ou les marsouins. Cette adaptation à un nouveau mode de vie les a distingués de ces derniers à mesure que les fanons remplaçaient leurs dents et qu'ils ratissaient la mer pour y récolter des milliards d'animaux minuscules plutôt que de chasser une proie isolée. Cette particularité a fait des cétacés à fanons un groupe particulièrement original dans lequel nous trouvons les plus grandes créatures qui aient jamais peuplé notre planète.

Clarté oblige

Particulièrement abondante, la littérature anglo-saxonne concernant les cétacés entretient en même temps une confusion quant à leur classification. En anglais, le terme de « baleine » *(whale)* s'applique à des cétacés de grande taille qui peuvent être soit à dents, soit à fanons. Ainsi des cétacés à fanons (mysticètes) comme la baleine bleue *(blue whale)*, la baleine à bosse *(humpback whale)* ou le rorqual commun *(fin whale)* se retrouvent-ils mélangés à des cétacés à dents (odontocètes) tels que le cachalot *(sperm whale)*, l'orque *(killer whale)*, ou le globicéphale *(pilot whale)*, pour ne citer que ceux-ci.

Ajoutons qu'en anglais *baleen* désigne non pas la baleine elle-même, mais l'un de ses organes filtrants, le fanon ; alors qu'en français le mot *baleine* désigne à la fois l'animal tout entier et un objet manufacturé à partir de ses fanons : baleine de corset ou baleine de parapluie. Il était nécessaire de mettre un peu d'ordre dans cet imbroglio. Par bonheur, au XVIIIe siècle, le savant suédois Carl von Linné a inventé la classification dite « binominale ». À l'origine destinée aux plantes, elle s'est progressivement étendue à l'ensemble du monde du vivant avant d'être universellement reconnue aujourd'hui par les spécialistes. Comment s'applique-t-elle aux baleines ?

Cette méthode attribue deux noms à chaque espèce : le premier est celui du genre, le second celui de l'espèce. Ainsi, le mégaptère ou baleine à bosse, la plus populaire des baleines à fanons, devient *Megaptera novaeangliae* (du grec *megas*, « grand », et *pteron*, « aile », et du latin *novaeangliae*, « Nouvelle-Angleterre ») et ce, sans la moindre confusion possible, des rives embrumées du Massachusetts aux lagons polynésiens.

En voici le passeport complet :
Royaume : animaux
Phylum : chordés
Sous-phylum : vertébrés
Classe : mammifères
Ordre : cétacés
Sous-ordre : mysticètes (baleines à fanons)
Famille : balénoptéridés (rorquals)
Sous-famille : balénoptérinés
Genre : *Megaptera*
Espèce : *novaeangliae*

Ajoutons cependant que la taxonomie [3] n'est en rien figée et qu'elle évolue parallèlement aux méthodes d'investigation scientifique, comme par exemple celles fournies par l'analyse ADN[4]. Il est possible que, dans les années à venir, certaines espèces actuelles changent de genre ou soient différenciées en sous-espèces, voire qu'une espèce quitte sa famille actuelle pour être rattachée à une autre famille, génétiquement plus proche.

Ce grand dauphin *(Tursiops truncatus)* montre les robustes dents coniques qui garnissent sa mâchoire.

(3) Taxonomie (ou taxinomie) : étude des bases, lois et principes d'une classification.

(4) ADN : acide désoxyribonucléique, constituant essentiel des chromosomes, support matériel de l'hérédité.

Nageant lentement la bouche entrouverte, une baleine franche australe *(Eubalaena australis)* arbore une rangée de fanons destinés à filtrer l'eau chargée de plancton.

Une baleine franche australe *(Eubalaena australis)* nage dans les eaux de la baie de Valdés (Patagonie).

Les grandes familles

ORDRE DES
cétacés (5)

SOUS-ORDRE DES
mysticètes
(cétacés à fanons)

4 familles

6 genres

15 espèces

Famille des **balénidés** *(Balaenidae)*
4 espèces

Balaena mysticetus
baleine franche du Groenland

Eubalaena australis
baleine franche australe

Eubalaena glacialis
baleine franche de l'Atlantique Nord

Eubalaena japonica (6)
baleine franche du Pacifique Nord

Famille des **néobalénidés** *(Neobalaenidae)*
1 espèce

Caperea marginata
baleine franche pygmée

Famille des **eschrichtiidés** *(Eschrichtiidae)*
1 espèce

Eschrichtius robustus
baleine grise

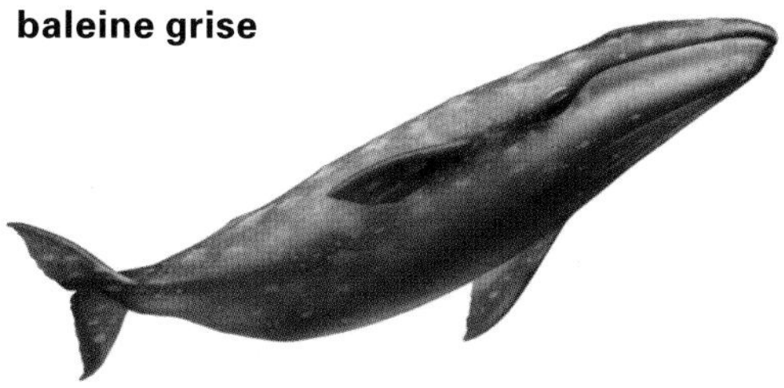

Famille des **balénoptéridés**
(Balaenopteridae)
(Rorquals)
9 espèces

• Sous-famille des balénoptérinés
(Balaenopterinae)

Balaenoptera musculus
baleine bleue

Balaenoptera physalus
rorqual commun

Balaenoptera omurai (7)
rorqual commun de l'indo-Pacifique

Balaenoptera borealis
rorqual boréal

Balaenoptera brydei (8)
rorqual de Bryde

Balaenoptera edeni (9)
rorqual d'Eden

Balaenoptera acutorostrata
petit rorqual

Balaenoptera bonaerensis (10)
petit rorqual antarctique

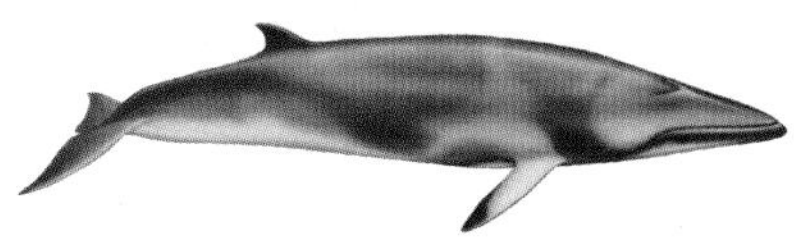

• Sous-famille des mégaptérinés
(Megapterinae)

Megaptera novaeangliae
baleine à bosse

(5) D'après la liste des « Cétacés du monde », établie selon les règles du *Code international de nomenclature zoologique*.

(6) Une des quatre espèces ajoutées en 2004.

(7) Une des quatre espèces ajoutées en 2004.

(8) Une des quatre espèces ajoutées en 2004.

(9) Espèce différenciée en 2004.

(10) Une des quatre espèces ajoutées en 2004.

LES BALÉNIDÉS

Dans l'imaginaire collectif, la baleine franche représente la baleine type : mâchoire énorme qui laisse entrevoir d'immenses fanons ; formes rebondies, nage indolente et absence de nageoire dorsale. Manque seulement le jet d'eau jaillissant de l'évent, tel que le montraient les magazines populaires de jadis. Elle était aussi la « franche », celle qui ne coule pas lorsqu'elle est harponnée, contrairement aux rorquals. Trois espèces vivent dans l'hémisphère Nord et une seule dans l'hémisphère Sud. Elles sont toutes imposantes et leur poids peut atteindre 100 t. Les baleines parcourent inlassablement la surface et parfois le fond des océans pour y « écrémer » leur nourriture. Faute de règles strictes concernant leur protection, les trois espèces de l'hémisphère Nord sont menacées d'extinction.

4 ESPÈCES

Baleine franche du Groenland
Baleine franche de l'Atlantique Nord
Baleine franche australe
Baleine franche du Pacifique Nord

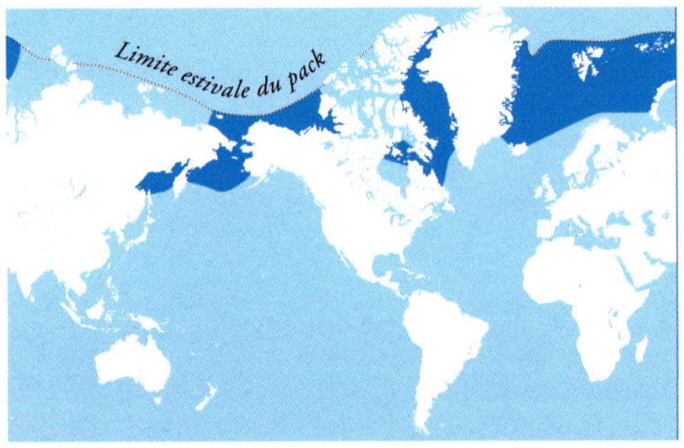

Balaena mysticetus

Baleine franche du Groenland

Linné, 1758. Du latin *balaena*, « baleine », du grec *mustax*, « moustache », et *ketos*, « monstre marin ».
Français : *baleine franche du Groenland, baleine franche arctique*
Anglais : *bowhead whale, Greenland whale*
Famille : balénidés *(Balænidæ)*

DESCRIPTION

Cette baleine au corps massif mesure entre 15 et 20 m et pèse de 75 à 100 t. La circonférence maximale du corps représente les deux tiers de sa longueur totale. La taille moyenne des mâles adultes varie de 14 à 17 m, celle des femelles de 16 à 18 m, voire 20 m. La tête mesure presque un tiers de la longueur du corps. L'énorme bouche, en forme d'arc, s'ouvre sur une rangée de 460 à 720 fanons qui pendent de sa mâchoire supérieure. Ces organes de filtration peuvent mesurer jusqu'à 4,3 m de long et 30 cm de largeur à la base – un record absolu chez les mysticètes. Le menton blanc, piqueté de taches noires irrégulières, tranche sur le reste de la robe qui va du gris foncé au noir. Contrairement aux autres baleines franches, les callosités cornées sont absentes de la tête. La peau et la couche de lard additionnées peuvent dépasser 50 cm d'épaisseur (2,5 cm pour l'épiderme à lui seul). Les sillons gulaires (11) propres aux rorquals sont absents. De taille réduite, les yeux sont situés très bas par rapport à la hauteur du crâne, juste au-dessus de la commissure des lèvres. Le dessus de la tête s'orne d'une bosse propre à l'espèce, suivie d'une dépression qui la sépare du corps proprement dit. Les nageoires pectorales spatulées peuvent atteindre 2,4 m de longueur. La nageoire dorsale est absente. La nageoire caudale en forme d'accolade mesure jusqu'à 8,5 m d'envergure.

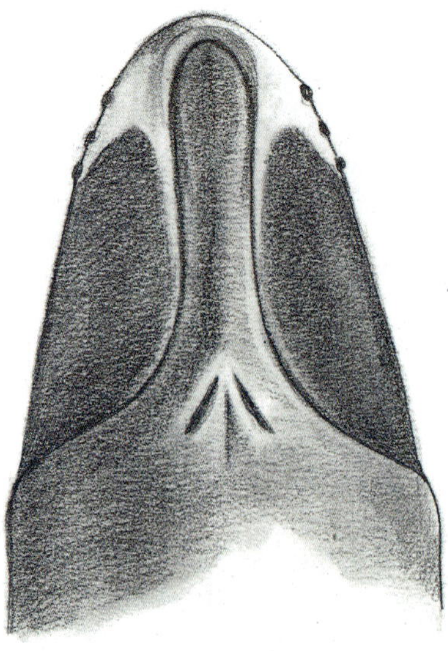

Tête vue du dessus et fanon.

MODE DE VIE

Habitat et populations

Comme son nom l'indique, la baleine du Groenland est présente uniquement dans l'hémisphère Nord. Elle passe sa vie à proximité des glaces et remonte chaque été vers le nord lorsque, en fon-

(11) Sillons gulaires : chez les rorquals, réseau de plis en « accordéon » qui permet à la gorge de se déployer lorsqu'ils s'alimentent.

dant, la banquise cède la place à la mer libre. Il existe 5 populations distinctes, séparées par les aléas de la géographie conjugués à ceux des rythmes saisonniers :

Le groupe « Spitzberg » occupe une vaste étendue d'eaux glacées qui va du nord de l'Islande jusqu'en mer des Laptev, au nord de la Sibérie. Des baleines ont été observées au Spitzberg, autour de la terre François-Joseph, et même au-delà de la presqu'île de Taïmyr. Jadis la plus nombreuse des cinq, la population « Spitzberg » est estimée aujourd'hui à quelques dizaines d'individus seulement. L'effectif, hélas, reste désespérément stable depuis 80 ans.

Le groupe « détroit de Davis » est situé entre le Groenland de l'île de Baffin. Au printemps, les baleines remontent le détroit en suivant la fonte de la banquise. Elles franchissent ainsi le détroit de Lancaster au nord de l'île de Baffin, atteignent le détroit de Barrow et redescendent vers le sud, dans le golfe de Boothia (Canada). À l'automne, chassées par la banquise qui se reforme, elles refont le chemin en sens inverse.

Le groupe « baie d'Hudson » est constitué de baleines qui peuvent avoir des contacts avec le groupe « Davis » en hiver, mais dont la migration estivale les fait passer à l'est de l'île de Baffin plutôt qu'à l'ouest. Des concentrations ont été observées au nord de la baie d'Hudson, près de l'île de Southampton. En 1920, les populations « Davis » et « Hudson » additionnées représentaient 12 300 baleines. Elles ne sont plus aujourd'hui que 450 environ.

Le groupe « mer d'Okhotsk » est séparé de celui de la mer de Béring par la péninsule du Kamtchatka. Une population estimée à 300-400 individus vivrait entre la baie de Penzhinkaya au nord et les îles Shantarskiye situées à l'ouest de l'île de Sakhaline. Un inventaire qu'il faut rapprocher des 3 000 individus qui occupaient ce territoire à l'aube du XXe siècle.

Le groupe « mer de Béring », sans doute le mieux connu, occupe les mers de Béring, de Chukchi et de Beaufort. Réparties dans toute la mer de Béring en hiver (de novembre à avril), les baleines migrent vers le nord (d'avril à juin) et franchissent le détroit de Béring. Certaines restent à l'est de la mer de Chukchi, mais la plupart vont passer l'été (de juin à septembre) au sud de la mer de Beaufort. Durant l'ère de la chasse industrielle, 10 300 baleines ont été capturées. Depuis, le stock s'est lentement reconstitué, à hauteur de 8 000 individus.

Sur les cinq populations survivantes, quatre pourraient avoir disparu dans moins d'un siècle. L'effectif total avoisinant à peine 9 000 individus, la survie de l'espèce est préoccupante, d'autant que le bouleversement climatique qui affecte progressivement les pôles risque de peser lourd sur leur avenir.

Alimentation

Équipée d'un réseau de fanons exceptionnellement fourni (jusqu'à 2,5 t par individu), la baleine du Groenland est capable de filtrer des aliments dont la taille avoisine 5 mm. Elle pratique l'« écrémage », une méthode qui consiste à nager bouche ouverte, en surface ou en immersion. Grâce à son énorme langue, qui peut peser jusqu'à 1 t et mesurer 5 m de longueur sur 3 m de largeur, elle compresse l'eau à travers ses fanons qui retiennent le plancton. Sa nourriture consiste en effet essentiellement en minuscules crustacés qui constituent la majeure partie du zooplancton : copépodes et euphausiacés (auxquels appartient le krill). Cette baleine se nourrit seule ou en formation, en « échelon », tout comme les oies en migration. De la boue s'échappant parfois de sa bouche lors de la remontée, il est possible qu'elle racle les fonds marins, à l'instar de la baleine grise, pour y récolter une partie de sa nourriture.

Organisation sociale et reproduction

Particulièrement bavardes, les baleines du Groenland entretiennent de véritables conversations entre elles, chacune ayant sa propre signature acoustique, même lorsqu'elles sont dispersées sur plusieurs dizaines de kilomètres carrés. Ces échanges pourraient permettre de prévenir les autres membres du groupe d'un éventuel danger, d'un changement de route imposé par la présence d'un obstacle, du bon déroulement du franchissement de la banquise, ou plus simplement d'une concentration de nourriture. Émis sur des fréquences relativement basses, les grognements qui constituent l'essentiel des émissions sont parfaitement audibles par l'oreille humaine. Sous la glace, il semble que les baleines utilisent l'écho de leurs propres émissions sonores pour se diriger. Il ne s'agirait pas à proprement parler de l'écholocation (sonar) utilisée par les odontocètes, mais plutôt d'une sensibilité à leur environnement sonore.

Elles pourraient ainsi évaluer les dimensions de la banquise, voire son épaisseur, avant de la franchir, sachant qu'elles sont capables de briser 60 cm de glace pour accéder à l'air libre.

On a observé un haut degré de ségrégation par l'âge et le sexe chez la baleine du Groenland. En mer de Beaufort, durant la période estivale, les jeunes se nourrissent près des côtes, en zone peu profonde, tandis que les adultes s'en tiennent éloignés. De la même façon, les femelles accompagnées de leur petit se tiennent séparées des mâles, qui ont leur propre territoire.

Nous sommes plutôt ignorants du cycle biologique de la baleine du Groenland, qu'il s'agisse de l'âge de la maturité sexuelle, du nombre de petits mis au monde par une femelle durant sa vie ou de sa longévité réelle. Les quelques observations dont nous disposons montrent qu'une femelle serait sexuellement mature vers l'âge de 15 ans, lorsqu'elle atteint 13 ou 14 m. Les accouplements ont généralement lieu à la fin de l'hiver et au début du printemps, plus rarement à d'autres moment de l'année. Le groupe de reproduction est constitué d'une femelle et d'un ou plusieurs mâles. Une femelle étant couverte par plusieurs géniteurs, il semble que la compétition des semences prévale sur la compétition physique entre prétendants. Après 13 à 14 mois de gestation, elle donne naissance à un petit d'une taille de 4 à 4,5 m, et ce tous les 3 ou 4 ans. La période d'allaitement dure de 9 à 15 mois. Des pointes de harpons en usage au XIXe siècle, récemment découvertes dans le lard de baleines mortes, font penser que certains individus pourraient vivre bien au-delà de 100 ans.

MENACES ET PROTECTION

La culture Eskimo de Thulé commence à se développer aux alentours de l'an mille et s'étend progressivement jusqu'au nord du Groenland. Les chasseurs ne disposent alors que de canots en peau de phoque et leurs harpons rudimentaires sont armés de pointes de pierre, d'os ou d'ivoire. Les fouilles effectuées sur les sites archéologiques de type « Thulé » ont permis de constater l'emploi de la quasi totalité du squelette des baleines – crâne, mandibules, côtes et vertèbres – dans la construction des habitations. Au début du XXe siècle, les Inuits de la baie d'Hudson abandonnent la chasse. En revanche, les Inupiats du Nord Alaska maintiennent une solide tradition baleinière, toujours active, même si fusils et explosifs se sont substitués aux armes de jet.

Dès l'aube du XVIIe siècle, les baleiniers européens commencent à traquer les baleines franches. Parmi eux, les Basques distinguent la baleine du Groenland *(Balaena mysticetus),* qu'ils surnomment « baleine de Grande Baie », de la baleine de Biscaye, la « sarde » *(Eubalaena glacialis).* Au long des siècles, la chasse s'intensifie et les stations baleinières prospèrent autour de l'île de Baffin et jusque dans la baie d'Hudson. Sur le déclin dès la fin du XIXe siècle, le commerce baleinier s'éteint en 1915.

Côté Pacifique, les baleines du Groenland ne seront découvertes qu'en 1848, au nord du détroit de Béring. En dépit de la raréfaction des baleines, confirmée dès 1880, la chasse se maintient quelque temps encore pour alimenter le commerce des armatures vestimentaires : baleines de corset et crinolines, encore en vogue à l'époque. En 1908, l'introduction de l'acier flexible met fin à la demande, et par conséquent au massacre.

Aujourd'hui, différents programmes de protection ont été mis en place. Pour la zone Nord-Ouest Atlantique, la province canadienne du Nunavut maintient une chasse traditionnelle, limitée à quelques captures par an. Dans la zone Nord Pacifique, les Inuits d'Alaska sont les seuls autorisés à pratiquer une chasse traditionnelle, également soumise à des quotas. Malheureusement, la Russie a défié la Commission baleinière internationale (CBI) en autorisant la chasse dans la province autonome de Tschukota. Mais il y a pire… Des chasseurs russes chassent illégalement et approvisionnent en viande de baleine les élevages sibériens de visons et de renards. Par ailleurs, les installations pétrolières polluent toute la région où les baleines mettent bas. Une fois construit, l'immense oléoduc prévu entre le Kamtchatka et l'Alaska pèsera encore plus lourd sur la destinée de la baleine du Groenland en détruisant son habitat.

Mis à part l'homme qui chasse, pollue et tue accidentellement lorsque survient une collision avec un navire, le seul prédateur de la baleine du Groenland est l'orque *(Orcinus orca).* De 4 à 8 % des baleines capturées par les Inuits portent la trace de leurs morsures. Notons que, grâce à leur autonomie respiratoire, les baleines ont la possibilité de se réfugier sous la banquise toujours proche lorsqu'elles se sentent menacées.

COMPORTEMENT EN SURFACE

La baleine du Groenland est une nageuse lente (de 3 à 6 km/h). Lorsqu'elle migre, son temps d'immersion varie de 6 à 17 min. Pour franchir une grande étendue de glace, et, le cas échéant, trouver une ouverture pour respirer, son autonomie respiratoire peut dépasser une heure. L'air froid des régions polaires accentuant le phénomène de condensation, le souffle des baleines est visible à l'œil nu : en forme de V, il peut atteindre 4 m de hauteur !

Avant une immersion prolongée, l'animal dresse verticalement sa caudale au-dessus de la surface de l'eau. Les figures « aériennes » sont multiples : *breaching* (sauter hors de l'eau) ; *lobtailing* (frapper la surface de l'eau de la nageoire caudale), *flipper flapping* (frapper la surface de l'eau avec une pectorale), *sailing* (drsser la caudale au-dessus de la surface de l'eau), *spy hopping* (dresser la tête verticalement au-dessus de la surface de l'eau pour « espionner »)… Ces manifestations sont souvent liées aux rituels de reproduction, ainsi qu'aux interactions mère / petit.

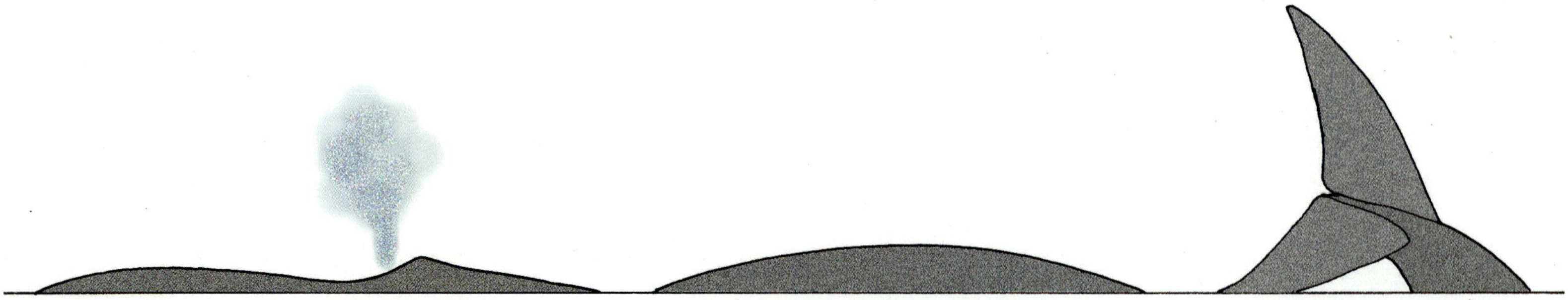

Au nord-est du Canada, une baleine franche du Groenland prend une longue inspiration avant de franchir la banquise.

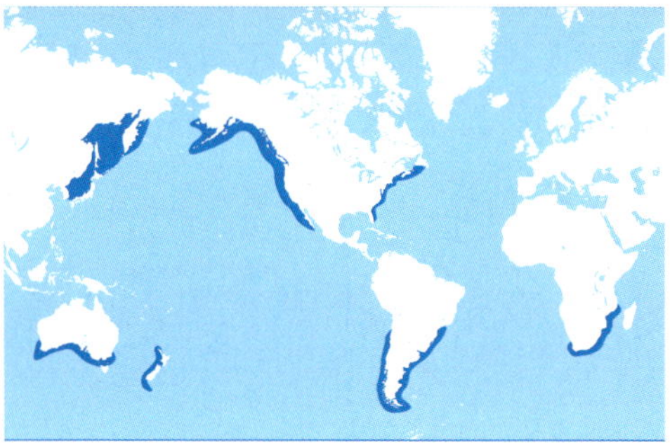

Eubalaena glacialis

Baleine franche de l'Atlantique Nord

Müller, 1776. Du grec *eu,* « droit, franc », du latin *balaena,* « baleine », et *glacies,* « glace ».
Français : *baleine franche noire, baleine de Biscaye, baleine des Basques*
Anglais : *North Atlantic right whale*
Famille : balénidés *(Balænidæ)*

Eubalaena australis

Baleine franche australe

Desmoulin, 1822. Du grec *eu,* « droit, franc », du latin *balaena,* « baleine », et *auster,* « sud ».
Français : *baleine franche australe*
Anglais : *southern right whale*
Famille : balénidés *(Balænidæ)*

Eubalaena japonica

Baleine franche du Pacifique Nord

Lacepède, 1818. Du grec *eu,* « droit, franc », du latin *balaena,* « baleine », et *japonica,* « Japon ».
Français : *baleine franche du Pacifique Nord*
Anglais : *North Pacific right whale*
Famille : balénidés *(Balænidæ)*

DESCRIPTION

Semblables par leur morphologie, les trois baleines franches du genre *Eubalaena* diffèrent sur le plan de la génétique. Curieusement, celle-ci démontre que la baleine franche du Pacifique Nord *(Eubalaena japonica)* est plus proche de la baleine franche australe *(Eubalaena australis)* que de sa cousine de l'Atlantique Nord *(Eubalaena glacialis).*

Ces robustes baleines mesurent de 13 à 16 m et pèsent jusqu'à 80 t, l'espèce du Pacifique Nord atteignant même 18 m pour un poids de 100 t. La tête mesure entre 25 et 33 % de la longueur totale du corps. La bouche, aux mâchoires fortement arquées, s'ouvre sur une rangée de 400 à 540 fanons relativement étroits, qui mesurent de 2 m à 2,80 m de longueur. Les fanons des deux côtés de la mâchoire sont séparés, au centre, par un espace qui laisse passer l'eau chargée de plancton. La tête comporte d'épaisses callosités de formes irrégulières : la principale se trouve à l'extrémité de la mâchoire supérieure (le « bonnet », bien connu des anciens baleiniers) ; la deuxième, en vis-à-vis, à l'extrémité de la mâchoire inférieure ; une autre sur le sommet de la tête, juste devant l'évent, et une encore au-dessus de chaque œil. Ces épaisses plaques de kératine[12] abritent des milliers de cyamidés, crustacés amphipodes spécialisés qui se nourrissent de la peau de leur hôte. Présentes dès la naissance, ces plaques constituent autant de signes extérieurs qui permettent de distinguer les individus entre eux et de les cataloguer pho-

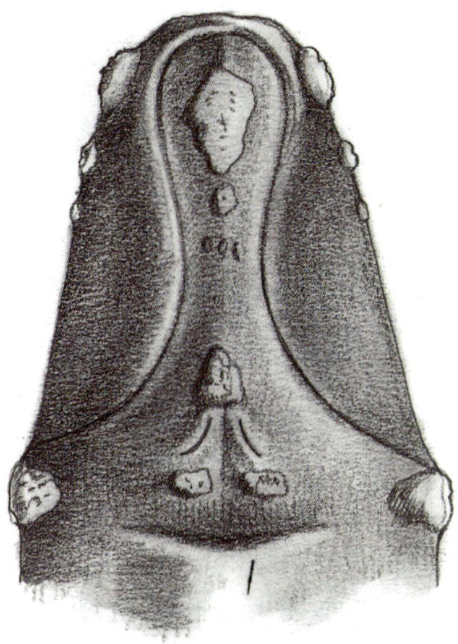

Tête vue du dessus et fanon.

12. Kératine : matière fibreuse présente dans les ongles des hommes et des animaux.

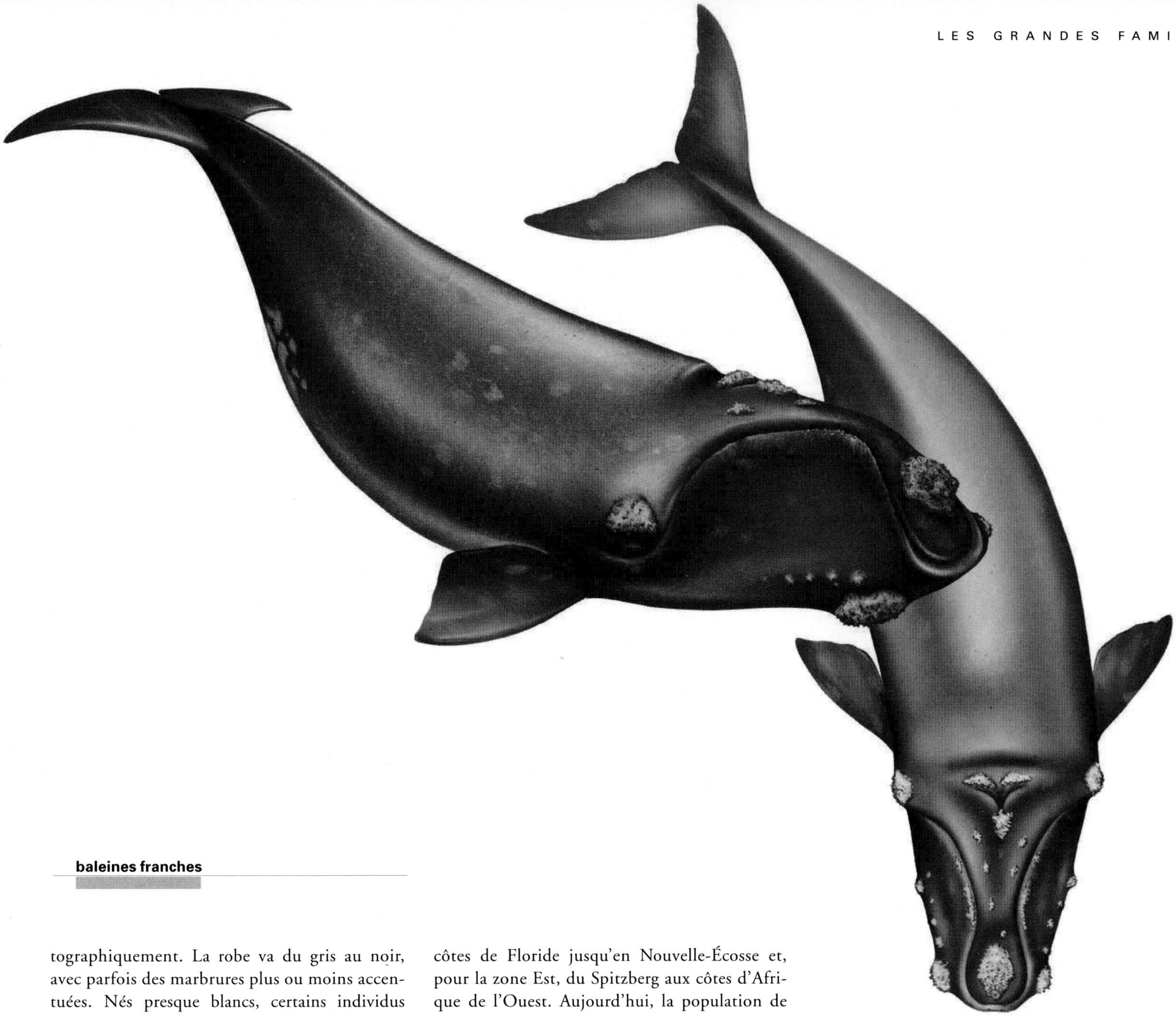

baleines franches

tographiquement. La robe va du gris au noir, avec parfois des marbrures plus ou moins accentuées. Nés presque blancs, certains individus (moins de 10 %) conservent, à l'âge adulte, une tonalité plus claire. Relativement petits, les yeux sont situés au-dessus de la commissure des lèvres. Les nageoires pectorales sont larges et spatulées. La nageoire dorsale est absente. L'envergure de la puissante nageoire caudale en forme d'accolade peut atteindre 40 % de la longueur totale du corps.

MODE DE VIE

Habitat et populations

Après avoir été longtemps abondante, la population des baleines franches de l'Atlantique Nord *(Eubalaena glacialis)* est aujourd'hui de loin la plus pauvre. Avant la chasse baleinière, son territoire allait, pour la zone Ouest, des côtes de Floride jusqu'en Nouvelle-Écosse et, pour la zone Est, du Spitzberg aux côtes d'Afrique de l'Ouest. Aujourd'hui, la population de l'Ouest est estimée à 300 individus, tandis que celle de l'Est n'en comporterait plus qu'une poignée. Nous ignorons si les rares baleines observées ces dernières années près des côtes européennes sont issues de la population d'origine ou de la population de l'Ouest.

La population de l'espèce du Pacifique Nord *(Eubalaena japonica)* ne se porte pas mieux que la précédente. À l'origine, elle s'étendait jusqu'au sud du Japon pour le Pacifique Nord-Ouest et jusqu'à la Basse-Californie mexicaine pour le Pacifique Nord-Est. Les rares observations sont aujourd'hui localisées en mer d'Okhotsk et dans la partie est de la mer de Béring.

La population de l'espèce du Sud *(Eubalaena australis)* est de loin la plus prospère des trois. Elle se répartit globalement en trois zones : Amérique du Sud (Chili, Argentine, Brésil) ; Afrique du Sud (Namibie, Afrique du Sud, Mozambique) ; Australie (Australie de l'Ouest, Australie du Sud, Australie de l'Est, Nouvelle-Zélande). Ces populations, qui peuvent se subdiviser en sous-groupes, sont sujettes à des extensions territoriales régulières du fait de l'accroissement des populations (7 à 8 % annuellement). Aujourd'hui, la population totale est estimée à 7 000 individus.

Alimentation

Les baleines franches sont des migratrices. Globalement, elles passent l'été dans les eaux froides des hautes latitudes, favorables à l'explosion de la nourriture planctonique. Ce sont des

« écrémeuses » qui nagent bouche ouverte, tout en laissant l'eau pénétrer à l'intérieur par l'ouverture séparant les deux rangées latérales de fanons. Grâce à la poussée hydrostatique, l'eau passe au travers du fin réseau de poils, abandonnant au passage le précieux plancton. Elles écrèment là où la nourriture est la plus concentrée, que ce soit en surface, à mi-eau, et même au ras du fond puisqu'on a observé de la boue s'échappant de la bouche de certaines d'entre elles au moment de leur retour à l'air libre. Le temps moyen d'immersion se situe entre 10 et 20 min. Leur principale source alimentaire est le zooplancton, essentiellement composé de copépodes (crustacés de taille variable, allant de celle d'un grain de riz à la taille d'une crevette), de ptéropodes (minuscules escargots planctoniques) et d'anatifes [13] au stade larvaire.

Organisation sociale et reproduction

Les baleines franches produisent des sons relativement graves, principalement au-dessous de 500 Hz, quoique des fréquences au-delà de 2 000 Hz aient été enregistrées. Les émissions consistent en murmures, grognements, claquements divers, dont il est impossible d'interpréter le sens exact. Il est cependant probable que cette communication consiste à maintenir le contact entre tous les membres du groupe, et de les informer de la présence de nourriture ou d'un éventuel danger.

À la saison des amours, loin des eaux nourricières froides, des groupes importants peuvent se constituer à la surface de l'eau, dans des baies abritées. De 10 à 20 mâles peuvent ainsi courtiser une même femelle, qui aura préalablement fait connaître sa disponibilité par des émissions sonores particulières. Les accouplements n'engendrent pas de combats entre prétendants ; il semble que la compétition s'exerce davantage au niveau de la semence des différents reproducteurs qu'entre les reproducteurs eux-mêmes. Les testicules, qui peuvent mesurer jusqu'à 2 m et peser 500 kg chacun, sont les plus gros du monde animal. L'accouplement a lieu la plupart du temps en surface. Le mâle se stabilise ventre en l'air, tandis que la femelle vient sur lui, ventre contre ventre. L'acte peut durer de quelques secondes à plusieurs minutes. Les deux protagonistes se livrent parfois à un ballet nuptial où les corps roulent sur eux-mêmes dans de spectaculaires et bruyantes projections d'écume.

Les anciens baleiniers ne se souciaient guère de récolter des informations scientifiques, aussi devons-nous nous contenter d'utiliser l'identification photographique pour interpréter le cycle biologique des baleines franches. La méthode consiste à suivre les individus depuis leur naissance, et ce, tout au long de leur vie. L'âge de la maturité des femelles se situe aux alentours de 9-10 ans, certaines concevant toutefois dès l'âge de 4 ans. Il s'agit peut-être là d'une réponse de la Nature : rendre fécondes très tôt les rares femelles appartenant à des populations aux effectifs particulièrement bas.

La gestation dure environ 1 an et une femelle porte un petit en moyenne tous les 3 à 5 ans, sauf si ce dernier meurt dans l'intervalle, auquel cas l'écart peut se réduire à 2 ans.

La croissance est rapide au début de la vie : un baleineau de 4,5 m à 5,5 m double sa taille la première année, à l'issue de son sevrage, pour atteindre 12 à 13 m au bout de 2 ans. Cette rapidité peut s'expliquer par la nécessité d'atteindre rapidement la taille critique de sécurité, et ainsi faire face à la fois au froid et aux prédateurs. Moins spectaculaire ensuite, le rythme de croissance est lié à la quantité d'aliments ingérés par chaque individu.

On évalue la durée de vie à 70 ou 80 ans, mais certaines captures récentes tendraient à la repousser au-delà de 100 ans.

MENACES ET PROTECTION

Dès le XIe siècle, la population de l'Atlantique Nord est la première à subir la chasse des Basques, qui voient en elle une source d'huile quasi inépuisable. En 1530, les effectifs des côtes européennes s'étant considérablement amenuisés, la chasse se poursuit près des côtes du Canada, entre le Labrador et Terre-Neuve. Le stock se réduit de façon telle que la chasse cesse en 1713. À cette date, 40 000 baleines franches ont été capturées. L'industrie baleinière américaine débute à l'aube du XVIIe siècle par une activité locale côtière. Les principaux centres sont Nantucket (Massachusetts) et Long Island (New York). L'activité atteint son apogée au XVIIIe siècle, à tel point que les baleiniers doivent chercher des stocks de plus en plus loin. La traque s'étend à l'Atlantique Sud en 1775, au Pacifique Sud en 1789 et au Pacifique Nord en 1820. La chasse baleinière hauturière traditionnelle américaine prend fin au début du XXe siècle lorsque l'industrie baleinière moderne recourt à l'usage intensif du canon lance-harpon et des navires-usines. Dans les années 1930, devant la menace de les voir disparaître, toutes les baleines franches seront protégées par la première Convention internationale. Certaines nations comme le Japon et l'ex-URSS outrepassent l'accord et chassent illégalement jusque dans les années 1960. Entièrement protégées aujourd'hui par la Commission baleinière internationale

13. Anatifes : crustacés ressemblant à des coquillages bivalves. Fixés sur un pied souple, ils prolifèrent dans les zones fortement irriguées par le courant. Les coques de bateaux doivent en être régulièrement débarrassées.

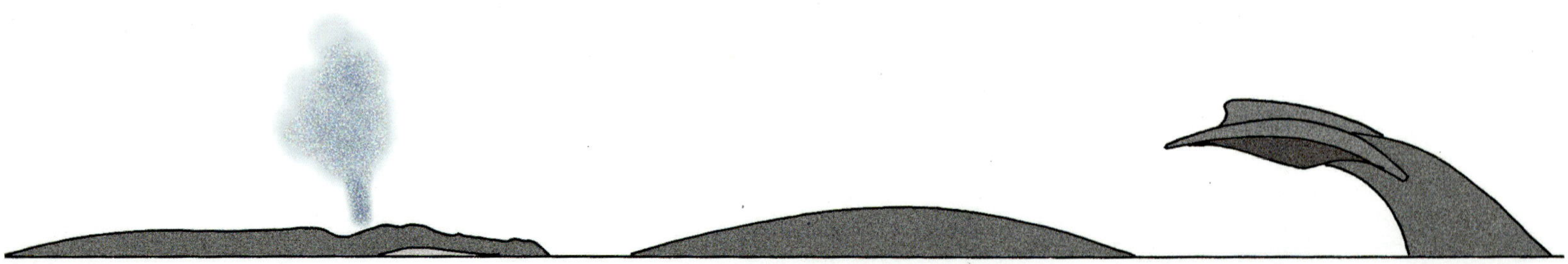

Près des côtes de Patagonie, une baleine franche australe *(Eubalaena australis)* effectue un *breach* (saut hors de l'eau) spectaculaire.

(CBI), les baleines franches tentent de survivre. Malheureusement, les populations de l'Atlantique Nord et celles du Pacifique Nord pourraient ne jamais se reconstituer, les dangers que représentent les filets dérivants et les collisions avec les navires tuant chaque année presque autant de baleines qu'il en naît durant la même période ! En outre, la pollution sonore et le trafic maritime constituent autant d'obstacles qui gênent la libre circulation et la communication entre les baleines et restreignent de plus en plus leur territoire. Comme pour la baleine franche du Groenland, le seul animal susceptible de constituer un danger est l'orque, qui s'en prend généralement aux mères et aux petits, plus vulnérables.

COMPORTEMENT EN SURFACE

Les 3 espèces de baleines franches sont des nageuses lentes (de 3 à 6 km/h). Leur souffle, en forme de V, atteint 4 à 5 m de hauteur.

Avant une immersion, elles dressent leur nageoire caudale au-dessus de la surface de l'eau, mais rarement verticalement. Contrairement à ce que leur corpulence laisserait supposer, elles sautent fréquemment hors de l'eau *(breaching)*, parfois plus de 30 fois d'affilée lorsqu'il s'agit d'un individu jeune. Elles s'adonnent volontiers au *lobtailing* (frapper la surface de l'eau de la nageoire caudale), sans doute est-ce là un moyen de communiquer avec leurs semblables, en particulier dans la relation mère / petit. Font également partie de leur répertoire : le *flipper flapping* (frapper la surface de l'eau avec une pectorale), et le *spy hopping* (dresser la tête verticalement au-dessus de la surface de l'eau pour « espionner »). Les baleines d'Argentine et d'Afrique du Sud pratiquent le *sailing* (dresser la caudale au-dessus de la surface de l'eau), qui peut être interprété soit comme un moyen de refroidir leur corps par évaporation, soit de se laisser pousser par le vent. Toutefois, cette dernière hypothèse paraît peu vraisemblable car les baleines pratiquent le *sailing* même en l'absence de vent. Jusqu'à présent, ce comportement n'a pas été observé dans d'autres populations.

LES NÉOBALÉNIDÉS

La baleine franche pygmée a appartenu quelque temps à la famille des balénidés. Les plus récentes études confirment son originalité, donc sa classification actuelle, distincte des balénidés. Curieusement, elle est génétiquement plus proche de la baleine grise et des rorquals que des baleines franches. Il n'existe pas de fossile connu.

1 ESPÈCE
Baleine franche pygmée

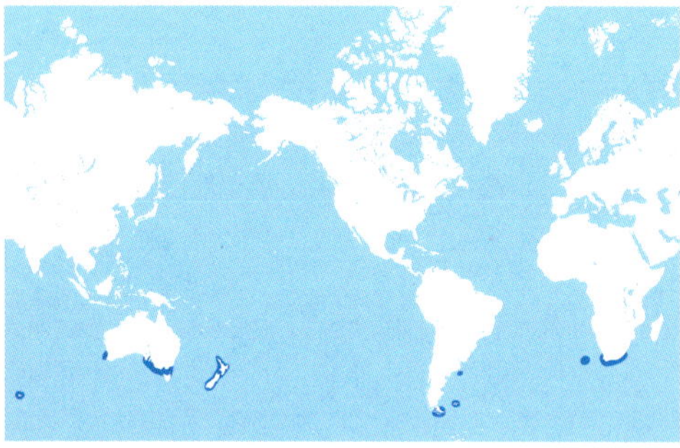

Caperea marginata

Baleine franche pygmée

Gray, 1846. Du latin *capero,* « plissé, ondulé » (allusion faite à l'aspect d'une bulle tympanique découverte en 1864 en Nouvelle-Zélande), et *margo, marginis,* « bord, limite ».
Français : *baleine franche pygmée, baleine franche naine*
Anglais : *pygmy right whale, dwarf right whale*
Famille : néobalénidés *(Neobalænidæ)*

DESCRIPTION

La baleine franche pygmée est à la fois la plus petite baleine à fanons et l'unique membre des néobalénidés. La plus grande femelle jamais étudiée mesurait 6,45 m et pesait 3 430 kg. Le plus grand mâle mesurait 6,09 m. La silhouette est plus trapue que celle des rorquals, mais sensiblement moins que celle des autres baleines franches (balénidés). Vue du dessus, la tête, dont la longueur représente 25 % de la longueur du corps, est large au niveau de l'articulation de la mâchoire. Elle se rétrécit en un rostre long et étroit. Elle est dépourvue de callosités, mais présente çà et là des vibrisses **(14)**, y compris chez les adultes.

Moyennement arquée, la bouche s'ouvre sur une rangée de 420 à 460 fanons, de 70 cm de longueur, de couleur ivoire, soulignés à la base de gencives blanchâtres, comme l'intérieur de la bouche et la langue. Deux discrets sillons parcourent la gorge sur toute sa longueur, à l'instar de la baleine grise *(Eschrichtius robustus).*

La robe va du gris clair au gris foncé sur le dos et du gris clair au blanc sur l'abdomen. À partir de l'œil, le corps est souvent recouvert d'élégants chevrons de différentes nuances de gris qui s'étirent vers l'arrière. Étroites et plus ou moins arrondies à leur extrémité, les nageoires pectorales sont de taille modeste. On constate la présence d'une nageoire dorsale falciforme située à 25-30 % de la longueur du corps à partir de la nageoire caudale. En forme d'accolade, cette dernière est large et présente une encoche médiane bien distincte.

(14) Vibrisses : poils tactiles de certains mammifères, comme les moustaches du chat.

MODE DE VIE

Habitat et populations

Globalement, le territoire de la baleine franche pygmée se limite au sud des trois continents de l'hémisphère austral – Amérique du Sud (Chili, Argentine, îles Falkland) ; Afrique (Namibie, Afrique du Sud, Mozambique) ; Australie (Australie, Nouvelle-Zélande, Tasmanie) – et à certaines îles de l'océan Indien (Crozet, Kerguelen), entre les 30e et 60e parallèles, dans des eaux allant de 5 °C à 20 °C. À ce jour, moins d'une centaine de spécimens échoués ont été étudiés et une vingtaine seulement ont pu être observés en mer. Nous ignorons tout de l'importance de ses populations.

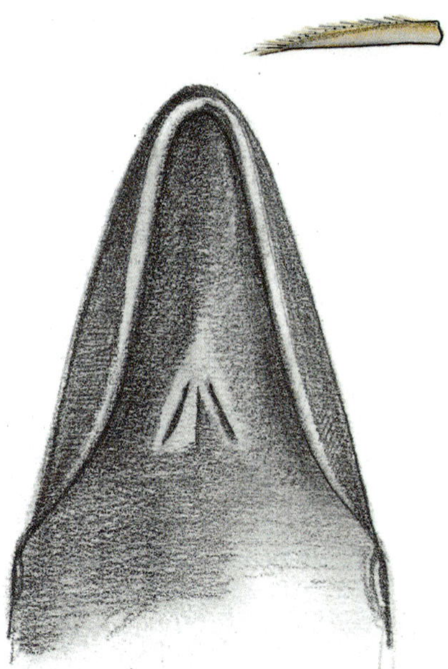

Tête vue du dessus et fanon.

Alimentation

Les échouages constatés tout au long de l'année laissent à penser que la baleine franche pygmée n'effectue pas de migration nord-sud, comme les autres baleines franches. En revanche, elle peut se déplacer pour suivre momentanément sa nourriture. Il semble qu'elle se nourrisse principalement de copépodes, d'euphausiacés et d'autres composants du zooplancton.

Organisation sociale et reproduction

La maturité sexuelle semble concerner les individus de 5 m au moins. À la naissance, le baleineau mesure 2 m et il est sevré lorsqu'il atteint 3 à 3,5 m. Nous ignorons tout du cycle de vie de cette discrète baleine, y compris sa longévité.

MENACES ET PROTECTION

Capturée occasionnellement à l'ère de la chasse baleinière, la baleine franche pygmée n'a jamais fait l'objet d'une chasse particulière. En revan-

baleine franche pygmée

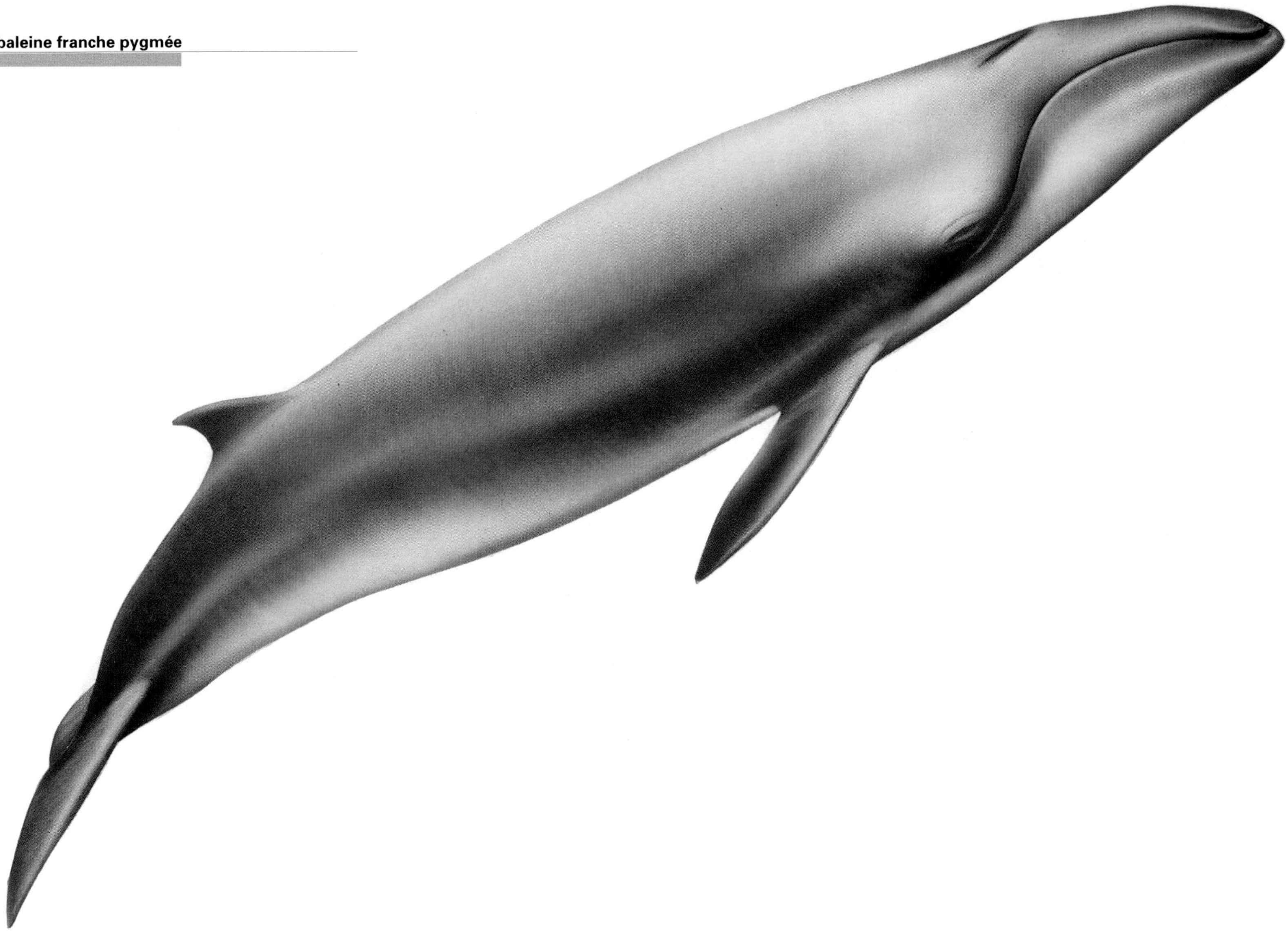

che, des captures involontaires peuvent avoir lieu dans les filets de pêche. Elles montrent que, contrairement aux autres espèces, cette baleine n'est pas contaminée par des métaux lourds ni par des produits organochlorés.

COMPORTEMENT EN SURFACE

La baleine franche pygmée se déplace normalement à une vitesse de 5 à 7 km/h. Toutefois, elle est capable de déployer une énergie soudaine et de disparaître en laissant son observateur littéralement sur place. De forme ovale, son souffle est peu élevé et passe inaperçu la plupart du temps.

Sa nage est unique dans le monde des cétacés : plutôt que d'utiliser sa seule nageoire caudale comme moyen de propulsion, elle nage avec le corps entier en ondulant de la pointe du rostre jusqu'à la caudale. Le rostre apparaît alors nettement à chaque fois qu'il franchit la surface. En plongée durant 3 à 4 min, la baleine franche pygmée n'est visible que le temps de reprendre sa respiration avant de replonger. La plupart du temps, les observations concernent des individus isolés ou des groupes allant jusqu'à 10 baleines. Une observation exceptionnelle au large des côtes de l'Afrique du Sud fait mention d'un groupe de 80 baleines.

Elle se joint parfois à d'autres espèces de cétacés, comme le globicéphale noir *(Globicephala melas),* le rorqual boréal *(Balaenoptera borealis),* le petit rorqual *(Balaenoptera acutorostrata)* et le petit rorqual antarctique *(Balaenoptera bonaerensis).* Pour l'observateur de surface, c'est avec ces deux dernières espèces que la confusion est possible. Seule la présence d'une nageoire dorsale – absente chez les deux autres – permet d'identifier formellement la baleine franche pygmée.

LES ESCHRICHTIIDÉS

La baleine grise occupe une place à part dans le groupe des baleines à fanons. Son étrange physionomie la tient éloignée des critères habituels de la baleine type. Présente uniquement dans le Pacifique Nord, elle est à la fois la plus côtière et celle qui entreprend l'une des plus longues migrations saisonnières. Quasiment exterminée à la fin du siècle dernier, elle a réalisé l'exploit d'être aujourd'hui l'espèce la mieux portante au plan de ses effectifs.

1 ESPÈCE

Baleine grise

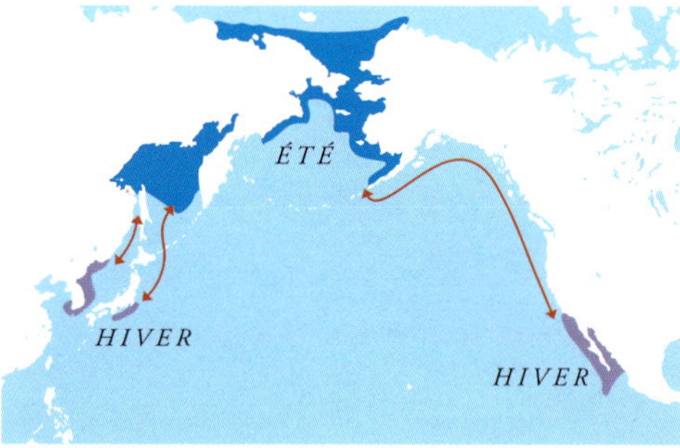

Eschrichtius robustus

Baleine grise

Gray, 1865. En l'honneur du zoologiste allemand Daniel Eschricht, et du latin *robustus*, « fort, solide ». L'espèce de l'Atlantique Nord *Eschrichtius gibbosus* est aujourd'hui éteinte.

Français : *baleine grise, baleine de Californie*

Anglais : *gray whale, Californian whale. Américain : devil fish* (poisson démon), *mussel digger* (déterreuse de moules), *scrag whale* (baleine raboteuse)

Famille : eschrichtiidés *(Eschrichtiidae)*

DESCRIPTION

La baleine grise est à la fois plus svelte que la baleine franche et plus massive que les rorquals. Le poids d'un adulte varie de 16 à 25 t. La plus grosse baleine grise jamais capturée mesurait 15,30 m et pesait 36 t. Une femelle mesure en moyenne 14 m, un mâle 13 m. D'une taille relativement courte par rapport à l'ensemble du corps, la tête étroite est triangulaire et légèrement arquée. La bouche s'ouvre sur une rangée de 260 à 360 fanons de teinte ivoire, les plus courts de toutes les baleines (40 cm maximum). Les fanons des deux côtés de la mâchoire sont séparés, au centre, par un espace qui laisse passer l'eau chargée de plancton. Extérieurement, les mâchoires présentent à leur extrémité des vibrisses espacées, reliées individuellement à une cellule sensible. La gorge comporte de 2 à 7 sillons longitudinaux, assez courts, qui permettent une certaine extension de la bouche lorsque la baleine se nourrit, sans atteindre toutefois l'amplitude favorisée par les sillons gulaires des rorquals. Souligné d'une paupière bien formée, l'œil est placé juste au-dessus de la commissure des lèvres.

D'une tonalité gris clair à gris foncé, le corps est recouvert de plaques irrégulières plus claires, colonisées par des crustacés parasites. L'anatife *Cryptolepas rhachianecti*, un temps considéré comme l'hôte spécifique de la baleine grise, a également été trouvé sur le bélouga *(Delphinapterus leucas)*, cétacé odontocète de l'hémisphère Nord. Intact à la naissance, l'épiderme du baleineau est rapidement colonisé par les larves d'anatifes qui se développent en s'incrustant profondément. D'autres crustacés *(Cyamis scammoni* et *Cyamus kessleri)* se nourrissent des résidus de peau endommagée. Chaque individu possède sa propre pigmentation, définie par le nombre et la forme des plaques qui le couvrent. L'ensemble contribue efficacement à l'identification photographique.

Les nageoires pectorales spatulées peuvent atteindre 2 m de longueur. Le dos ne comporte pas de nageoire, mais une série de 8 à 14 petites bosses situées sur le tiers postérieur du corps proprement dit. En forme d'accolade profondément échancrée au centre, la nageoire caudale mesure jusqu'à 3 m d'envergure.

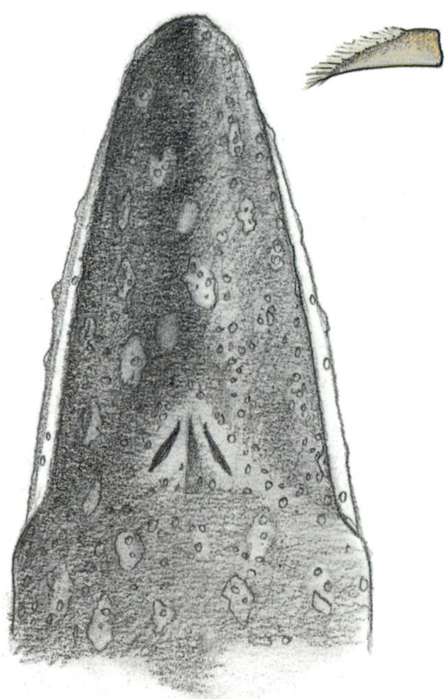

Tête vue du dessus et fanon.

MODE DE VIE

Habitat et populations

La baleine grise n'a jamais vécu que dans l'hémisphère Nord. Ses populations se limitent aujourd'hui à la zone Pacifique. Elle vit et se déplace essentiellement près des côtes.

La population de l'Atlantique Nord : en Europe, on la trouvait des côtes de la mer Baltique jusque dans la Manche. Les ultimes captures ont lieu au début du XVIIe siècle et marquent l'extinction de cette population. La population nord-américaine allait du Canada à la Floride. Elle disparaît définitivement en 1675, après la capture du dernier spécimen. L'intensification de la chasse hauturière par les Basques, les Islandais et les Américains peut être considérée, à juste titre, comme la cause principale de son éradication des deux côtés de l'Atlantique.

La population du Pacifique Nord-Ouest (Corée, mer d'Okhotsk) : jadis abondante, elle est aujourd'hui considérablement réduite. Il semble que les baleines grises se nourrissaient en mer d'Okhotsk, au nord-ouest de l'île de Sakhaline, et passaient l'hiver au sud de la Chine, près de l'île d'Hainan, après avoir longé les côtes de Corée et passé à l'ouest de Taïwan. Aujourd'hui, la population est évaluée à moins de 100 individus.

La population du Pacifique Nord-Est (Californie, Chukchi) : sa migration est de loin la mieux connue, toutes espèces confondues. Elle se nourrit en mer de Béring, en mer d'Okhotsk, en mer de Beaufort et en mer de Sibérie orientale. À partir de septembre, elle entame une route de 7 500 à 10 000 km, selon son point de départ, qui la mène en janvier sur les côtes de Basse-Californie, où elle met bas et se reproduit avant de reprendre le chemin en sens inverse.

Alimentation

Durant les 5 à 6 mois où elle s'alimente (de mai à octobre), une baleine grise adulte ingurgite 170 t de nourriture. Une réserve énergétique indispensable pour parcourir dans les deux sens le long chemin qui la sépare des lagons de Basse-Californie, où elle séjourne de janvier à mars. Elle racle les fonds marins, de 4 à 120 m de profondeur. Elle nage penchée du côté droit, bouche entrouverte, et aspire la nourriture enfouie dans la vase à l'aide de son énorme langue (1 400 kg). Les éléments comestibles restent piégés à l'intérieur des fanons alors que la boue est évacuée par la pression exercée par la langue à l'intérieur de la bouche. Son menu consiste pour une grande partie en amphipodes benthiques [15] semblables à des crevettes (*Ampelisca macrocephala, Ampelisca eschrichti,* etc.), enfouis dans la partie supérieure du sédiment – au total, plus de 80 espèces différentes.

(15) Benthique : qui vit sur le fond des mers.

Cette baleine se nourrit occasionnellement en engouffrant des proies en pleine eau, ou encore en écrémant la surface à la manière d'une baleine franche. Au retour de ses quartiers d'hiver, elle aura perdu 30 % de son poids. Un petit nombre d'individus n'effectue pas la migration dans son intégralité et passe l'été près de l'île de Vancouver et des îles de la Reine-Charlotte. Nous ignorons s'il s'agit là d'un comportement momentané et si ces individus reprennent le rythme migratoire l'année suivante.

Organisation sociale et reproduction

Sans être véritablement sociable, la baleine grise n'en communique pas moins avec ses semblables, quelles que soient les circonstances. Toutes sortes d'émissions ont été enregistrées sur une bande de 100 Hz à 4 kHz : claquements métalliques, gémissements prolongés, brutales expulsions d'air par l'évent. Sans que l'on puisse véritablement parler d'« écholocalisation », il semble qu'elle soit capable d'interpréter le retour de ses propres émissions sonores pour s'orienter par rapport au sol, lorsqu'elle se déplace, et même de situer ses congénères.

Globalement, les seuls rapports sociaux durables se limitent à la relation mère / petit, tant que le sevrage n'a pas eu lieu. Sur les sites estivaux où la baleine grise s'alimente, les regroupements sont à mettre sur le compte d'une abondance locale de nourriture plutôt que d'un regroupement social. Le mode alimentaire étant individuel, il ne lui est pas nécessaire de s'associer avec ses semblables pour une quelconque stratégie alimentaire. En hiver, les lagons [16] de Basse-Californie voient se regrouper mâles et femelles en état de se reproduire, mais ces associations sont éphémères. Les mères qui viennent de mettre bas ont peu d'interactions, sinon aucune, avec d'autres individus. Les naissances ont lieu principalement de fin décembre à début mars. Au bout de quelques semaines, les baleineaux forment des groupes spontanés particulièrement actifs auxquels s'associent les mères.

Quelques accouplements ont lieu à partir de novembre, sur le trajet qui mène en Basse-Californie, mais la plupart se déroulent dans la quiétude des lagons. À cette époque, 30 à 50 % des femelles portent des petits tandis que les autres se reproduisent. Les mâles, dont chaque testicule pèse jusqu'à 38 kg et le pénis mesure jusqu'à 1,70 m, couvrent plusieurs femelles durant la saison. Dans le même laps de temps, une femelle est couverte par plusieurs mâles, selon le mode dit « de promiscuité ». La compétition s'effectue *in utero,* entre les différentes semences. Le procédé évite ainsi des rivalités parfois brutales et coûteuses en énergie entre mâles. L'accouplement a lieu ventre contre ventre, près de la surface de l'eau.

Une femelle donne le jour à un seul petit, environ tous les 2 ans. La gestation dure de 11 à

(16) 85 % des naissances ont lieu dans les lagons de Basse-Californie (Scammon Lagoon, Guerrero Negro Lagoon, San Ignacio Lagoon, Magdalena Bay). Les 15 % restants ont lieu près des côtes continentales du Mexique.

13 mois. À la naissance, la taille d'un baleineau est d'environ le tiers de celle de sa mère ; il pèse environ 900 kg. Sa ration quotidienne de lait (53 % de matière grasse et seulement 6 % de protéines) avoisine les 190 l. Au moment du sevrage, 7 à 8 mois plus tard, il atteint presque 9 m. Ayant alors rejoint les zones estivales de nourriture, il profite de l'expérience de sa mère pour commencer à se nourrir par ses propres moyens.

MENACES ET PROTECTION

La population de baleines grises du Pacifique Nord-Ouest (Corée, mer d'Okhotsk) a été régulièrement chassée par les pêcheurs japonais et coréens jusqu'au XIXe siècle, sur ses territoires hivernaux de reproduction. À partir de 1840, les chasseurs européens et américains la traquent en été en mer d'Okhotsk, et ce, jusqu'au début du XXe siècle. Les baleiniers japonais et coréens prennent le relais et en capturent 1 400 entre 1910 et 1933. On la croit exterminée. Pourtant, les mêmes baleiniers en harponneront 67 sur les côtes de Corée entre 1948 et 1966. Estimée à moins de 100 individus survivants en 2000, cette population est classée « sérieusement menacée », un pur euphémisme quand on sait qu'il en faudrait 10 fois plus pour qu'elle retrouve la moindre chance de reconstituer ses effectifs. Il semble que sa disparition ne soit plus qu'une question de temps. L'exploitation intensive des ressources pétrolières autour de la presqu'île de Sakhaline provoque un accroissement du trafic maritime et de la pollution et pourrait réduire encore le sursis pour cette population.

Estimée aujourd'hui à 26 000 individus, la population du Pacifique Nord-Est (Californie, Chukchi) revient de loin. En 1846, les baleiniers américains découvrent ses territoires de reproduction en Basse-Californie. L'exploitation s'intensifie, y compris jusqu'en mer de Béring. Dans un rapport publié en 1874, le célèbre baleinier américain Charles Scammon, « découvreur » du lagon de Basse-Californie qui porte aujourd'hui son nom, estime à 11 300 le nombre de baleines grises tuées depuis 1846. En 1900, on croit la population éteinte, et la chasse cesse tant les animaux sont devenus rares. Quelques centaines sont pourtant capturées jusqu'en 1946 où une loi l'interdira. Toutefois, un quota annuel de 160 individus est maintenu pour la chasse « indigène », pratiquée par les Eskimos de Sibérie et les Inuits d'Alaska. Le réchauffement planétaire entraînant une réduction de la biomasse planctonique et benthique, la population actuelle de baleines grises semble se stabiliser, voire légèrement régresser. Elle serait quasiment identique à celle qui a précédé l'époque de la chasse. Jusqu'à la saison 2002, 620 captures sont allouées par la CBI à la Russie, et 5 aux États-Unis pour les tribus makahs de l'État de Washington.

Outre l'homme, le seul prédateur connu de la baleine grise est l'orque, qui s'attaque principalement aux baleineaux dont elle dévore la langue, quitte à abandonner le reste de la carcasse. Qu'ils soient abandonnés ou en service, les filets de pêche constituent autant de pièges. Plus grave encore est l'état de sous-alimentation constaté chez certaines baleines ces dernières années, tant à l'est qu'à l'ouest du Pacifique Nord. Un phénomène qui pourrait s'expliquer par la raréfaction de la nourriture, eu égard à la densité élevée de la population des baleines grises.

COMPORTEMENT EN SURFACE

La baleine grise est une nageuse lente mais endurante. Elle migre vers le sud en 55 jours environ, à raison de 144 à 185 km/jour, soit à une vitesse moyenne de 7 à 9 km/h. Le retour est plus lent, la remontée s'effectuant en moyenne à 4,5 km/h. Cette vitesse s'explique par la présence des petits et la nécessité de s'alimenter en route, après une longue période de jeûne. Elle nage durant 3 à 5 min sous la surface avant de réapparaître pour prendre 3 à 5 inspirations à l'issue desquelles elle replonge en élevant sa nageoire caudale au-dessus de la surface de l'eau. Son souffle, en forme de V, atteint 3 à 4 m de hauteur.

Sur ses territoires de reproduction, les activités de surface sont multiples : sauter hors de l'eau *(breaching)* ; frapper la surface de l'eau de la nageoire caudale *(lobtailing)* ou d'une nageoire pectorale *(flipper flapping)* ; dresser la tête verticalement au-dessus de la surface de l'eau pour « espionner » *(spy hopping)* – position qu'elle adopte volontiers dans les lagons peu profonds où elle peut prendre appui de la caudale sur le fond pour maintenir sa position plus longtemps.

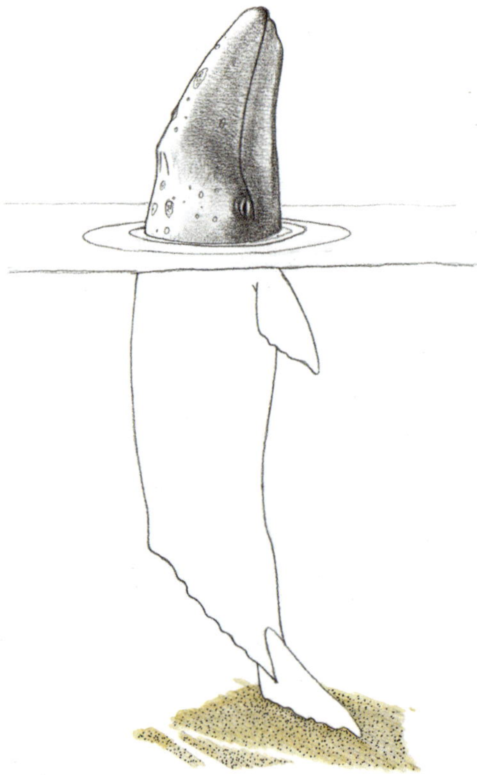

Pour pratiquer le *spy hopping* sans effort dans les lagons peu profonds de Basse-Californie, les baleines grises s'aident parfois de la caudale.

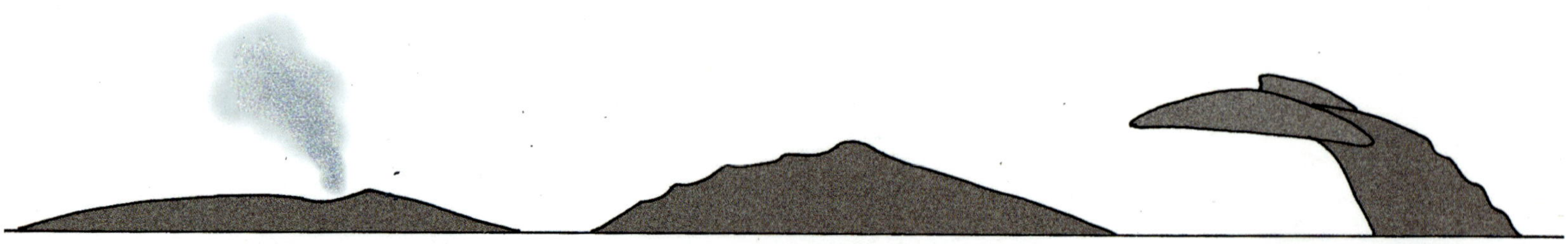

Une baleine grise effectue un spectaculaire saut avant, dans un lagon de Basse-Californie.

LES BALÉNOPTÉRIDÉS

Reconnaissables à leur silhouette élancée, les rorquals (17) sont des coureurs d'océans, taillés pour la vitesse. Ce sont aussi des « engouffreurs » de nourriture. Leur mode alimentaire est favorisé par les sillons gulaires, longs plis en accordéon qui parcourent la gorge et la première moitié de l'abdomen. Ces plis se distendent sous l'effet de la pression hydrostatique et permettent d'ingurgiter un énorme volume d'eau chargé de nourriture en une seule bouchée.

9 ESPÈCES
Baleine bleue
Rorqual commun
Rorqual commun de l'Indo-Pacifique
Rorqual commun boréal
Rorqual de Bryde
Rorqual d'Eden
Petit rorqual
Petit rorqual antarctique
Baleine à bosse

Balaenoptera musculus

Baleine bleue

Linné, 1758. Du latin *balaena,* « baleine », du grec *pteron,* « aile ». Du latin *musculus,* « petite souris (18) », mais de façon plus appropriée, « muscle ». Lacepède a créé le genre *Balaenoptera,* « baleine à aile », pour distinguer les rorquals, dotés d'un aileron dorsal, des baleines franches qui en sont dépourvues.
Français : *baleine bleue, rorqual bleu, grand rorqual*
Anglais : *blue whale, great blue whale*
Famille : balénoptéridés *(Balaenopteridae)*

SOUS-ESPÈCES

Certains spécialistes ont officieusement distingué plusieurs sous-espèces : la baleine bleue du Nord *(Balaenoptera musculus musculus),* la baleine bleue de l'océan Indien *(Balaenoptera musculus indica),* la baleine bleue pygmée *(Balaenoptera musculus brevicauda)* et la baleine bleue du Sud *(Balaenoptera musculus intermedia).* Aujourd'hui, la taxonomie du *Code international de nomenclature zoologique* ne reconnaît qu'une seule espèce. Nous utiliserons cependant les noms des sous-espèces mentionnées ci-dessus pour mieux cerner les différentes populations.

DESCRIPTION

La baleine bleue est le plus grand animal vivant. Les records de taille sont détenus par celle de l'hémisphère Sud avec 33,6 m, contre 32,6 m pour l'hémisphère Nord. Si le poids record de 190 t a été atteint par une femelle capturée en 1947, la moyenne des adultes se situe entre 80 et 150 t. À âge égal, une femelle est toujours légèrement plus grosse qu'un mâle. En forme de U, la tête est allongée et plate, avec une crête médiane rectiligne reliant l'extrémité du rostre à l'évent. La mâchoire supérieure est garnie de 540 à 790 fanons noirs, de 50 cm de largeur sur 1 m de longueur. La gorge comprend de 60 à 88 sillons gulaires qui s'étirent de l'extrémité du maxillaire jusqu'au nombril. Selon les populations, la tonalité générale de la robe va de gris ardoise à brun sombre, avec des marbrures plus claires, présentes partout à l'exception de la tête et de la nageoire caudale. La lumière ambiante peut en faire varier considérablement les nuances.

De forme allongée, les nageoires pectorales triangulaires atteignent 15 % de la longueur totale du corps. Située loin en arrière, la nageoire dor-

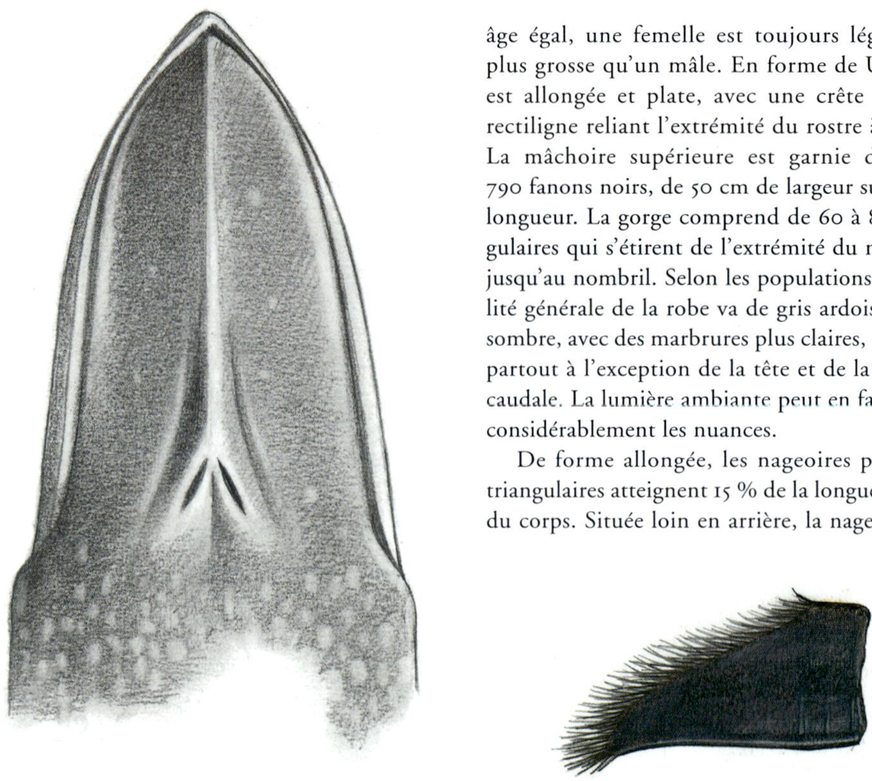

Tête vue du dessus et fanon.

(17) Rorqual : du norvégien *royrkval,* qui désigne les baleines à fanons.

(18) Allusion teintée d'ironie à une espèce de souris qu'il avait lui-même décrite auparavant sous le nom de *Mus musculus.*

baleine bleue

sale est minuscule, comparée à la taille de l'animal. Sa forme peut varier, allant de l'excroissance discrète à la lame de faux exagérément accentuée. Vu de profil, le pédoncule caudal est massif mais, de l'arrière, il paraît particulièrement étroit. La caudale, en forme d'accolade, présente un bord de fuite légèrement concave, avec une encoche médiane discrète.

MODE DE VIE

Habitat et populations

Globalement, on peut dire que la baleine bleue est une migratrice de type alterné alimentation / reproduction et que ses aires de répartition sont essentiellement déterminées par l'abondance de nourriture.

– La baleine bleue du Nord *(Balaenoptera musculus musculus)* : deux populations se partagent l'Atlantique Nord. La plus connue, celle de la partie Ouest, couvre l'embouchure du Saint-Laurent [19] au Canada, Terre-Neuve, la Nouvelle-Écosse, la Nouvelle-Angleterre et le Groenland. En hiver, son territoire s'étend jusqu'en Floride et aux Bermudes.

Moins bien définies, plusieurs sous-populations de l'Atlantique Nord-Est couvriraient un immense territoire allant de l'Islande aux Açores, et au-delà. Les baleines observées en hiver et au printemps aux Canaries et aux Açores rejoindraient l'Islande où elles se nourriraient de mai à septembre, quitte à s'alimenter en route si elles rencontrent du krill. Les territoires les plus méridionaux se situent entre la côte africaine et les îles du Cap-Vert. Au total, les spécialistes évaluent la population de l'Atlantique Nord entre 600 et 1 500 individus.

Dans le Pacifique Nord, il existe deux sous-populations : le groupe « Alaska / Californie », dont la population est estimée de 2 000 à 3 000 individus, et le groupe « Kamtchatka / Sud Japon », dont il resterait, au mieux, quelques centaines.

– La baleine bleue de l'océan Indien *(Balaenoptera musculus indica)* occupe le centre de l'océan Indien. Elle est observée dans l'archipel des Maldives, autour du Sri Lanka et au sud de l'Inde. Vers l'est, son territoire s'étend probablement à la côte Ouest de l'île indonésienne de Sumatra, puis jusqu'au nord-ouest de l'Australie. À l'ouest, le domaine longe la côte africaine au niveau de la Tanzanie, et le nord de Madagascar. Il chevauche probablement celui de la baleine bleue pygmée *(Balaenoptera musculus brevicauda)* et de la baleine bleue du Sud *(Balaenoptera musculus intermedia)*.

– La baleine bleue pygmée *(Balaenoptera musculus brevicauda)* vit principalement dans le sud de l'océan Indien, de la côte africaine jusqu'aux côtes Ouest et Sud d'Australie, et jusqu'en Nouvelle-Zélande (océan Pacifique). Son territoire comprend probablement les régions subantarctiques, mais ne semble pas s'étendre aux latitudes extrêmes fréquentées par la baleine bleue du Sud *(Balaenoptera musculus intermedia)*. Cependant, leurs aires de répartition se chevauchent en grande partie. Le pédoncule caudal de la « pygmée » est plus court que celui de sa cousine du Sud, ses fanons sont également plus longs et, en outre, elle possède quelques vertèbres supplémentaires.

– La baleine bleue du Sud *(Balaenoptera musculus intermedia)*, ou « baleine de l'Antarctique », est la plus grande en taille et la plus abondante des 4 sous-espèces. Elle occupe toute la zone circumpolaire, où elle se nourrit à la période estivale. On ignore les limites précises du territoire hivernal où elle est censée se reproduire.

Alimentation

Comme la majorité des rorquals, la baleine bleue passe l'essentiel de son existence en haute mer. Sa nourriture se compose principalement d'euphausiacés (krill), portés par les courants océaniques froids et les courants ascendants *(upwellings)*. La technique est simple. Une fois qu'elle a détecté le banc de krill, la baleine le traverse, la bouche démesurément ouverte, et engouffre des tonnes d'eau chargée de millions de crustacés. Sous l'effet de la pression hydrostatique, les sillons gulaires se déploient, créant une gigantesque poche souple qui accroît la capacité limitée de la bouche. Avant que celle-ci se referme, grâce à la contraction musculaire de la membrane abdominale et à la pression de la langue, l'eau est rejetée à l'extérieur au travers des fanons, dont le réseau fibreux retient la nourriture. Il ne lui reste plus ensuite qu'à l'avaler. Lorsque le banc de krill affleure la surface de l'eau, la baleine nage souvent bouche grande ouverte et ventre en l'air, lais-

(19) Une population de plus de 400 baleines bleues y a été répertoriée grâce, entre autres procédés, à l'identification photographique et aux analyses de l'ADN (MICS – îles Mingan, Canada).

sant dépasser verticalement son maxillaire inférieur, haut de plusieurs mètres. Elle opte parfois pour la nage latérale ou verticale, jaillissant brusquement dans un gigantesque éclaboussement d'écume et de krill mélangés *(lunge feeding)*. Habituellement, le krill se tient en profondeur durant le jour et remonte au coucher du soleil, c'est pourquoi les activités de surface de la baleine bleue sont plus fréquentes en fin d'après-midi, voire la nuit. Sa consommation quotidienne de krill est de l'ordre de 5 à 8 t.

Organisation sociale et reproduction

La baleine bleue vocalise tout au long de l'année, communiquant avec ses semblables sur des fréquences basses, voire dans la zone infrasonore (17-20 Hz). Sa puissance d'émission, de l'ordre de 188 décibels, fait d'elle l'animal le plus bruyant. Les basses fréquences voyageant sur des centaines de kilomètres, les émissions semblent jouer un rôle important dans la communication entre individus très éloignés les uns des autres. Ces informations pourraient concerner l'alimentation aussi bien que la reproduction car elles sont autant échangées en été qu'en hiver.

Selon les régions et les conditions locales, les femelles atteignent la maturité sexuelle en moyenne vers l'âge de 8 ou 10 ans. À cet âge, leur taille est de 21 ou 23 m pour l'hémisphère Nord et de 23 ou 24 m pour l'hémisphère Sud. Les mâles sont sexuellement matures à une taille légèrement inférieure. Une femelle donne naissance à un petit tous les 2 ou 3 ans, après 10 à 12 mois de gestation. À la naissance, le baleineau mesure de 6 à 7 m. Et 6 à 8 mois plus tard, à la fin du sevrage, il a atteint 16 m. Nous ignorons où la baleine bleue se reproduit exactement mais des couples formés ont été observés durant plusieurs semaines dans le Saint-Laurent. Au sud du Chili, sur plusieurs saisons consécutives, on a observé

une concentration d'individus juvéniles, que les observateurs ont eu tôt fait de baptiser « nurserie ».

L'espérance de vie d'une baleine bleue se situerait aux alentours de 80-100 ans, mais seuls les suivis photographique et génétique sur une longue période permettront de vérifier cette hypothèse.

MENACES ET PROTECTION

Grâce à sa rapidité et à sa masse énorme, la baleine bleue échappe aux premiers baleiniers traditionnels utilisant des bateaux ouverts de faible tonnage et des harpons à main. Dès 1868, grâce au canon lance-harpon à tête explosive, inventé par le Norvégien Sven Foyn, et au développement progressif des navires-usines, le massacre commence. À partir de 1900, l'animal est poursuivi dans tous les océans, jusque dans les contrées les plus hostiles. À l'apogée du massacre, au cours de la seule saison 1931, plus de 29 000 baleines sont capturées. En 1966, la Commission baleinière internationale (CBI) en interdit définitivement la chasse. Malheureusement, certaines nations comme l'ex-URSS ne respectent pas les règles et pratiquent une chasse illégale jusqu'à la fin des années 1980. Officiellement, 360 000 baleines ont été capturées entre 1910 et 1966, dont 330 000 pour la seule zone antarctique. Bien que la baleine bleue soit désormais mondialement protégée, ses effectifs se reconstituent très lentement. Il suffit de rapprocher l'estimation actuelle de 5 000 individus, toutes populations confondues, aux 200 000 qui sillonnaient les océans au milieu du XIXe siècle.

Comme tous les cétacés, la baleine bleue n'échappe pas aux filets dérivants ni aux produits toxiques qui polluent les océans. Malgré sa protection officielle, son principal ennemi reste l'homme, qui songe à exploiter industriellement le krill, l'unique source de nourriture de la baleine. Son seul prédateur naturel est l'orque, qui s'attaque parfois en meute aux baleineaux et aux individus en difficulté. Eu égard à tous les paramètres négatifs, on considère aujourd'hui qu'elle est en danger d'extinction.

COMPORTEMENT EN SURFACE

La baleine bleue est une nageuse rapide. Elle se déplace habituellement à une vitesse de 5 à 15 km / h et peut, en fuite, pousser des pointes à plus de 30 km / h. Sa vitesse tombe à 3 ou 6 km / h lorsqu'elle se nourrit. Durant la journée, elle reste en immersion de 10 à 30 min, selon la profondeur à laquelle elle chasse. Son spectaculaire souffle en colonne, qui atteint de 6 à 12 m, varie en fonction du temps d'immersion.

En dehors des phases alimentaires, les activités de surface sont plutôt limitées. Il arrive que certains individus jeunes sautent hors de l'eau *(breaching)*, et ce, parfois à répétition. Seulement 18 % des baleines bleues lèvent leur nageoire caudale avant de sonder (plonger) vers les profondeurs. Il s'agit d'un comportement individuel, qui fait défaut chez beaucoup d'individus. Lorsqu'une baleine est calme, elle lève la caudale verticalement, provoquant une impressionnante cascade. Si elle sonde en se déplaçant plus rapidement, le mouvement sera nettement moins spectaculaire. Du fait de la longueur du corps, l'évent et la nageoire dorsale n'apparaissent jamais en même temps.

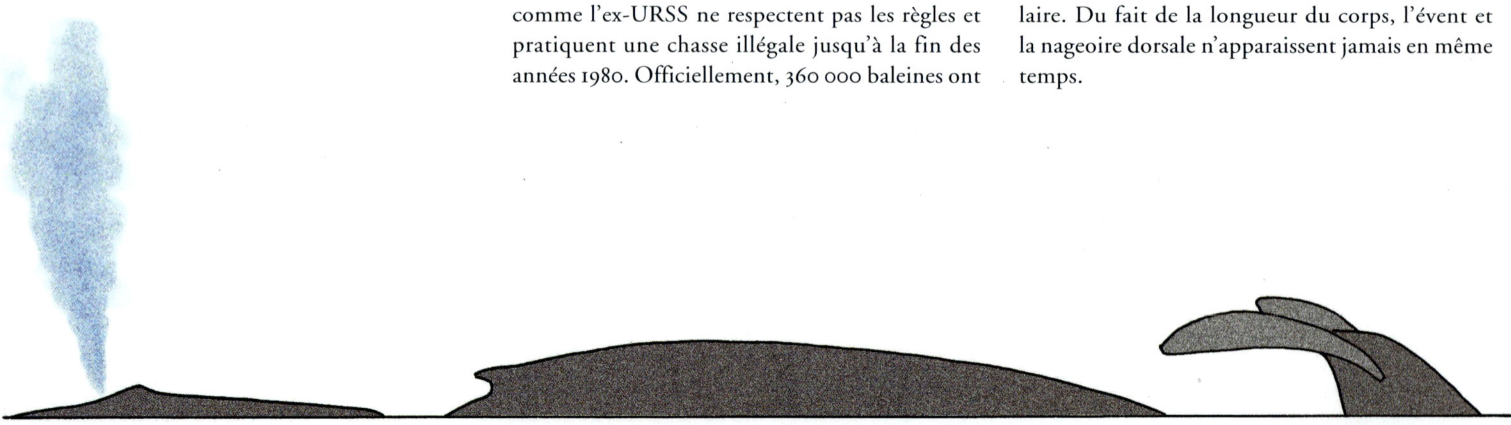

Lorsque le krill est abondant, les baleines bleues sont nombreuses. Sur ce point, dans l'archipel des Açores, 2006 a été une année exceptionnelle.

Balaenoptera physalus

Rorqual commun

Linné, 1758. Du latin *balaena,* « baleine », du grec *pteron,* « aile ». Du grec *phusalos,* « cétacé », issu de *phuseter,* « souffleur ». Lacepède a créé le genre *Balaenoptera,* « baleine à aile », pour distinguer les rorquals, dotés d'un aileron dorsal, des baleines franches qui en sont dépourvues.
Français : *rorqual commun*
Anglais : *fin whale, finback whale*
Famille : balénoptéridés *(Balaenopteridae)*

Balaenoptera omurai

Rorqual commun de l'Indo-Pacifique

Wada *et alii,* 2003. Du latin *balaena,* « baleine », du grec *pteron,* « aile ». Lacepède a créé le genre *Balaenoptera,* « baleine à aile », pour distinguer les rorquals, dotés d'un aileron dorsal, des baleines franches qui en sont dépourvues.
Français : *rorqual commun de l'Indo-Pacifique, baleine d'Omurai*
Anglais : *Omura's whale*
Famille : balénoptéridés *(Balaenopteridae)*

TAXONOMIE

Dans sa « Liste des espèces de cétacés du monde », le *Code international de nomenclature zoologique* a récemment enregistré une nouvelle espèce, résultat des travaux effectuées par M. Shiro Wada du National Research Institute of Fisheries Science de Yokohama, au Japon. Une avancée qui provient de l'étude anatomique et génétique d'un rorqual échoué sur l'île japonaise de Tsunoshima, en 1998. Cette étude a été rapprochée de celles effectuées sur d'autres rorquals, capturés il y a plus de 30 ans par les baleiniers japonais. *Balaenoptera omurai* diffère de *Balaenoptera physalus* par son profil ADN, sa structure crânienne et un nombre moins élevé de fanons. Les deux espèces étant extérieurement très semblables, nous les regroupons, pour des raisons pratiques, dans un même chapitre.

Ajoutons que le rorqual commun de Méditerranée serait génétiquement différent de celui de l'Atlantique et, donc, que la taxonomie du genre pourrait être revue sous peu.

DESCRIPTION

Par sa taille, le rorqual commun arrive au deuxième rang des balénoptéridés, derrière la baleine bleue *(Balaenoptera musculus).* Dans l'hémisphère Sud, une femelle mesure en moyenne 26 m et un mâle 25 m contre 22,5 m et 21 m dans l'hémisphère Nord. Les femelles pèsent de 60 à 80 t au sud, contre 40 à 50 t au nord. Étroite, la tête comporte une crête médiane fortement marquée, qui relie l'évent à l'extrémité du rostre. La bouche est garnie de 700 à 800 fanons, longs de 70 cm environ. Les sillons gulaires s'étirent de l'extrémité du menton jusqu'au nombril. La robe est gris ardoise sur le dessus et s'éclaircit sur le dessous, en particulier au niveau abdominal.

La tête est entièrement gris foncé sur le côté gauche. Le maxillaire inférieur droit va du blanc au gris clair, avec une extension plus ou moins prononcée vers l'arrière de la tête. Cette asymétrie rend infaillible l'identification du rorqual commun. Moyennement développées et effilées, les nageoires pectorales triangulaires varient de gris clair à gris ardoise sur le dessus et sont blanches sur le dessous. Celles des rorquals de l'hémisphère Nord sont plus courtes et plus larges que celles des rorquals du Sud. Placée aux trois quarts arrière du corps, la nageoire dorsale est falciforme. Moins haute que celle du rorqual boréal *(Balaenoptera borealis),* elle l'est sensiblement plus que celle de la baleine bleue *(Balaenoptera musculus).* La nageoire caudale, en forme d'accolade, au bord de fuite légèrement concave, est marquée d'une encoche médiane prononcée.

MODE DE VIE

Habitat et populations

Le rorqual commun vit dans tous les océans de pôle à pôle, principalement au-delà du plateau continental. Les territoires des deux populations se chevauchent parfois, mais, soumises à des rythmes saisonniers inversés, ces dernières ne se rencontrent pas.

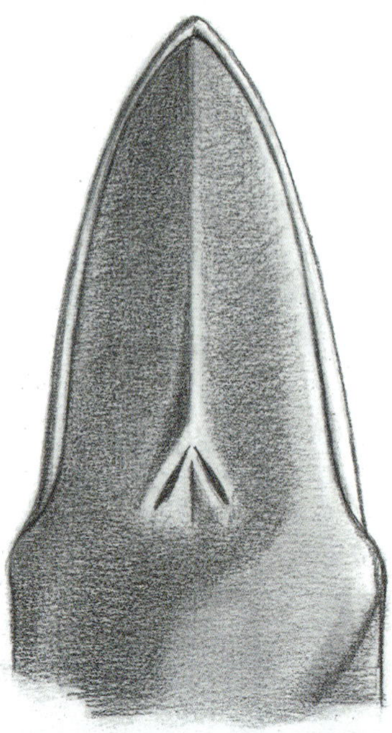

Tête vue du dessus et fanon.

rorqual commun

Le rorqual commun du Nord : s'il existe une migration alimentaire, elle ne concerne pas obligatoirement tous les individus d'une même population. Dans l'Atlantique Nord, l'influence du Gulf Stream permet à certains de se nourrir toute l'année à des latitudes relativement hautes. Inversement, d'autres s'alimentent l'été à des latitudes moyennes (Maroc, Espagne, Écosse, Norvège, Islande, Terre-Neuve). Il y a débat depuis de nombreuses années sur d'éventuels mouvements saisonniers du rorqual commun de Méditerranée, mais jusqu'à présent aucune véritable migration n'a pu être observée dans le détroit de Gibraltar. Il est absent de l'est de la Méditerranée, de la mer Noire, de la Baltique, de la mer Rouge, du golfe Persique et de nombreuses régions équatoriales.

Le rorqual commun du Sud : il migre, selon les saisons, de la manière la plus traditionnelle. L'été, il se nourrit dans les eaux de l'Antarctique, à l'exception des mers de Weddell et de Bellingshausen ; l'hiver, il rejoint les eaux tempérées, plus au nord, pour se reproduire et mettre bas.

Alimentation

Dans l'hémisphère Nord, le rorqual commun est assez éclectique. Il consomme principalement du krill (euphausiacés), ainsi que d'autres crustacés planctoniques. Il ne dédaigne cependant pas d'engouffrer toutes sortes de poissons pélagiques, tels que harengs, sardines, capelans, maquereaux et parfois même des calmars de petite taille. Dans l'hémisphère Sud, il se concentre sur le krill et les crustacés planctoniques. Dans les eaux froides estivales, il consomme quotidiennement jusqu'à 1 t de krill. Partageant souvent les mêmes territoires de chasse que d'autres rorquals, il côtoie fréquemment la baleine bleue avec laquelle il s'hybride [20] à l'occasion. À proximité de la surface, lorsque les poissons sont concentrés en masses compactes *(fish balls)*, sa technique consiste à se ruer au travers du banc, bouche distendue grâce aux sillons gulaires, et à engouffrer le tout. Cette technique *(lunge feeding)*, aussi sommaire qu'efficace, s'effectue indifféremment à la verticale ou penché du côté droit (le côté de la gorge le plus clair), selon un angle beaucoup plus plat.

Organisation sociale et reproduction

Les vocalises du rorqual commun consistent essentiellement en plaintes modulées et grognements divers, en basses fréquences. Il lui arrive parfois d'émettre brièvement en hautes fréquences, mais il est impossible d'associer une telle émission à un quelconque comportement.

(20) Hybridation : croisement naturel ou artificiel entre deux variétés, deux races d'une même espèce ou entre deux espèces.

Les sons émis en basses fréquences sont puissants et se propagent sur plusieurs centaines de kilomètres – moyen sans doute de maintenir un contact à distance avec ses semblables. La relation la plus solide est celle de la mère et de son petit, tout au moins jusqu'au sevrage. On observe parfois des groupes de 2 à 10 individus, mais l'abondance de nourriture peut en réunir plusieurs dizaines sur une même zone de chasse.

Les mâles atteignent leur maturité sexuelle vers l'âge de 6 ou 7 ans et les femelles vers 7 ou 8 ans. À cet âge, une femelle de l'hémisphère Nord mesure 18,5 m et le mâle 17,5 m (+ 10 % dans l'hémisphère Sud). La taille réduite des testicules laisse à penser que, contrairement aux baleines franches et à la baleine grise, la compétition a lieu physiquement entre mâles, plutôt qu'entre leurs gamètes dans l'utérus de la femelle. Nul n'a encore jamais assisté à un accouplement, mais on peut imaginer que les partenaires se tiennent près de la surface, ventre contre ventre, soit superposés, soit de côté. À l'issue d'une gestation d'environ 11 mois, la femelle donne le jour à un petit de 6 à 7 m, dont le poids varie entre 1 t et 1,5 t. Le baleineau âgé de 6 ou 7 mois mesurera de 11 à 13 m de longueur. Généralement, la mère s'accouple de nouveau 2 ans après la précédente fécondation.

La plupart du temps, un *breach* de rorqual ne révèle que la partie antérieure de ce dernier.

L'espérance de vie du rorqual commun se situerait entre 80 et 90 ans, bien qu'il existe sans doute des individus centenaires. Là encore, seuls les suivis photographique et génétique nous renseigneraient sur la justesse de ces estimations.

MENACES ET PROTECTION

L'histoire de la chasse au rorqual commun se confond pratiquement avec celle de sa cousine la baleine bleue. Nageur rapide, le rorqual commun coule lorsqu'il est harponné – deux défauts majeurs aux yeux des anciens baleiniers, dont les bateaux étaient trop lents et mal équipés. Le canon lance-harpon à tête explosive, allié aux navires-usines capables de traiter les captures sur place sans devoir rentrer au port, change totalement la donne. Dès la fin du XIXe siècle, le massacre est tel au nord de la Norvège qu'en 1904 les captures s'y font plus rares. Dès lors, les navires étendent leurs terrains de chasse à l'intégralité des océans, y compris aux eaux de l'Antarctique. Entre 1935 et 1970, chaque année voit disparaître 30 000 rorquals communs. Dès les années 1960, la Commission baleinière internationale prend des mesures, et les renouvelle pour freiner le massacre. En 1985, le moratoire de la CBI y met un terme. Pourtant, l'activité baleinière se poursuit, au large de l'Espagne et de l'Islande, et ce n'est qu'en 1989 qu'elle prend fin. Aujourd'hui, un quota de 10 à 15 rorquals est encore alloué aux populations du Groenland pour soutenir la chasse traditionnelle. La plus récente étude statistique estime à 70 000 individus la population mondiale de rorquals communs.

Plus que les filets dérivants et les produits toxiques, ce sont les navires qui tuent le plus les rorquals communs ! Certaines routes maritimes au trafic intense, comme le fameux « rail » qui passe au large des côtes françaises, ainsi que le détroit de Gibraltar, sont fréquemment le théâtre de collisions entre rorquals et bâtiments de fort tonnage, incapables, du fait de leur taille et de leur inertie, de les éviter. C'est encore l'homme qui pèse le plus sur l'avenir de l'animal, en particulier à cause des excès de la pêche dans l'hémisphère Nord et de la collecte industrielle du krill dans les deux hémisphères. Son unique prédateur naturel reste l'orque, qui s'en prend parfois aux baleineaux et aux individus malades.

COMPORTEMENT EN SURFACE

Le rorqual commun est un nageur rapide. Sa vitesse de croisière est de l'ordre de 7 à 12 km / h mais il est capable de pousser des pointes à plus de 30 km / h. Sa vitesse tombe à 3 ou 5 km / h lorsqu'il chasse. Il plonge pendant 3 à 10 min, à des profondeurs de 100 à 200 m au maximum. Son souffle, en colonne étroite, atteint de 4 à 6 m de hauteur et peut être visible à grande distance.

Lorsqu'il sonde, le rorqual commun ne montre quasiment jamais sa nageoire caudale. On assiste parfois à des sauts *(breaches)* spectaculaires de communication (de 1 à 6 d'affilée), en particulier entre la mère et son baleineau. Le saut peut revêtir deux formes : l'une consiste en un simple saut vers l'avant, sorte de « marsouinage » appuyé ; l'autre en un bond spectaculaire, le corps arqué presque entièrement hors de l'eau. La chute s'effectue soit sur le dos, soit sur le côté, dans un gigantesque éclaboussement d'écume. Lorsque le rorqual commun émerge pour respirer, l'évent n'est jamais visible en même temps que la nageoire dorsale. C'est l'un des moyens de le différencier du rorqual boréal *(Balaenoptera borealis),* chez qui les deux peuvent être visibles simultanément, durant un court instant.

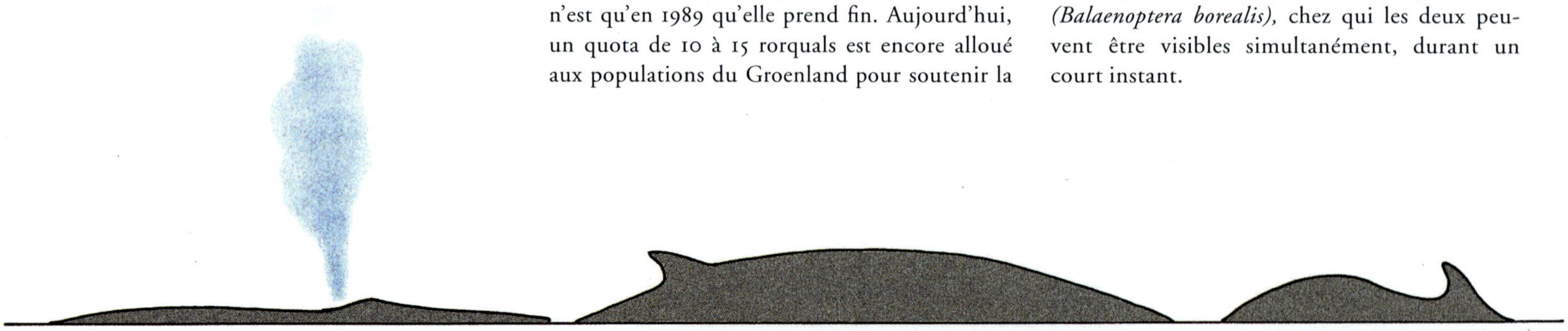

Un rorqual commun de Méditerranée au moment de son émersion.

Balaenoptera borealis

Rorqual boréal

Lesson, 1828. Du latin *balaena,* « baleine », du grec *pteron,* « aile », et *borealis,* « du Nord ». Lacepède a créé le genre *Balaenoptera,* « baleine à aile », pour distinguer les rorquals, dotés d'un aileron dorsal, des baleines franches qui en sont dépourvues.
Français : *rorqual boréal, rorqual de Rudolphi*
Anglais : *Sei whale* **(21)**
Famille : balénoptéridés *(Balaenopteridae)*

DESCRIPTION

Le rorqual boréal vient en troisième position pour la taille, derrière le rorqual commun et la baleine bleue. Sa taille peut atteindre 20 m, mais la moyenne se situe entre 15 et 18 m, pour un poids de 20 à 30 t. La femelle est légèrement plus grosse que le mâle. La silhouette étirée, associée à la nage dorso-ventrale ondulante de ce rorqual conduit certains observateurs à le qualifier de « serpentiforme ». La tête allongée représente 20 à 25 % de la longueur du corps. Pointu, le rostre comporte une crête médiane unique qui relie l'évent à l'extrémité. La bouche est garnie de 740 ou 780 fanons gris foncé, longs de 70 à 75 cm environ, aux fines extrémités de teinte ivoire. Au nombre de 45 à 65, les sillons gulaires prennent naissance à l'extrémité du menton et s'arrêtent avant le nombril, une particularité qu'il partage avec le petit rorqual *(Balaenoptera acutorostrata),* contrairement à la baleine bleue *(Balaenoptera musculus),* au rorqual commun *(Balaenoptera physalus)* et aux rorquals tropicaux *(Balaenoptera sp.),* dont les sillons atteignent, voire dépassent le nombril. La pigmentation générale de la face dorsale peut être gris ardoise, gris bleuté, et même anthracite. Sensiblement plus claire, la face ventrale est fréquemment ponctuée de taches blanches, voire de morsures de squalelet féroce *(Isistius brasiliensis),* un petit requin dont la stratégie alimentaire est de se « ventouser » sur de grosses proies, à l'aide de ses lèvres charnues, et d'y découper une bouchée circulaire. Les étroites nageoires pectorales sont de forme triangulaire. Située en arrière, à environ 60 % de la longueur du corps, la nageoire dorsale présente la forme d'une faux à la courbure accentuée. La nageoire caudale est triangulaire et son bord de fuite pratiquement rectiligne. L'encoche médiane est bien marquée.

Les rorquals sont apparus il y a 4 millions d'années, mais le rorqual boréal et les rorquals tropicaux se sont différenciés il y a seulement 300 000 ans. Ce sont d'ailleurs les espèces les plus proches sur le plan génétique.

(21) *Sei whale* vient du norvégien *sejhval* : l'arrivée du rorqual boréal sur les côtes de Norvège coïncidait avec celle du lieu jaune, *seje (Pollachius virens),* d'où l'amalgame des noms.

MODE DE VIE

Habitat et populations

Le rorqual boréal sillonne tous les océans, dans les deux hémisphères. Ses migrations, dictées à la fois par le besoin de se nourrir et de se reproduire, accompagnent tout naturellement le rythme des saisons. Il se nourrit l'été dans les zones subpolaires et rejoint les eaux tempérées en hiver pour s'accoupler et mettre bas. La génétique distingue les populations Nord et Sud. Il s'agit là d'une démarche ancienne, effectuée par certains spécialistes. Il existait une sous-espèce du Nord *(Balaenoptera borealis borealis)* et une seconde, du Sud *(Balaenoptera borealis schlegelii),* cette dernière ayant été déterminée à partir d'un spécimen découvert près de l'île de Java (Indonésie).

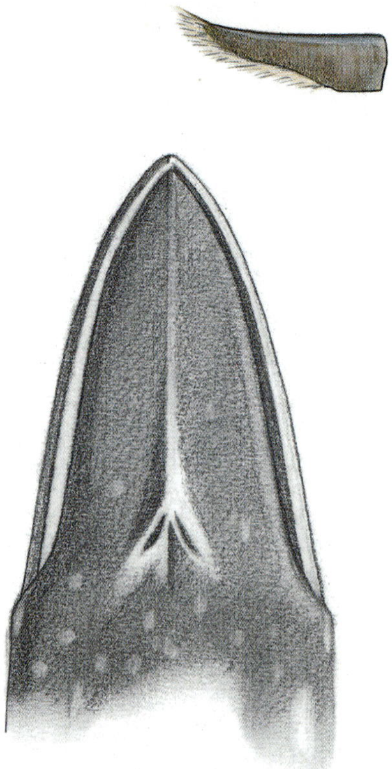

Tête vue du dessus et fanon.

Les rythmes saisonniers étant inversés entre les deux hémisphères, les populations Nord et Sud ont peu de chance de se rencontrer. À l'instar du rorqual commun *(Balaenoptera physalus),* le rorqual boréal vit éloigné des côtes continentales, mais ne dédaigne pas, pour se nourrir, s'approcher de certaines îles perdues au milieu de l'océan, comme les Açores.

Alimentation

Dans les deux hémisphères, la nourriture favorite du rorqual boréal consiste essentiellement en copépodes, les crustacés planctoniques les plus abondants de la planète. Il les « écrème » juste sous la surface de l'eau, s'ils sont agglutinés en bancs suffisamment compacts. La chasse intervient principalement à l'aube, avant que les minuscules crustacés gagnent les profondeurs marines pour la journée. Cette technique d'écrémage semble plus proche de celle des baleines franches que de celle des autres rorquals, qui engouffrent leur nourriture lors de spectaculaires démonstrations de surface. Selon les opportunités, le rorqual boréal peut varier son menu et consommer poissons pélagiques et calmars. Il chasse comme il voyage, c'est-à-dire souvent en groupe de 2 à 5 individus nageant en ligne frontale.

Organisation sociale et reproduction

Les émissions sonores ont, jusqu'à présent, été peu étudiées. Grognements et plaintes prolongées, sur des basses fréquences, semblent constituer l'essentiel des émissions. Il est probable qu'elles sont destinées à des congénères plus ou moins éloignés, pour maintenir le contact lors d'une migration, signaler la présence de nourriture ou favoriser les rapprochements sexuels. On serait tenté de dire que la seule relation durable concerne la mère et son petit, au moins

rorqual boréal

jusqu'au sevrage. Néanmoins, de petits « groupes familiaux », au sein desquels l'on note la présence de baleineaux, semblent voyager de concert, sans que l'on connaisse la structure sociale d'une telle association.

Les deux sexes atteignent leur maturité sexuelle vers l'âge de 8 ou 10 ans. À cet âge, une femelle de l'hémisphère Sud mesure 14 m et le mâle environ 13 m. Ces tailles sont légèrement inférieures dans l'hémisphère Nord. On note que, dans les zones où la chasse a sévèrement dépeuplé une population, l'âge de la maturité sexuelle tend à s'abaisser. À l'instar des autres rorquals, la conquête d'une femelle donne parfois lieu à des affrontements entre mâles rivaux. Après une gestation d'environ 10 à 12 mois, la mère donne le jour à un baleineau mesurant aux alentours de 4,5 m et dont le poids avoisine les 700 kg. Elle le nourrit pendant 7 mois. On ignore quelle est l'espérance de vie exacte du rorqual boréal, mais en se fondant sur celle des autres rorquals, on peut l'estimer entre 60 et 80 ans.

MENACES ET PROTECTION

Ignoré par les baleiniers traditionnels jusqu'à l'invention du canon lance-harpon en 1868 et la mise en chantier des navires-usines, dès la fin du XIXe siècle, le rorqual boréal partage le sort des autres rorquals, animaux rapides, jusque-là hors d'atteinte. À compter de cette date, les baleiniers du monde entier le traqueront où qu'il soit, et ce, d'autant plus volontiers que les effectifs de la baleine bleue et du rorqual commun s'amenuisent. Rien qu'entre 1960 et 1970 les flottes baleinières hauturières de la zone antarctique en ont capturé 110 000. La Commission baleinière internationale met fin au massacre en 1975 dans le Pacifique Nord et, en 1979, dans toute la zone Sud. La zone Atlantique Nord est protégée à son tour en 1986, mais durant plusieurs années, une chasse limitée est tolérée pour l'Islande et le Groenland, sous couvert de « nécessité économique nationale ». L'estimation des populations actuelles est incertaine. On sait seulement qu'au début des années 1980 le nombre de rorquals boréaux de la fin du XIXe siècle avait été divisé par cinq. La population actuelle de l'hémisphère Sud serait de l'ordre de 60 000 individus, celle du Pacifique Nord de 14 000. En revanche, la population de l'Atlantique Nord est dans une situation beaucoup plus critique. La seule estimation disponible, concernant les zones Atlantique Centre et Nord-Est, est de 10 000 individus.

Les menaces qui pèsent sur le rorqual boréal sont les mêmes que pour les autres balénoptéridés. La pollution chimique des océans, le

réchauffement général de la planète, les filets de pêche sont autant de facteurs qui rendent son avenir incertain. Son unique prédateur naturel est l'orque, en particulier dans les zones de mise bas, dans les jours qui suivent les naissances.

COMPORTEMENT EN SURFACE

Le rorqual boréal est un nageur rapide. Sa vitesse de croisière avoisine les 10 km / h et il peut pousser des pointes spectaculaires à plus de 40 km / h s'il est dérangé. Lorsqu'il se nourrit, sa vitesse n'excède pas 4 à 6 km / h. Il plonge de 5 à 10 min, à faible profondeur, laissant fréquemment derrière lui l'empreinte circulaire de son ultime battement de nageoire caudale, le *foot print* (empreinte du pied) ou *fluke print* (empreinte de la nageoire caudale) des Anglo-Saxons.

Son souffle, étroit, atteint 3 m de hauteur, mais son manque de densité le rend relativement peu visible et il est facilement dispersé par le vent.

Pour plonger, le rorqual boréal utilise son élan et s'enfonce selon un angle très plat, à la façon d'un sous-marin. Il ne montre pratiquement jamais sa nageoire caudale. Il ne saute pas non plus de manière spectaculaire *(breaching)* comme le rorqual commun *(Balaenoptera physalus)*, mais il lui arrive de s'élancer vers l'avant, jusqu'à mi-corps, à la manière d'un dauphin qui marsouine en se laissant porter par la vague. Lorsque le rorqual boréal émerge pour respirer, l'évent est visible en même temps que la nageoire dorsale, pendant un court instant, contrairement au rorqual commun avec qui il pourrait être confondu. Les seuls autres rorquals qui possèdent cette caractéristique sont le petit rorqual *(Balaenoptera acutorostrata)* et le petit rorqual antarctique *(Balaenoptera bonaerensis)*, de taille nettement inférieure.

Un rorqual boréal des Açores nage sous la surface à vitesse soutenue.

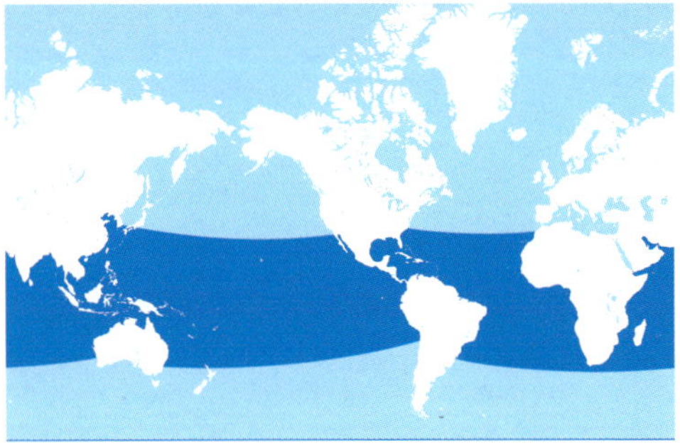

Balaenoptera brydei

Rorqual de Bryde

Anderson 1878. Du latin *balaena,* « baleine », du grec *pteron,* « aile ». *Brydei* vient de l'Africain du Sud Johan Bryde, pionnier de la chasse baleinière dans son pays. Lacepède a créé le genre *Balaenoptera,* « baleine à aile », pour distinguer les rorquals, dotés d'un aileron dorsal, des baleines franches qui en sont dépourvues.

Français : *rorqual de Bryde*

Anglais : *Bryde's whale* (prononcer *Broude's*), *tropical whale*

Famille : balénoptéridés *(Balaenopteridae)*

Balaenoptera edeni

Rorqual d'Eden

Anderson, 1878. Du latin *balaena,* « baleine », du grec *pteron,* « aile ». *Edeni* vient de sir Ashley Eden (1831-1887), haut-commissaire de la Couronne britannique en Birmanie. Lacepède a créé le genre *Balaenoptera,* « baleine à aile », pour distinguer les rorquals, dotés d'un aileron dorsal, des baleines franches qui en sont dépourvues.

Français : *rorqual d'Eden, baleine d'Eden*

Anglais : *Eden's whale*

Famille : balénoptéridés *(Balaenopteridae)*

TAXONOMIE DES RORQUALS TROPICAUX

Le ou plutôt les rorquals tropicaux sont sans doute les plus mal connus du genre *Balaenoptera,* d'autant qu'ils ont souvent été confondus avec le rorqual boréal *(Balaenoptera borealis).* Les spécimens récemment découverts n'ont toujours pas révélé tous leurs secrets. Il est vraisemblable que la taxonomie évoluera prochainement et que des changements sont à prévoir.

Par souci de simplification, les deux espèces étant morphologiquement très voisines, et avant d'en savoir plus, nous les regroupons dans un même chapitre.

DESCRIPTION

Les rorquals tropicaux sont de taille moyenne, de l'ordre de 12 à 15 m. Les femelles sont légèrement plus grandes que les mâles. Le poids d'une femelle adulte se situe entre 15 et 20 t. En règle générale, les populations qui vivent au large ont une taille plus importante que celles qui fréquentent les zones côtières. La tête, triangulaire, est à la fois courte et pointue. Une crête centrale, flanquée de deux crêtes latérales, relie la partie antérieure de l'évent à l'extrémité du rostre. L'œil est relativement plus grand que chez les autres balénoptéridés. La bouche est garnie de 570 à 700 fanons gris foncé, de 35 à 40 cm de longueur, plus larges et plus grossiers que chez les autres rorquals. De 54 à 56 sillons gulaires joignent l'extrémité du menton à l'abdomen, au-delà du nombril. La face dorsale va de gris foncé à noir, avec parfois des reflets bruns ou bleutés. La face ventrale varie de l'ivoire au blanc, avec des reflets plus ou moins rosés. Les individus du large portent fréquemment sur les flancs des cicatrices rondes ou ovales, provoquées par les morsures du squalelet féroce *(Isistius brasiliensis),* un petit requin pélagique. Les individus côtiers présentent parfois des griffures provoquées par le contact avec les fonds rocheux. Relativement courtes (1 / 10e de la longueur du corps), les nageoires pectorales sont pointues et de forme allongée. La nageoire dorsale falciforme est placée aux trois-quarts arrière. Sa courbure peut varier sensiblement d'un individu à l'autre. La nageoire caudale est large, avec un bord de fuite légèrement concave marqué d'une encoche médiane prononcée.

Tête vue du dessus et fanon.

MODE DE VIE

Habitat et populations

Les rorquals tropicaux occupent pratiquement toute la couronne tropicale et subtropicale comprise entre 40° N et 40° S, là où la température de l'eau ne descend pas au-dessous de 16,5 °C.

Zone Atlantique : du cap de Bonne-Espérance en Afrique du Sud jusqu'aux côtes du Maroc pour la partie Est. Des observations ont lieu aux îles Canaries et on a récemment enregistré quelques timides apparitions au sud des Açores. Du Brésil à la Virginie (États-Unis) pour la partie Ouest, y compris dans la mer des Caraïbes.

rorqual tropical

Zone océan Indien : de l'Australie de l'Ouest à l'Afrique du Sud pour la partie méridionale et tout le bassin Nord, à l'exception, semble-t-il, du golfe Persique et de la mer Rouge.

Zone Pacifique : dans la partie Nord-Ouest, on les trouve du Japon aux Philippines, y compris en mer de Chine méridionale. Les individus de la population « Philippines » sont sensiblement plus petits. Ils pourraient être, sous peu, distingués comme une sous-espèce naine, voire comme une espèce à part entière. Leur territoire s'étend du golfe de Thaïlande jusqu'aux îles Salomon, y compris en Papouasie-Nouvelle-Guinée. Dans la partie Sud-Ouest, on les trouve depuis les côtes australiennes, jusqu'au nord de la Nouvelle-Zélande. Dans le Pacifique Est, du Chili jusqu'au golfe de Californie (Mexique).

Les rorquals tropicaux ne sont pas des migrateurs à proprement parler, mais ils se déplacent néanmoins pour suivre les mouvements de leur nourriture. Certaines populations semblent sédentaires. En Afrique du Sud, deux populations se distinguent par leurs habitudes et leur territoire. L'une se tient à moins de 20 milles des côtes, l'autre au-delà de 50 milles. Elles diffèrent par leur taille et par leur alimentation.

Alimentation

Les rorquals tropicaux sont des prédateurs opportunistes. Sardines, anchois, maquereaux, harengs et autres poissons pélagiques constituent l'essentiel de leur alimentation. Ils consomment également des crustacés planctoniques tels que copépodes et euphausiacés, ainsi que des calmars de petite taille. Comme les autres balénoptéridés, au plus fort de leur période alimentaire, ils ingurgitent quotidiennement 4 % de leur poids, soit 600 à 660 kg.

Ils utilisent parfois la méthode dite « *Bubblenet feeding* », une intense émission de bulles destinée à effrayer et à concentrer les poissons. Le résultat peut prendre la dimension d'un gigantesque piège visuel et sonore, surtout si plusieurs individus s'associent.

Organisation sociale et reproduction

Les émissions sonores consistent en plaintes brèves (de 0,2 à 1,5 s), sur des fréquences de l'ordre de 124 à 250 Hz. Comme les autres rorquals, ils communiquent pour informer les membres éloignés d'un même groupe. Cela dit,

nous ne disposons d'aucun indice mettant en évidence une quelconque relation sociale autre que celle de la mère et de son petit pendant la période d'allaitement. Les observateurs font mention le plus souvent d'individus solitaires, et parfois de groupes de 2 à 3 individus, rarement plus.

Les deux sexes atteignent la maturité sexuelle vers l'âge de 7 ans. Le mâle mesure alors de 11 m à 11, 4 m, la femelle de 11 m à 11, 8 m. Faute d'observation sérieuse, nous ignorons tout des accouplements, néanmoins, nous pouvons supposer qu'ils ont lieu sensiblement comme pour les autres rorquals. Après une gestation de 11 à 12 mois, une femelle met au monde un petit de 900 kg environ. Après avoir été allaité pendant 6 à 8 mois, le baleineau mesure 7 m. À l'issue d'une période de repos assez brève, la mère s'accouple de nouveau, bouclant ainsi un cycle moyen de reproduction de 2 ans. Nous manquons d'éléments fiables pour déterminer la longévité des rorquals tropicaux ; néanmoins, certains spécialistes l'estiment de 50 à 70 ans.

MENACES ET PROTECTION

Au début des années 1970, les effectifs des baleines bleues, des rorquals communs et des rorquals boréaux étant considérablement réduits, la Commission baleinière internationale (CBI) doit intervenir pour les protéger. Elle en interdit la chasse. Pour maintenir en service les nombreux navires-usines, les armateurs se rabattent immédiatement sur des espèces plus petites, délaissées jusque-là car moins « rentables ». Les rorquals tropicaux en font partie. Heureusement, dès 1975, la CBI établit des quotas de captures, une sage précaution qui maintient un certain équilibre démographique. Le moratoire de 1987 met fin à la chasse. Il n'existe pas de statistiques précises pour tous les secteurs géographiques, mais on admet aujourd'hui que la plupart des populations sont en accroissement. Certaines populations d'Extrême-Orient sont sujettes à une pollution chimique régionale. Partout, les filets de pêche, en service ou abandonnés, constituent autant de pièges mortels. Certains pays ne respectent pas le moratoire et pratiquent une chasse traditionnelle, heureusement limitée à la consommation locale.

L'unique prédateur naturel des rorquals tropicaux est l'orque, qui s'en prend particulièrement aux baleineaux et aux individus affaiblis.

COMPORTEMENT EN SURFACE

La vitesse de croisière des rorquals tropicaux est de l'ordre de 2 à 7 km / h. Si cela s'impose, ils peuvent atteindre 25 km / h pendant une courte période. Ils plongent au maximum à 300 m de profondeur. Étroit et de faible densité, le souffle peut atteindre de 3 à 4 m de hauteur, mais il est discret et quasiment invisible par grand vent ou par mer formée.

Pour plonger, les rorquals tropicaux arquent fortement le dos en mettant en évidence leur pédoncule caudal. En revanche, ils n'exposent pratiquement jamais leur nageoire caudale. La nageoire dorsale n'est jamais visible en même temps que l'évent. Plus que les autres rorquals, ils pratiquent le saut au-dessus de la surface de l'eau *(breaching)*. Selon les populations, ces sauts peuvent avoir lieu isolément ou en série. Le sauteur franchit verticalement la surface, jusqu'aux trois quarts de la longueur du corps, et se laisse bruyamment retomber sur le ventre ou sur le flanc.

Dans la baie de Puerto Vallarta (Mexique), un rorqual tropical émerge, mettant en évidence la triple crête qui orne la partie supérieure de son rostre.

Balaenoptera acutorostrata

Petit rorqual

Lacepède, 1804. Du latin *balaena,* « baleine », du grec *pteron,* « aile ». Du latin *acutus,* « pointu », et *rostrata,* « museau ». Lacepède a créé le genre *Balaenoptera,* « baleine à aile », pour distinguer les rorquals, dotés d'un aileron dorsal, des baleines franches qui en sont dépourvues.
Français : *petit rorqual, rorqual à museau pointu*
Anglais : *Minke whale*
Famille : balénoptéridés *(Balaenopteridae)*

Balaenoptera bonaerensis

Petit rorqual antarctique

Burmeister, 1867. Du latin *balaena,* « baleine », du grec *pteron,* « aile ».
Lacepède a créé le genre *Balaenoptera,* « baleine à aile », pour distinguer les rorquals, dotés d'un aileron dorsal, des baleines franches qui en sont dépourvues.
Français : *petit rorqual antarctique*
Anglais : *Antarctic Minke whale*
Famille : balénoptéridés *(Balaenopteridae)*

TAXONOMIE DES PETITS RORQUALS

Chargé du guet, un baleinier norvégien du nom de Meincke aurait un jour confondu un rorqual de petite taille avec une baleine bleue. Par dérision, le monde baleinier d'alors baptisa « baleines de Minke » tous les petits rorquals. Bien que différenciés en deux espèces dès le XIXe siècle, ces derniers ont longtemps été décrits comme une seule espèce *(Balaenoptera acutorostrata).* À la fin des années 1990, la distinction est admise par la plupart des scientifiques.

En 1998, Rice va plus loin et sépare même le petit rorqual commun *(Balaenoptera acutorostrata)* en trois sous-espèces : le petit rorqual de l'Atlantique Nord *(Balaenoptera acutorostrata acutorostrata),* le petit rorqual du Pacifique Nord *(Balaenoptera acutorostrata scammoni)* et le petit rorqual nain de l'hémisphère Sud *(Balaenoptera acutorostrata ssp.),* génétiquement plus proche de la sous-espèce de l'Atlantique Nord que de celle du Pacifique Nord.

Pour simplifier, nous regroupons tous les petits rorquals dans un même chapitre, d'autant que la taxonomie risque fort de changer prochainement.

DESCRIPTION

Les petits rorquals de l'Atlantique Nord et du Pacifique Nord mesurent entre 7,8 m et 8,2 m pour les mâles et 8,5 m à 8,8 m pour les femelles; ceux de l'Antarctique, 8,5 m pour les mâles et 9 m pour les femelles. La sous-espèce naine de l'hémisphère Sud mesure, en général, 2 m de moins. Le poids d'un adulte s'échelonne de 5 à 10 t. Relativement courte, la tête comporte une crête médiane qui relie l'évent à l'extrémité du rostre. Les fanons sont au nombre de 460 à 720; ceux des petits rorquals de l'Atlantique Nord et du Pacifique Nord sont blancs, tandis que ceux de la sous-espèce naine de l'hémisphère Sud apparaissent brun foncé sur leur partie postérieure. Ceux de l'espèce de l'Antarctique présentent des zones blanches ou noires, selon leur position dans la mâchoire.

De 50 à 70 sillons gulaires débutent à l'extrémité du menton et s'arrêtent derrière les ailerons pectoraux, avant le nombril, une particularité qu'ils partagent uniquement avec le rorqual boréal *(Balaenoptera borealis).* La face dorsale va de gris foncé à noir. L'arrière des pectorales s'orne souvent de chevrons plus clairs, en particulier chez le petit rorqual nain de l'hémisphère Sud. La face ventrale va de l'ivoire au blanc; elle s'étend de l'extrémité du menton jusqu'à la naissance du pédoncule caudal. Les nageoires pectorales sont relativement courtes et pointues. Celles de l'espèce antarctique (3) sont uniformément gris foncé; celles des deux sous-espèces du Nord (1) présentent une tache blanche transversale, qui s'élargit jusqu'à l'épaule chez la sous-espèce naine du Sud (2). Dans les mers tropicales ou subtropicales, nombre d'individus portent des traces de morsures de squalelet féroce *(Isistius brasiliensis),* un petit requin du large capable de découper un disque de chair en se « ventousant » sur sa victime. Plus ou moins falciforme, la nageoire dorsale est placée aux trois quarts arrière. La nageoire caudale possède un bord de fuite légèrement concave marqué d'une discrète encoche médiane.

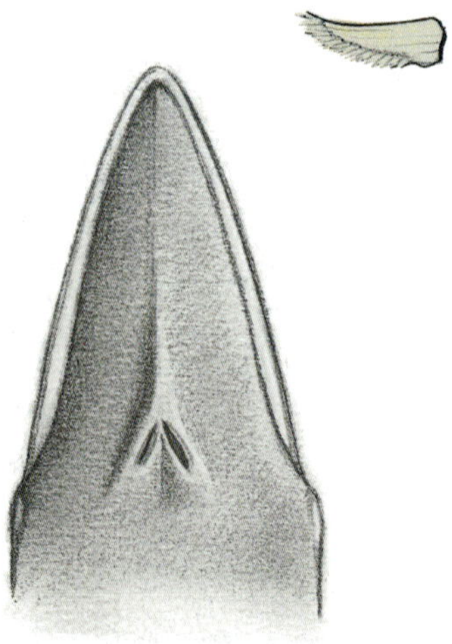

Tête vue du dessus et fanon.

MODE DE VIE

Habitat et populations

Les petits rorquals occupent l'intégralité des océans. À l'instar des autres rorquals, exception faite des rorquals tropicaux *(Balaenoptera edeni* et *B. brydei),* ils vivent en majorité selon un rythme alterné hiver / été. La période estivale est consacrée à la nourriture dans les eaux froides et

petit rorqual

l'hiver, à la reproduction et à la mise bas dans des eaux tempérées ou subtropicales.

Zone Atlantique Nord : de la mer de Baffin, à l'ouest, jusqu'au Spitzberg, à l'est, pour les quartiers d'été. Les territoires d'hiver vont, à l'ouest, jusqu'en mer des Caraïbes et, à l'est, jusqu'au Sénégal. Des observations ont lieu chaque année au sud des Açores.

Zone Pacifique Nord : l'été, au nord du détroit de Béring jusqu'en mer de Chukchi. L'hiver, jusqu'aux abords de l'équateur, dans une zone qui inclut les îles Hawaii et la Basse-Californie. Nous ignorons cependant si la population Basse-Californie migre jusqu'en mer de Chukchi.

Hémisphère Sud : les territoires et les migrations du petit rorqual nain sont très mal connus. Il semble, que l'hiver, les limites Nord se situent aux alentours de 11° S. près de l'Australie et 7° S. près du Continent américain (Pérou). L'été, il partage les mêmes terrains de chasse que le petit rorqual de l'Antarctique, y compris en Afrique du Sud, en été et en automne ; cependant, il vit plus volontiers près des côtes.

L'espèce antarctique *(Balaenoptera bonaerensis)* se nourrit l'été dans une zone qui va de 55° S. jusqu'à la limite des glaces. Elle remonte vers le nord en hiver, dans une zone comprise entre 10 et 30° S., au large des côtes Est et Ouest de l'Australie, à l'ouest de l'Afrique du Sud, au nord-est du Brésil. Dans tous ces secteurs, les observations ont lieu en haute mer, au-delà du plateau continental. Certains individus hivernent à la limite des glaces.

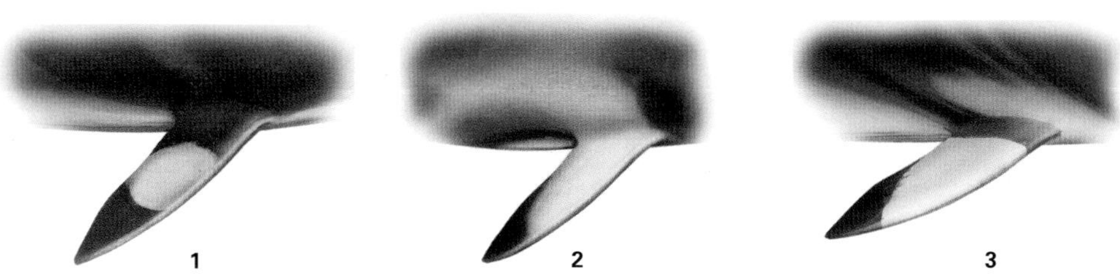

Coloration des nageoires pectorales :
1 - Petit rorqual du Nord *(Balaenoptera acutorostrata).*
2 - Petit rorqual nain *(Balaenoptera acutorostrata ssp.).*
3 - Petit rorqual antarctique *(Balaenoptera bonaerensis).*

Alimentation

Toutes espèces confondues, les petits rorquals sont particulièrement éclectiques sur le plan alimentaire. Ils varient leurs menus selon les régions et les saisons. Dans l'Atlantique Nord et le Pacifique Nord, ils consomment saumons, anchois, harengs, sardines, cabillauds, et de nombreuses autres espèces pélagiques ou benthiques (de fond), de même que des crustacés planctoniques tels que copépodes et euphausiacés. Dans l'Antarctique, le petit rorqual nain consomme des crustacés planctoniques (euphausiacés), mais surtout des poissons-lanternes, dans la limite de 250 m de profondeur. Le petit rorqual de l'Antarctique se limite, quant à lui, aux euphausiacés.

Organisation sociale et reproduction

La gamme des émissions sonores des petits rorquals consiste en grognements divers et coups sourds, sur des basses fréquences allant jusqu'à 200 Hz. Il semble que ce « langage », dont nous ignorons la signification, soit commun aux deux espèces, de l'Atlantique Nord à l'Antarctique.

On note une certaine ségrégation fondée sur le sexe des individus. Les groupes sont parfois constitués uniquement de mâles ou de femelles allaitant. La maturité sexuelle est atteinte vers l'âge de 7 ans pour les mâles et de 6 ans pour les femelles. Nul n'a jamais observé d'accouplement, mais on peut penser qu'il s'effectue comme pour les autres rorquals. Après une gestation de 10 à 11 mois, une femelle donne le jour à un petit de 2,4 à 2,7 m, pesant de 350 à 450 kg. L'allaitement dure environ 6 mois. Autour de 12 mois après la mise bas, 80 % des mères sont en mesure de s'accoupler de nouveau. Ce cycle de reproduction de 1 an fait des petits rorquals les plus prolifiques des mysticètes. Leur longévité est de l'ordre de 60 ans.

MENACES ET PROTECTION

Eu égard à leur taille modeste, les petits rorquals sont négligés par l'industrie baleinière jusqu'au début des années 1970, date qui voit le début de la protection des grands rorquals par la Commission baleinière internationale (CBI). En 1979, l'interdit protège définitivement les grandes espèces et seule la capture du petit rorqual est autorisée. Le Japon et l'ex-URSS en capturent annuellement 8 000 grâce à leurs flottes de navires-usines ; le Brésil et l'Afrique du Sud, quelques centaines, depuis leurs stations côtières. Entre 1972 et 1980, le Japon capture à lui seul 30 000 petits rorquals dans l'hémisphère Sud.

À compter de la saison baleinière 1985-1986, toute la zone antarctique est protégée par un moratoire de la CBI. À cette date, on évalue à 750 000 la population méridionale de petits rorquals. Ce chiffre étant considéré comme surévalué, la CBI entreprend un nouveau comptage des deux espèces, comptage qui prend plusieurs années. À partir de 1994, le Japon reprend la chasse, à raison de 400 captures annuelles, sous couvert de « chasse scientifique ».

Compte tenu d'un taux de reproduction élevé et des mesures de protection appliquées par la CBI, le sort des petits rorquals est de loin le plus enviable de tous les mysticètes. L'avenir seul dira si ces mesures suffisent, d'autant que certains pays comme le Japon, la Norvège, l'Islande et le Groenland exercent une pression constante pour la reprise d'une chasse à plus grande échelle. Le seul prédateur du petit rorqual est l'orque *(Orcinus orca).*

COMPORTEMENT EN SURFACE

Les petits rorquals sont sans nul doute les mysticètes les plus enclins à s'approcher des bateaux. Sur la Grande Barrière australienne, l'espèce naine fait même l'objet d'une « opération » mixte, à la fois scientifique et touristique. Familiers, les petits rorquals approchent volontiers les plongeurs en surface, un comportement qui favorise largement l'observation et l'identification photographique. Discret, le souffle est de forme évasée et atteint à peine 2 ou 3 m de hauteur. Si la mer est formée, ou encore en présence de vent, il est pratiquement invisible.

Nageurs rapides, ils ont la faculté de disparaître en un clin d'œil. Démonstratifs, ils sautent parfois hors de l'eau *(breaching),* retombant indifféremment sur le dos, le ventre ou le flanc. Pour émerger, les petits rorquals pointent franchement leur rostre au-dessus de la surface de l'eau ; en revanche, leur nageoire caudale n'apparaît pas lorsqu'ils plongent. Lors d'une séquence de plongée, l'évent et la dorsale peuvent être vus simultanément, comme pour le rorqual boréal *(Balaenoptera borealis).*

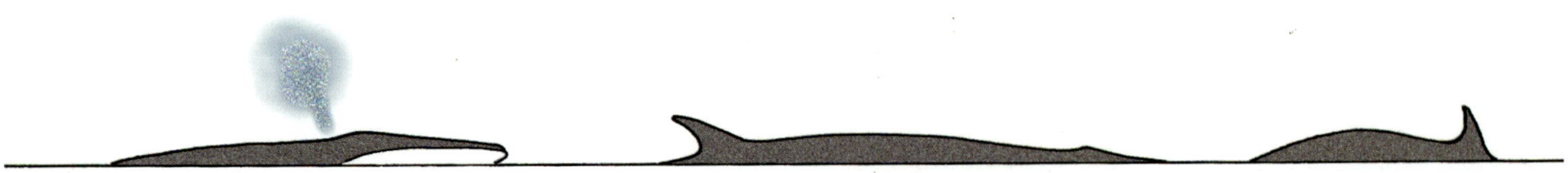

Un petit rorqual nain nage dans les eaux de la Grande Barrière australienne. On notera les trois morsures circulaires de squalelet féroce *(Isistius sp.)*.

Megaptera novaeangliae

Baleine à bosse

Borowski, 1781. Du latin, *megaptera,* « grandes ailes », et *novaeangliae,* « Nouvelle-Angleterre ».
Français : *baleine à bosse, rorqual à bosse, mégaptère, jubarte*
Anglais : *humpback whale*
Famille : Balénoptéridés *(Balaenopteridae)*

DESCRIPTION

Une femelle baleine à bosse mesure en moyenne de 14 à 15 m tandis qu'un mâle mesure 1 m ou 1,5 m de moins. Le poids d'un adulte varie entre 25 et 30 t. En forme d'ogive, la tête comporte sur le dessus une crête médiane, qui relie la partie antérieure de l'évent à l'extrémité du rostre. Les contours des deux maxillaires sont soulignés de tubercules plus ou moins alignés. La bouche est garnie de 540 à 800 fanons presque noirs, parfois plus clairs à l'extrémité de la mâchoire.

La gorge est parcourue de 12 à 36 sillons gulaires qui prennent naissance à l'extrémité du menton et rejoignent la zone ombilicale. La pointe du menton s'orne d'une protubérance cornée, sorte de quille allongée. La pigmentation de la face dorsale est généralement noire avec des reflets bleutés, parfois bruns ; celle de la face ventrale varie du gris anthracite au blanc selon les populations et les individus. Les baleines de l'hémisphère Sud ont un ventre presque blanc tandis que leurs cousines de l'hémisphère Nord l'ont beaucoup plus sombre. Propres à l'espèce, les immenses nageoires pectorales représentent un tiers de la longueur totale de l'animal. Le dessous est blanc et le dessus varie selon qu'il s'agit de l'hémisphère Nord (majorité de blanc) ou de l'hémisphère Sud (majorité de noir). On notera l'inversion des couleurs dominantes : ventre noir, pectorales blanches dans l'hémisphère Nord ; ventre blanc, pectorales noires dans l'hémisphère Sud.

La femelle seule possède une protubérance de la taille d'un pamplemousse à l'arrière de la fente génitale. Généralement discrète, la nageoire dorsale varie de taille et de forme, allant de presque inexistante à falciforme. La puissante nageoire caudale est en forme d'accolade aux courbes prononcées, avec une encoche centrale marquée et un bord de fuite dentelé. La couleur de la face ventrale de la voilure peut aller du blanc uni au noir, en passant par toutes les variantes possibles. Cette singularité permet aux spécialistes de cataloguer photographiquement chaque individu, d'autant plus facilement que la baleine à bosse dresse volontiers sa nageoire pour plonger.

MODE DE VIE

Habitat et populations

Présente dans tous les océans, la baleine à bosse obéit à un cycle migratoire alterné été / hiver. Elle passe la période estivale à des latitudes plus ou moins élevées pour se nourrir et hiverne dans des eaux tropicales ou subtropicales où elle se reproduit (mais ne se nourrit pas). Dans les deux cas, elle se tient généralement à proximité des côtes. La seule population qui ne migre pas est celle du nord-ouest de l'océan Indien, dont le territoire s'étend de la corne de l'Afrique (Somalie) au Pakistan, en longeant toute la péninsule Arabique. Apparemment, elle est absente en mer Rouge.

Zone Atlantique Nord : d'ouest en est, ses territoires estivaux comprennent le golfe du Maine (États-Unis), l'embouchure du Saint-Laurent (Canada), Terre-Neuve, le Labrador, le Groenland, l'Islande et la Norvège. En hiver, la reproduction et les naissances ont lieu en mer des Caraïbes, principalement sur le banc d'Argent (République dominicaine). Vers l'est, il semble que la principale zone de reproduction se trouve dans le golfe de Guinée. Quelques individus séjourneraient aux îles du Cap-Vert. L'archipel des Açores étant un lieu de passage en avril / mai, il est probable que ces baleines remontent vers l'Islande et le Groenland pour s'alimenter.

Zone Pacifique Nord : quatre populations semblent s'y distinguer. Chacune selon la migration entre quartiers d'été et quartiers d'hiver : Alaska / Hawaii ; Californie (États-Unis) / Mexique continental ; mer de Béring / îles Revillegigados (Mexique) ; Nord-Ouest Pacifique / Japon. Ces schémas peuvent varier selon les circonstances, des mouvements entre l'est et l'ouest du Pacifique Nord ayant été constatés.

Hémisphère Sud : toutes les baleines à bosse se nourrissent l'été dans les eaux froides et riches de l'Antarctique. Elles se reproduisent dans des zones précises, rejoignant la plupart du temps l'endroit où elles sont nées (Atlantique Sud : jusqu'aux îles Abrolhos [Brésil] ; Océan Indien : Mozambique, Madagascar, les Comores, la Réunion, l'Australie de l'Ouest. Pacifique : Australie de l'Est, Nouvelle-Calédonie, les Tonga, les Fidji, Polynésie, Colombie, Équateur, les Galápagos). Les baleines à bosse de la zone Amérique du Sud sont celles qui détiennent le record de la plus longue migration, toutes espèces confondues.

Alimentation

La baleine à bosse se nourrit aussi bien de crustacés planctoniques (euphausiacés) que de pois-

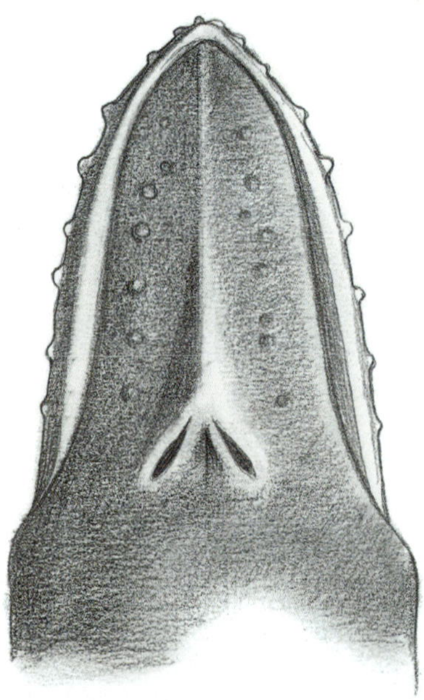

Tête vue du dessus et fanon.

baleine à bosse

sons en bancs de taille réduite (harengs, sardines, maquereaux, etc.). Elle est la seule espèce à maîtriser aussi parfaitement la technique de chasse qui consiste à émettre des bulles pour piéger les bancs de poissons *(bubblenet, lunge feeding)*. Elle peut le faire seule ou collectivement. Dans ce dernier cas, une des baleines enferme les poissons à l'aide d'un rideau de bulles en nageant sous le banc en cercles de plus en plus serrés, tandis que les autres acteurs se ruent verticalement, bouche grande ouverte au milieu des poissons terrorisés, concentrés près de la surface *(cf. « Se nourrir », p. 71)*.

Organisation sociale et reproduction

La baleine à bosse est réputée pour la richesse de ses chants. La gamme sonore est large et peut revêtir les aspects les plus variés : cris perçants, craquements, grincements prolongés, cliquetis, coups de trompette sur des fréquences différentes. Privilège des mâles, le chant intervient principalement en hiver, durant la période de reproduction et la migration. Il décline au printemps, lorsque les baleines atteignent leurs quartiers d'été et vont se consacrer exclusivement à la nourriture. La séquence d'un chant est de l'ordre de 10 à 15 min et se répète régulièrement. L'utilité d'une telle communication fait l'objet de multiples spéculations de la part des spécialistes : attirer les femelles, prévenir les autres mâles, une combinaison des deux... *(cf. « Communiquer », p. 82-83)*. La structure sociale est constituée de petits groupes « opportunistes », généralement issus d'une alliance temporaire : un regroupement entre mères pour protéger les petits ou une association dans le cadre d'une chasse collective *(bubblenet feeding)*.

Les deux sexes atteignent la maturité sexuelle vers l'âge de 5 ans. Leur taille est alors de 10 à 12 m. Les mâles entrent souvent en compétition entre eux pour approcher une femelle, parfois dans de violentes démonstrations. Après une gestation de 11 mois, la mère donne naissance à un petit d'une longueur de 4 m à 4,5 m, et qui pèse 1 à 2 t. L'allaitement dure de 6 à 8 mois, à l'issue desquels le baleineau mesure de 8 à 10 m. Nombreux sont ceux qui accompagnent leur mère jusqu'à l'âge de 1 an. Le cycle de reproduction est généralement de 2 ans. La longévité maximale atteindrait une centaine d'années, la moyenne étant de 70 ou 80 ans.

MENACES ET PROTECTION

Chassée depuis des siècles du fait de sa présence le long des côtes, la baleine à bosse a bien failli disparaître. Durant le XXe siècle, 200 000 baleines sont capturées, rien que dans l'hémisphère Sud. En 1966, lorsque tombe l'interdiction de la chasser, ses effectifs ne représentent plus que 10 % de la population initiale. Malheureusement, l'ex-URSS poursuit illégalement la chasse et en capture encore 48 000. À ce stade, l'espèce est classée « en danger ». Aujourd'hui, contre toute attente, ses effectifs semblent partout se reconstituer : 10 500 baleines dans l'Atlantique Nord ; 6 à 8 000 dans le Pacifique Nord et 15 à 20 000 dans l'hémisphère Sud.

Les principales menaces qui pèsent sur elle sont les filets de pêche, la collision avec les navires, la pollution qui l'affaiblit génétiquement et les excès de la pêche industrielle qui amenuisent chaque année les stocks de poissons. L'orque *(Orcinus orca)* est l'unique prédateur naturel de la baleine à bosse, en particulier des tout jeunes baleineaux.

COMPORTEMENT EN SURFACE

La baleine à bosse est sans doute la plus démonstrative de toutes. Pour plonger, elle arque le dos – attitude qui lui a valu son surnom. De surcroît, elle lève volontiers sa nageoire caudale avant de disparaître. Elle saute fréquemment au-dessus de la surface de l'eau *(breaching)*, frappe la surface à répétition de sa nageoire caudale *(lobtailing)*, la maintient verticalement, immobile, plusieurs minutes d'affilée *(sailing)*. Elle bat la surface d'une de ses nageoires pectorales (*flippering* ou *tail flapping*). Il faut ajouter à cela toutes sortes de démonstrations spectaculaires, liées à la nourriture : chasse collective au « filet de bulles » *(bubblenet feeding)*, chasse individuelle en surface, bouche ouverte et poche gulaire déployée *(lunge feeding)*. Lorsqu'on a affaire à une mère accompagnée de son baleineau, il est fréquent de voir l'un et l'autre se livrer à des sauts à répétition et à des jeux.

Bien visible, surtout par temps froid, son souffle puissant peut atteindre 3 ou 4 m de hauteur. Du fait de sa tolérance envers les bateaux, la baleine à bosse est, avec la baleine grise *(Eschrichtius robustus)*, le sujet idéal pour le tourisme écologique *(whale watching)*, quelle que soit la saison.

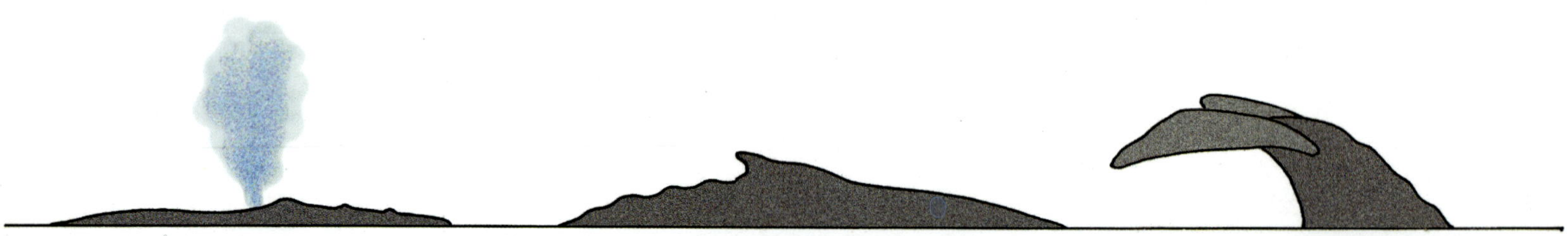

Une baleine à bosse évolue près de l'île de Rurutu, dans l'archipel des Australes, au sud de la Polynésie française.

2 Histoire naturelle

En Patagonie, une baleine franche australe effectue une série de sauts spectaculaires sous l'orage.

Vivre en mer

LA CONQUÊTE DES OCÉANS

Lorsque le grand ancêtre des baleines prend le chemin de l'océan, rien ou presque ne le prédispose à vivre dans le milieu qui l'attend. Il patauge dans les marécages et les flaques abandonnées par les marées, traque une nourriture facile composée de petits animaux enfouis dans la vase ou dissimulés dans les plantes aquatiques et les rochers. Il se déplace sur ses quatre pattes et, de la pointe du museau à l'extrémité de la queue, il ressemble à un mammifère terrestre ordinaire. Il est couvert de poils ; il allaite et élève ses petits, se réfugie dans sa tanière pour dormir ou lutter contre le froid. En résumé, rien n'évoque en lui un quelconque cétacé coureur des mers. Comme les dinosaures ont disparu de la terre ferme, et les ichtyosaures des étendues marines, il a tout le temps de préparer la conquête de son nouveau territoire. Une étendue qui ne couvre pas moins de 71 % de la surface du globe.

Il apprend alors à se mouvoir dans l'eau... dont la densité, 800 fois supérieure à celle de l'air, lui oppose une résistance accrue ! En revanche, comme celle-ci le soutient, l'animal doit moins lutter contre la pesanteur. Ses membres deviennent inutiles et même encombrant, car ils entravent sa nage. Sur terre, son métabolisme était gourmand en oxygène, ce qui ne lui posait aucun problème puisque l'air en contient 21 %. En revanche, l'eau en contenant 30 fois moins, il doit à tout prix continuer de respirer à l'aide de ses poumons pour conserver

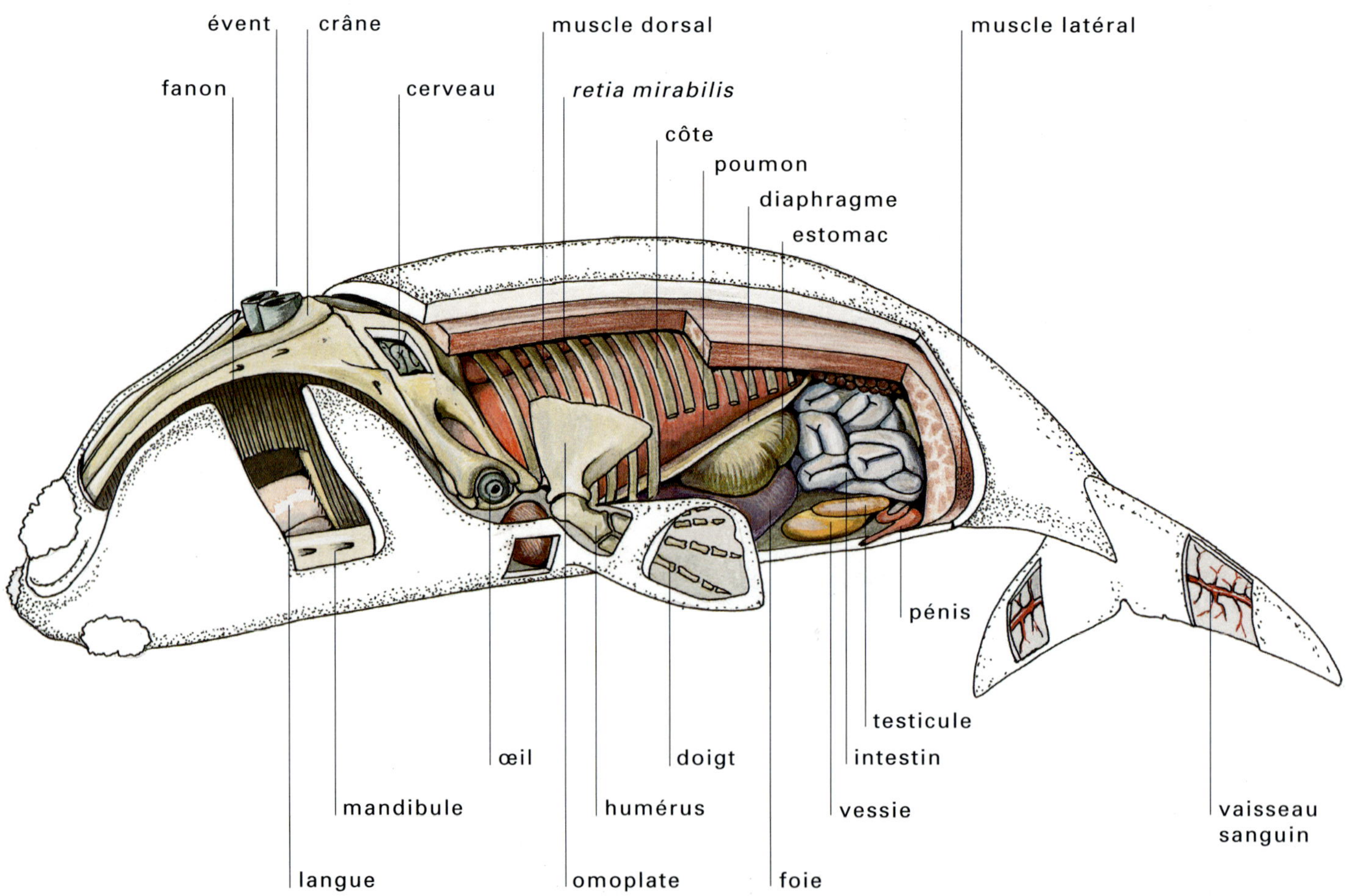

1. Nageoire pectorale.
2. Nageoire dorsale.
3. Nageoire caudale.

son potentiel énergétique. Imiter les animaux relativement primitifs que sont les poissons qui filtrent l'oxygène de l'eau grâce à leurs branchies serait une régression ! Et voici qu'il leur « emprunte » ce qu'ils ont de plus élaboré : leur forme hydrodynamique. C'est ce qu'il convient d'appeler une « convergence ». Néanmoins, il conserve et développe certaines facultés gourmandes en oxygène, propres aux mammifères terrestres. Il apprend à respirer sans cesser de nager, et à plonger profond et longtemps pour se nourrir, sans risquer l'embolie gazeuse.

Il lui faut parvenir à se passer de ses membres antérieurs et à capturer sa nourriture avec sa bouche seule. Il doit continuer de voir dans un milieu où la visibilité atteint, au plus, quelques dizaines de mètres. Il doit entendre et communiquer dans un univers où le son se déplace 5 fois plus vite que dans l'air. Ayant perdu ses poils, il va lui falloir lutter contre le froid dans un fluide où la déperdition calorique est 27 fois plus rapide qu'auparavant. En outre, il doit dormir sans la protection d'aucune tanière et donner la vie à des petits qui devront respirer à l'air libre dès leur naissance. En résumé, il doit tout réapprendre ! Adapter sa morphologie, son organisme, son mode de vie pour maîtriser son nouveau domaine. Tout cela prendra du temps. Quelques dizaines de millions d'années...

VITESSE ET ENDURANCE

Une nage efficace

Comme il respire à l'aide de branchies, un poisson peut rester indéfiniment sous l'eau. Son principal moyen de propulsion est donc constitué d'une nageoire caudale à voilure verticale. Son mouvement alterné gauche droite le fait se déplacer sur le plan horizontal. Contraints à venir régulièrement respirer à la surface de l'eau, dauphins et baleines ont développé une nageoire caudale dont la voilure est horizontale et dont le battement les propulse sur le plan vertical. Elle est mue par des muscles situés de chaque côté de la colonne vertébrale. Phase active de la nage : les muscles supérieurs (les plus développés) assurent la propulsion proprement dite en tirant la caudale vers le haut. Phase neutre : les muscles inférieurs la ramènent vers le bas afin qu'elle puisse effectuer un nouveau cycle.

La nageoire caudale en soi ne possède ni muscle ni ossature, mais un tissu rigidifié par un réseau de fibres. Tout comme l'aile d'un avion, son bord antérieur est arrondi et s'amincit jusqu'au bord postérieur. Bien que plate, elle génère derrière elle une traînée, zone de basse pression, dont l'effet négatif freine le déplacement du

Principalement destiné à se mouvoir sur le plan horizontal, un poisson comme le requin baleine *(Rhincodon typus)* possède une nageoire caudale à voilure verticale.

Tributaire de la surface pour respirer, une baleine – ici une baleine franche australe *(Eubalaena australis)* – possède une caudale dont la voilure est horizontale.

corps. Or ce que ne peut pas faire un avion, aux ailes et au fuselage rigides, dauphins et baleines en sont capables.

Lorsque la caudale s'élève, un vide se crée sous la voilure et l'eau s'y engouffre. L'effet négatif est aussitôt contrecarré, car le vide aspire les extrémités latérales qui fléchissent alors légèrement, contribuant à canaliser la dépression vers l'arrière. L'eau qui s'écoule le long du corps s'engouffre dans cette dépression pour la neutraliser et, simultanément, libère le corps tout entier, le « tirant » littéralement vers l'avant grâce au vide créé au voisinage de la peau. Le mouvement ascendant achevé, les muscles inférieurs ramènent la caudale en position basse. Les extrémités de celle-ci se courbent légèrement vers le haut et continuent ainsi de canaliser l'écoulement en arrière du corps. La dynamique de propulsion n'est pas interrompue. Durant ce cycle, le pédoncule caudal, qui contient les muscles solidement attachés à la colonne vertébrale, effectue le même va-et-vient, de sorte qu'il demeure toujours dans l'alignement de la voilure. Le flux n'est donc jamais contrarié.

La caudale n'assure pas à elle seule la traction. Le corps y participe tout entier, grâce à un mouvement ondulatoire vertical dont l'axe se situe au niveau des nageoires pectorales. Ce sont les muscles essentiellement logés le long de la colonne vertébrale qui permettent ce mouvement.

Une baleine préfère se déplacer sous l'eau, généralement à quelques mètres de profondeur, pour n'avoir pas à vaincre en permanence le frottement causé par les vagues. Elle économise ainsi plus de 30 % d'énergie. L'énergie économisée par la réduction de la traînée est réinvestie, pour nager soit plus vite, soit plus longtemps. Eu égard à leur mode de vie, il est clair que les dauphins ont privilégié la première option et que les baleines, grandes migratrices pour la plupart, ont adopté la seconde.

Les nageoires pectorales ne sont pas directement impliquées dans la motricité. Elles contribuent à la stabilisation et à l'orientation. Elles sont de taille réduite chez la plupart des rorquals, à la silhouette élancée et à la nage rapide. Les pectorales sont immenses chez la baleine à bosse – pourtant un rorqual – et prennent la forme de larges battoirs chez les baleines franches. L'aileron dorsal joue le rôle de stabilisateur. En règle générale, toutes les nageoires contribuent à canaliser

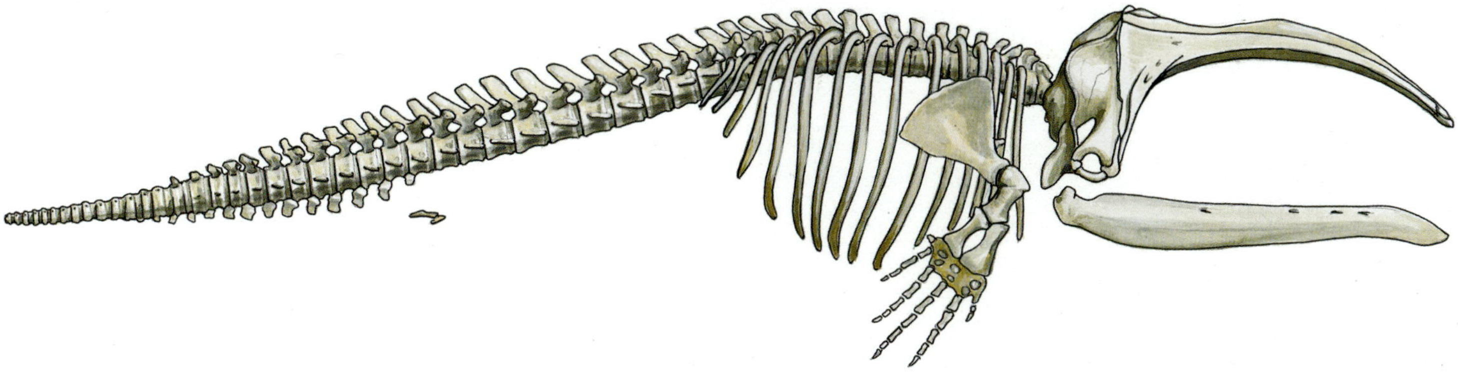

Squelette d'une baleine franche. On remarquera les imposantes vertèbres sur lesquelles sont fixés les puissants muscles destinés à la propulsion, ainsi que la présence d'un membre postérieur rudimentaire, vestige des lointains ancêtres terrestres de la baleine.

les filets d'écoulement et à repousser les tourbillons loin vers l'arrière, la nageoire caudale effectuant à ce titre le plus gros de la tâche.

La silhouette idéale

Pour devenir baleine et améliorer ses performances aquatiques, le grand ancêtre a progressivement modifié sa silhouette. Il a perdu son système pileux, et ses membres antérieurs ont régressé au point de ne plus pouvoir le porter sur la terre ferme. Ses membres postérieurs ont disparu, à l'exception de quelques vestiges osseux. Les parties externes des organes sexuels et les glandes mammaires se sont enfouies dans les replis cutanés de l'abdomen. L'oreille externe a totalement disparu. Le cou s'est effacé, faisant de la tête le prolongement ininterrompu du corps. Seules quelques espèces, comme les baleines franches et la baleine à bosse, possèdent quelques protubérances dont on ignore l'utilité et qui pourraient contrarier la « glisse ». Le corps s'est enrobé de graisse, une substance qui permet d'obtenir, outre une excellente isolation thermique, à la fois la forme et le lissé indispensables à une meilleure pénétration dans l'eau. La peau a, elle aussi, acquis d'étonnantes propriétés.

Une peau réactive

Lorsqu'il se déplace dans un fluide, un corps crée, à sa surface, des turbulences causées par le frottement contre les molécules environnantes. L'eau étant 800 fois plus dense que l'air, le phénomène est d'autant plus spectaculaire chez les cétacés. Ces turbulences, par la traînée qu'elles engendrent, ralentissent le corps – ou tout au moins devraient-elles le faire si la peau n'était pas adaptée aux circonstances. La vitesse augmentant, l'écoulement laminaire devient turbulent. Il s'ensuit de multiples tourbillons dont le mouvement s'oppose au sens du déplacement. Or ces tourbillons sont détectés par de minuscules capteurs de pression dont le derme est parsemé, et qui transmettent leurs informations aux cellules environnantes. Elles réagissent instantanément en créant de fines ondulations de peau, sortes de rides dont chaque creux tend à neutraliser une turbulence.

L'épiderme est parcouru de minuscules orifices, desquels suinte de l'huile en permanence. Il ne s'agit en aucun cas de transpiration, car les cétacés en général, et les baleines en particulier, n'ont ni pores ni glandes sudoripares. Il n'en reste pas moins que cette huile joue un rôle dans la lubrification du corps. Les cétacés imitent en cela les poissons couverts de mucus.

RESPIRER ET PLONGER

Les baleines possèdent un évent, narine double située sur le sommet du crâne. Cet emplacement n'est pas le fruit du hasard ; il est l'aboutissement d'une lente migration des narines depuis l'extrémité du museau. L'évent leur permet de respirer à l'air libre sans perdre le contrôle visuel de ce qui se passe sous la surface de l'eau, contrairement aux pinnipèdes (phoques, otaries, morses, etc.), contraints de lever la tête pour prendre leur respiration.

Petit rorqual nain *(Balaenoptera acutorostrata ssp.)*. N'excédant pas 7 m, le plus petit des rorquals possède néanmoins la silhouette fusiforme des nageurs rapides.

Baleine franche australe *(Eubalaena australis)*. Capable d'accélérations spectaculaires, elle reste pourtant une nageuse débonnaire.

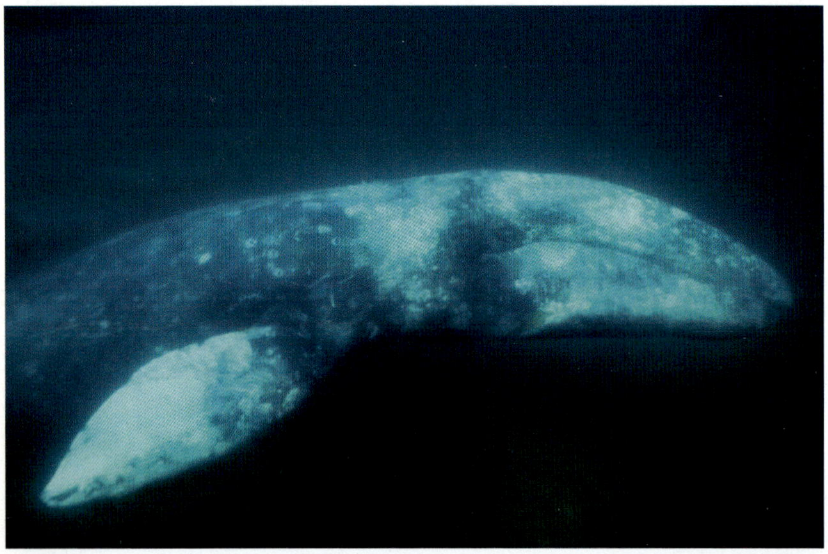

Bien qu'elle ne possède pas la silhouette conventionnelle des baleines, la baleine grise *(Eschrichtius robustus)* n'en est pas moins une nageuse d'une endurance hors du commun.

Rorqual commun *(Balaenoptera physalus)*. Sa silhouette élancée est caractéristique des coureurs d'océans.

Baleine à bosse *(Megaptera novaeangliae)*. Bien qu'appartenant au groupe des rorquals, elle s'en distingue par la taille impressionnante de ses nageoires pectorales.

Comme cette baleine franche australe d'Afrique du Sud *(Eubalaena australis)*, les mysticètes possèdent un double évent. À demi ouvert lorsque la baleine expire, il s'ouvre entièrement au moment de l'inspiration.

PAS D'ACCIDENT DE DÉCOMPRESSION POUR LES BALEINES

Sachant qu'un volume d'air est inversement proportionnel à la pression exercée sur lui et que la pression de l'eau s'accroît de 1 kg/cm² tous les 10 m de profondeur, l'air respiré par un plongeur à 100 m de fond (où règne une pression de 10 kg/cm²) occupe un volume 10 fois moindre qu'à la pression atmosphérique. Le plongeur y respire donc un air 10 fois plus dense qu'en surface. Une fois l'oxygène (21 % de l'air) consumé, des micro bulles d'azote (gaz inerte qui représente environ 79 % de l'air) se répandent dans l'organisme *via* la circulation sanguine. Si le plongeur remonte trop rapidement, sans effectuer les paliers qui donneraient le temps à l'azote de se résorber, la pression exercée sur les bulles décroît. Celles-ci grossissent, s'agglutinent en bulles de plus en plus grosses, jusqu'à en former une qui, parvenue au niveau du cœur, provoque une embolie gazeuse et un arrêt cardiaque. Des traumatismes de moindre ampleur mais très invalidants peuvent se produire lorsque des bulles d'air se forment près de la moelle épinière. Elles provoquent, lorsqu'elles ne sont pas rapidement réduites par un séjour en caisson hyperbare, des lésions qui conduisent à des paralysies presque toujours définitives. Les baleines, quant à elles, ne respirent pas en plongée, mais s'immergent poumons pleins, contrairement aux pinnipèdes (phoques, otaries, etc.), qui plongent poumons vides. Or, à grande profondeur, l'air contenu dans leurs poumons contient suffisamment d'azote pour provoquer des troubles articulaires ou neurologiques, par le cumul des plongées effectuées. Mais quelques millions d'années d'adaptation leur ont permis de développer des mécanismes complexes grâce auxquelles elles peuvent atteindre des profondeurs importantes sans en éprouver la moindre gêne.

Les baleines contrôlent l'ouverture et la fermeture de l'évent grâce à de puissants muscles, mais également grâce à des sacs pneumatiques vestibulaires, disposés de part et d'autre des voies respiratoires. Elles contrôlent volontairement leur respiration, contrairement à l'homme chez qui cette dernière est instinctive et déclenchée par le système neurovégétatif. Un plongeur en apnée doit maîtriser son envie de respirer lorsque son organisme se sature de dioxyde de carbone et d'acide lactique. Une baleine prise dans un filet à quelques dizaines de mètres sous la surface n'aurait pas le réflexe de respirer et, donc, ne se « noierait » pas. En revanche, elle mourrait d'asphyxie.

La respiration est totalement distincte de l'alimentation. Ainsi, la trachée communique directement avec les poumons sans être reliée à l'œsophage. Jamais les baleines n'avaleront de travers ! En fait, la trachée, qui traverse l'œsophage de part en part, est, dans sa partie moyenne, munie d'une fermeture en « bec de canard », garantie supplémentaire que l'eau ne peut atteindre accidentellement les poumons. Son étanchéité est également renforcée par un système complexe de valves commandées par des muscles circulaires, les sphincters.

Lorsque la baleine émerge après une plongée, elle ouvre partiellement son évent pour expirer, puis totalement pour inspirer. La première phase est la plus bruyante et peut s'entendre de très loin. La différence de température entre les poumons et l'extérieur n'explique pas à elle seule que le souffle soit aussi visible. La brusque détente de l'air comprimé préalablement dans les poumons produit une condensation à la sortie de l'évent, même sous les tropiques. Au nuage de vapeur d'eau se mêle un aérosol de gouttelettes d'huile résiduelle, initialement contenue dans les circuits respiratoires. Ce subtil mélange expliquerait la densité et la persistance du nuage. D'aucuns pensent que l'huile pourrait être un agent absorbant de l'azote, qui contribuerait ainsi à éviter à l'animal les accidents de décompression liés à la plongée.

À chaque inspiration, les baleines renouvellent l'air de leurs poumons à 80-90 % alors que l'être humain se limite à 10-15 %. Particulièrement élastiques, les poumons des cétacés sont allongés, et reposent sur un diaphragme plus long et disposé plus horizontalement que chez d'autres mammifères. En contractant ce dernier, les baleines vident leurs poumons plus facilement. La cage thoracique est souple, les premières côtes n'étant pas rattachées au sternum. En plongée profonde, celles-ci contribuent à chasser l'air des poumons vers les canaux respiratoires adjacents.

Durant la phase active de la plongée, les poumons jouent un rôle secondaire. En revanche, avant l'immersion, ils saturent l'organisme en oxygène pour lui fournir l'autonomie nécessaire. Ils sont ensuite mis hors circuit pour éliminer tout risque de traumatismes inhérents à la plongée. Pour mieux comprendre, voyons les mécanismes physiologiques qui interviennent chez une baleine bleue *(Balaenoptera musculus)* lorsqu'elle plonge.

Tranquillement, la baleine bleue respire au rythme de 4 fois par minute. Ses 12 000 l de sang se saturent d'hémoglobine [22] à raison de 25 cl / l (40 % de plus que l'être humain). Ses muscles sont presque noirs tant ils sont gorgés de myoglobine [23], qui fixe l'oxygène en grande quantité en vue de la plongée imminente. La géante prend une ultime inspiration, remplissant ses poumons de 3 000 l d'air. Elle fléchit sa colonne vertébrale, lève sa nageoire caudale au-dessus de la surface. L'eau retombe en cataractes. L'immense voilure disparaît. Dans le bleu des profondeurs, l'interminable corps de 30 m de longueur descend presque verticalement.

À 300 m de profondeur, elle se stabilise, puis nage vigoureusement à l'horizontale, en direction du banc de krill qui grouille dans l'obscurité. La pression hydrostatique est de 30 kg/cm². Incompressible parce que gorgé d'eau, son corps n'a pratiquement pas varié de volume. En revanche, sa cage thoracique flexible s'est aplatie. L'air est chassé des poumons vers la trachée et vers certaines zones tapissées de cartilage, tissu

(22) Hémoglobine : protéine contenue dans le sang et qui assure le transport de l'oxygène.

(23) Myoglobine : protéine présente en grande quantité dans les tissus musculaires des cétacés, et dont le rôle est de stocker l'oxygène.

Par temps froid et sous un certain éclairage, le souffle des baleines à bosse *(Megaptera novaeangliae)* est particulièrement spectaculaire.

Pour plonger, une baleine bleue *(Balaenoptera musculus)* de la mer de Cortez (Mexique) lève son imposante caudale. Auparavant, elle aura pris une ultime inspiration de 3 000 l d'air.

peu favorable à l'échange gazeux. Le cœur continue de pomper du sang frais vers le cerveau. Le sang vicié est, quant à lui, évacué vers des voies secondaires du système circulatoire. Enfin, un organe propre aux cétacés, les *retia mirabilia* (24), « réseaux admirables », situé dans la région thoracique, en retrait de la colonne vertébrale, joue pleinement son rôle de régulateur en assurant l'irrigation des organes vitaux.

Le sang n'étant plus nourri d'air frais, l'organisme de la géante ne se sature plus de microbulles d'azote, lesquelles pourraient provoquer, à la remontée, des désordres physiologiques graves.

Le rythme cardiaque se ralentit (bradycardie). Un rétrécissement des artères (vasoconstriction) bloque le flux sanguin vers des organes tels que l'estomac et les intestins, qui fonctionnent sur leurs propres réserves. Les minutes passent… Les muscles qui ne sont plus irrigués consomment l'oxygène stocké dans leurs cellules grâce à la myoglobine. L'élimination des toxines produites par l'effort (fonction aérobie) cesse faute d'oxygène. D'autres fonctions (anaérobies) prennent le relais.

À raison de 60 kg par bouchée, la baleine s'est gavée de krill. Mais, surtout, elle a épuisé son autonomie respiratoire. Elle se cambre et entame sa remontée. Ses tissus sont peu saturés d'azote grâce aux mécanismes régulateurs qui ont joué leur rôle, outre le fait qu'elle a plongé en apnée et non en respirant de l'air comprimé comme un plongeur autonome. Elle peut remonter sans effectuer de paliers de décompression. Lorsqu'elle émerge, à peine essoufflée, elle respire une bonne dizaine de fois par minute pour favoriser le rétablissement de toutes ses fonctions vitales, en saturant ses cellules d'oxygène. Il s'ensuit une brusque accélération cardiaque (tachycardie). Quelques minutes plus tard, son cœur a repris un rythme normal et elle se prépare déjà à replonger : le krill n'attend pas !

LA BONNE TEMPÉRATURE

Comme tous les mammifères, animaux à sang chaud (homéothermes), les baleines doivent entretenir une température interne de 35,1 °C (baleine bleue) à 36,5 °C (baleine grise). La

(24) Le rôle exact joué par les *retia mirabilia* est encore sujet à des débats scientifiques. S'agit-il de filtres, de réservoirs de sang oxygéné, ou encore de régulateurs de température ? Fonctionnent-elles en permanence ou seulement dans certaines circonstances, telle l'immersion prolongée ?

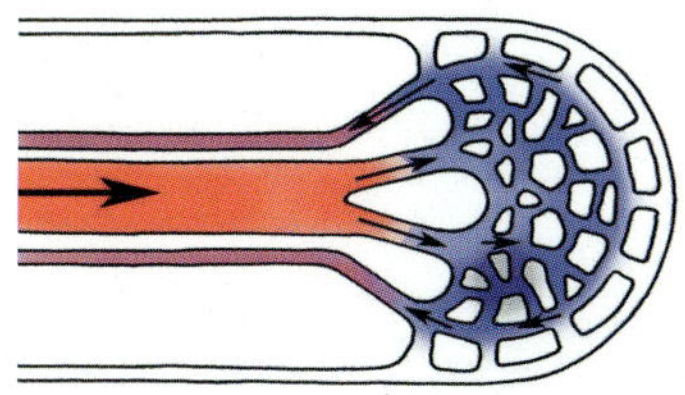

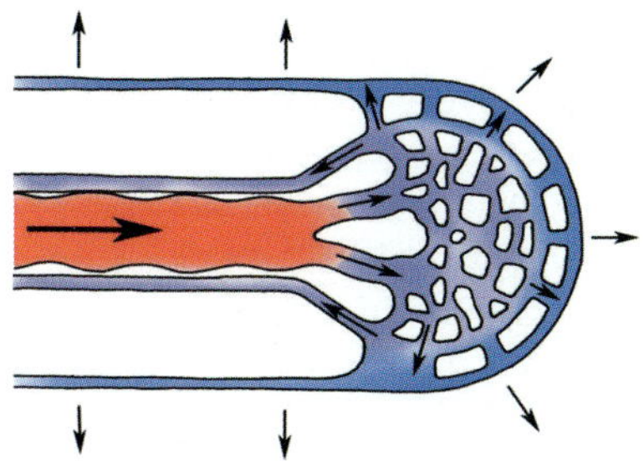

Régulation thermique au niveau des nageoires (parties du corps à faible isolation adipeuse) :
A – La température extérieure est basse. Les veines périphériques se rétrécissent (vasoconstriction) pour préserver la température de la circulation artérielle interne.
B – La température du corps s'élève. La circulation veineuse s'ouvre (vasodilatation) pour permettre au sang d'évacuer le trop-plein de chaleur vers l'extérieur.

plupart d'entre elles affronteront des températures voisines de 0 °C dans un milieu où la conductivité (vitesse à laquelle les calories sont absorbées) est 27 fois plus importante que dans l'air. Le phénomène est d'autant plus accentué que l'eau froide se renouvelle immédiatement au contact d'un corps en mouvement.

Les baleines doivent réguler leur température interne, autant pour se préserver du froid que pour éliminer le trop-plein de chaleur pendant un effort intense. Elles ne manquent pas d'atouts :

Une forme adaptée : le corps d'une baleine est constitué de deux cônes (la tête et le corps) assemblés au niveau des premières vertèbres cervicales. La surface externe d'une baleine est relativement faible, eu égard à son poids. Ainsi, la surface corporelle d'un rorqual de 100 t est de 250 m², soit 2,5 m² à la tonne, alors que celle d'un marsouin de 100 kg est de 2,5 m², soit 25 m² à la tonne. En résumé, grâce à son « embonpoint », une grosse baleine est 10 fois moins exposée au froid qu'un petit cétacé comme le marsouin.

Un rythme respiratoire lent : 1 à 4 fois par minute (10 à 15 fois chez l'être humain). Le rythme limite l'expiration d'air réchauffé par l'organisme, d'où une économie d'énergie considérable. Cette lenteur du rythme est permise par le fait que la baleine utilise 80 à 90 % de l'air qu'elle respire, alors que l'être humain n'en utilise que 10 à 15 %.

Une épaisse couche adipeuse : isolant thermique des muscles et des organes. Le lard est réchauffé grâce à la circulation artérielle, l'excès de chaleur étant éliminé par l'eau de mer environnante. La baleine franche du Groenland *(Balaena mysticetus)* détient le record absolu, avec une couche de graisse qui dépasse 50 cm d'épaisseur – l'épiderme à lui seul atteignant 2,5 cm. Chez cette espèce qui vit près des glaces toute l'année, le poids du lard représente 40 % de son poids total alors qu'il n'est que de 25 % chez la baleine grise *(Eschrichtius robustus)*. En général, cette couche est si isolante que 10 % seulement des échanges thermiques passent par elle. En fait, pour les espèces migratrices, elle constitue non seulement un manteau protecteur, mais aussi une précieuse réserve énergétique pour les longs voyages et les mois passés dans des eaux vierges de toute nourriture. Son efficacité est telle que, chez une baleine franche morte depuis plusieurs jours, la température interne peut encore dépasser 30 °C.

Un système de régulation vasculaire (thermorégulation) : il leur permet d'adapter leur circulation sanguine, aussi bien sous les températures polaires (environ 0 °C près de la banquise) que dans les eaux tropicales (30 °C et plus). Les artères, qui alimentent en oxygène les parties du corps sans isolation graisseuse (les nageoires), sont entourées d'un réseau veineux très dense, par lequel s'effectue le retour du flux sanguin. Cette proximité entre un flux sortant chaud et un flux rentrant froid provoque un échange thermique : à proximité des veines, le sang artériel se refroidit légèrement de sorte qu'il alimente en oxygène les extrémités du corps sans apporter une chaleur inutilement élevée qui serait immédiatement neutralisée par le froid extérieur. Au retour, le sang veineux refroidi se réchauffe au contact du sang artériel, et sollicite d'autant moins le métabolisme. Ce subtil mécanisme régulateur « double flux » est modulé à la demande par le système nerveux. Par vasoconstriction ou vasodilatation, il favorise telle ou telle fonction selon les besoins : nage, repos, sommeil, chasse, plongée, etc.

En Alaska, une baleine à bosse *(Megaptera novaeangliae)* maintient sa nageoire caudale hors de l'eau durant plusieurs minutes pour refroidir son organisme, *via* le flux sanguin.

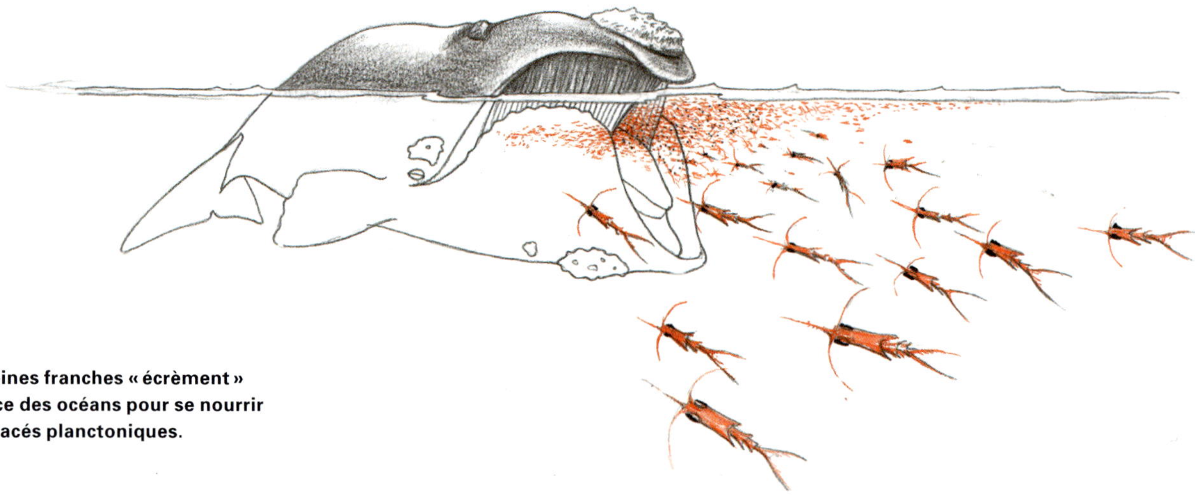

Les baleines franches « écrèment » la surface des océans pour se nourrir de crustacés planctoniques.

MANGER

Dépourvues de dents, les baleines ont adopté des stratégies alimentaires différentes des dauphins. Plutôt que de courir après des proies isolées de taille relativement grande, elles recherchent des proies de taille modeste mais en très grand nombre. Leur corpulence nécessite une nourriture abondante et des moyens spécifiques pour la capturer, tout en dépensant un minimum d'énergie.

Des techniques adaptées

La nourriture des mysticètes est en grande partie composée de zooplancton **(25)**, principalement de copépodes, crustacés de taille variable, et de krill (euphausiacés), sorte de crevette abondante dans les eaux polaires et subpolaires. L'abondance de telle ou telle espèce d'animaux planctoniques détermine la présence de telle ou telle espèce de baleine. Le krill *Euphausia superba* étant particulièrement abondant dans la zone antarctique, la baleine bleue et le rorqual commun en font leur nourriture de prédilection. En revanche, dans l'hémisphère Nord, l'alimentation étant plus variée, le rorqual commun ajoute à son menu des poissons grégaires, comme des sardines, des harengs, des capelans, etc.

Globalement, les techniques de prédation sont au nombre de trois. Les baleines franches (balénidés) sont des « écrémeuses ». Elles nagent lentement en surface, bouche ouverte, pour écrémer le plancton. L'eau chargée de nourriture passe au milieu des deux rangées de fanons et remplit la bouche. Lorsque le plancton est suffisamment concentré, la baleine referme la bouche et, à l'aide de sa langue, chasse l'eau vers l'exté-

(25) Zooplancton : partie du plancton d'origine animale (crustacés, mollusques, œufs, larves, etc.). Le phytoplancton auquel il est souvent mélangé est, quant à lui, d'origine végétale.

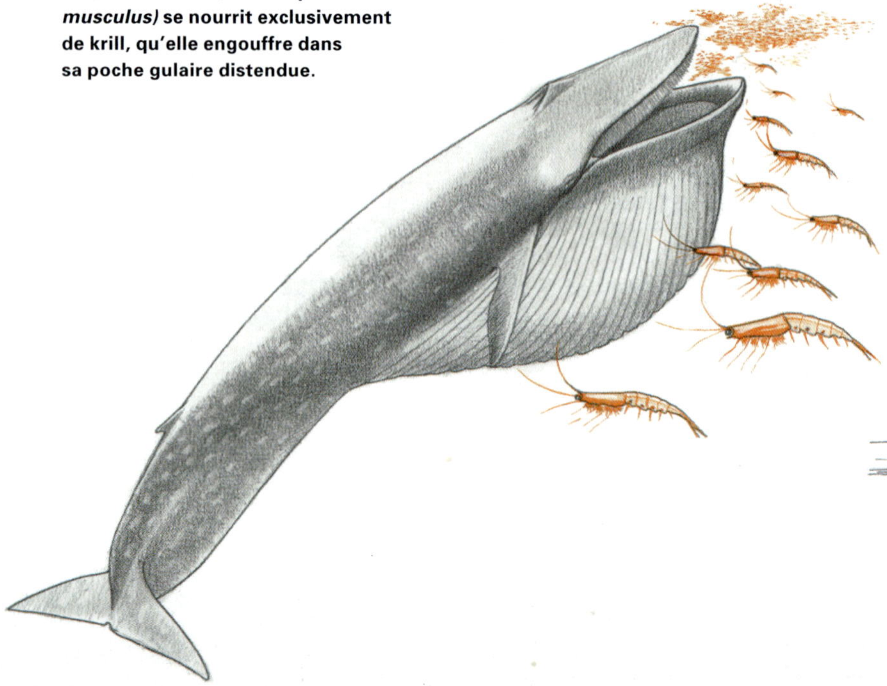

La baleine bleue *(Balaenoptera musculus)* se nourrit exclusivement de krill, qu'elle engouffre dans sa poche gulaire distendue.

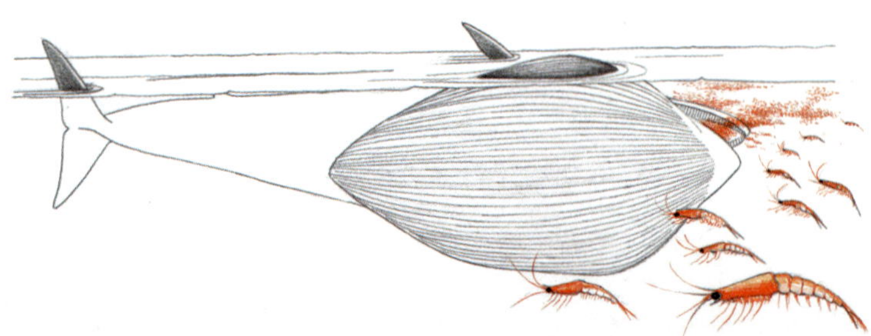

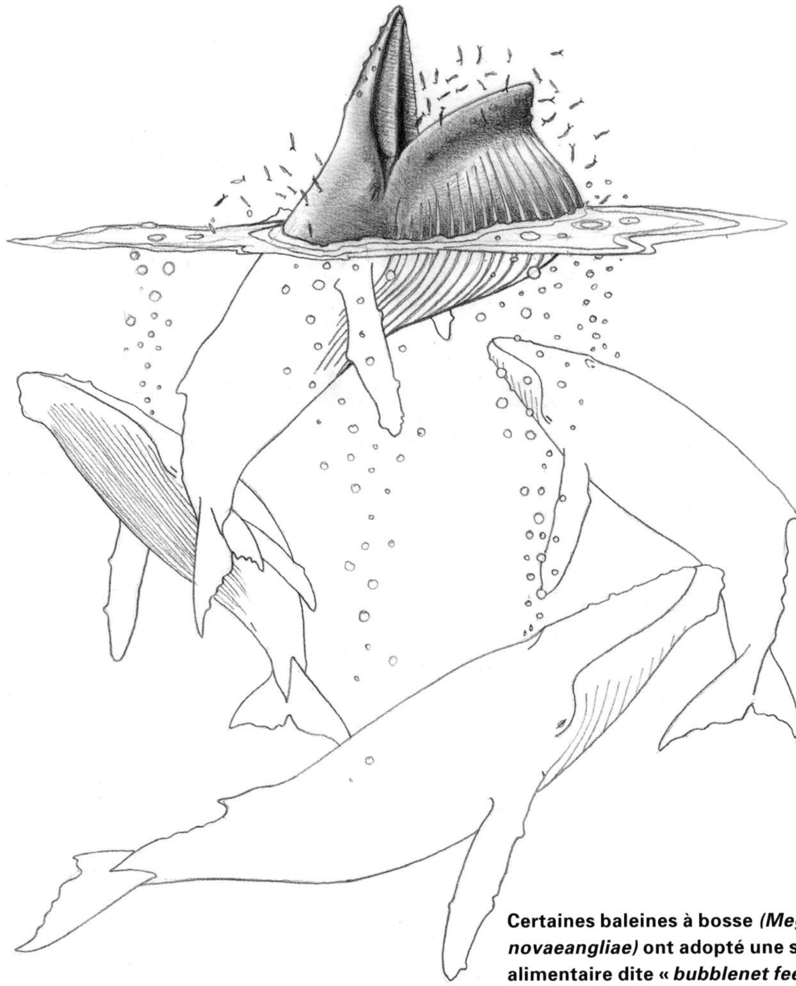

Certaines baleines à bosse *(Megaptera novaeangliae)* ont adopté une stratégie alimentaire dite « *bubblenet feeding* », qui consiste à encercler les poissons grâce à un rideau de bulles cylindrique.

rieur, au travers de l'épais tamis de poils enchevêtrés. Il ne lui reste plus qu'à avaler la nourriture solide.

Les rorquals (balénoptéridés) sont des « engouffreurs ». Nageurs rapides, ils foncent bouche ouverte au travers du plancton. La puissance du courant force le plancher de la bouche et provoque le déploiement de la poche gulaire, qui s'étend pratiquement jusqu'au milieu de l'abdomen. Le volume utile est accru d'autant, et permet d'améliorer le rendement de chaque capture en réalisant une économie d'énergie considérable. L'eau est ensuite chassée vers l'extérieur au travers des fanons par contraction musculaire et pression de la langue. Si certains rorquals sont plus spécialisés dans la capture du krill, d'autres varient leur menu en fonction des opportunités. Le rorqual boréal *(Balaenoptera borealis)* pratique les deux techniques de prédation.

La baleine à bosse *(Megaptera novaeangliae)* utilise une stratégie collective originale dite « chasse au filet de bulles » *(bubblenet feeding)*.

La baleine grise *(Eschrichtius robustus)* pratique aussi bien l'engouffrage que l'écrémage, mais, en général, elle se nourrit de façon beaucoup plus singulière. Penchée sur le côté droit, elle racle les sédiments dans les zones peu profondes et riches en crustacés (amphipodes). Elle utilise son énorme langue pour aspirer ses proies logées dans des tubes organiques qui tapissent les petits fonds des mers arctiques. Il lui arrive même d'avaler des algues, où toutes sortes de créatures minuscules se dissimulent.

Les fanons

Les fanons constituent un réseau filtrant particulièrement ingénieux. Ils sont, entre autres, composés de kératine, une matière semblable à celle de nos ongles, mais aussi à celle des griffes, des poils, des écailles et des plumes des animaux. Ils sont rangés côte à côte, leur base étant insérée dans la gencive de la mâchoire supérieure. Chez les baleines franches, les fanons des deux côtés de la mâchoire sont séparés, au centre, par un espace au travers duquel passe la nourriture. Chez les rorquals, dont le mode alimentaire est différent, les deux rangées se rejoignent à l'extrémité de la mâchoire pour former un arc continu.

Chaque fanon est composé d'un bord frontal arrondi, semblable, par la forme, au bord d'at-

LA STRATÉGIE DE LA BALEINE À BOSSE

Sud-Est Alaska, un soir de juillet. Après avoir localisé un banc de harengs près de la surface, un groupe d'une quinzaine de baleines à bosse plonge en silence jusqu'à 30 m de profondeur. L'une d'elles nage autour du banc en cercles de plus en plus serrés, émettant des bulles en continu par l'évent. Les bulles remontent vers la surface ; elles forment un rideau argenté menaçant qui encercle les poissons. Effrayés, ceux-ci se concentrent en une boule de plus en plus dense. Une deuxième baleine module une étrange mélopée, tandis que les autres membres du groupe exposent le dessous blanc de leurs nageoires pectorales pour réverbérer la lumière venue de la surface et accroître la terreur du gibier. La « chanteuse » accentue le tempo. Brusquement, le chant s'interrompt : c'est le signal de la curée. Nageoire contre nageoire, les baleines se ruent alors à la verticale vers les harengs qui, terrorisés, n'ont même pas le réflexe de fuir. Au moment ultime, les bouches s'ouvrent en grand, les gorges se déploient. Tout en engouffrant les poissons par centaines, nos astucieuses baleines crèvent la surface dans un bouillonnement d'écume accompagné d'un énorme souffle collectif. Dans la confusion, les harengs bondissent en tous sens, croyant encore pouvoir s'échapper, en vain… et presque tous finissent au fond des gosiers béants.

À chaque baleine, ses fanons :
1 – Baleine franche du Groenland *(Balaena mysticetus)*
2 – Baleines franches *(Eubalaena glacialis* et *E. australis).*
3 – Baleine bleue *(Balaenoptera musculus).*
4 – Rorquals communs *(Balaenoptera physalus* et *B. omurai).*
5 – Baleine à bosse *(Megaptera novaeangliae).*
6 – Rorquals tropicaux *(Balaenoptera brydei* et *B. edeni).*
7 – Petits rorquals *(Balaenoptera acutorostrata* et *B. bonaerensis).*
8 – Baleine franche pygmée *(Caperea marginata).*
9 – Rorqual boréal *(Balaenoptera borealis).*
10 – Baleine grise *(Eschrichtius robustus).*

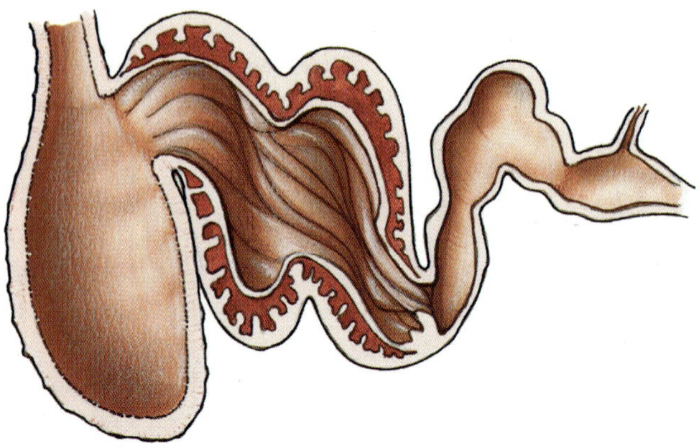

Comme celui des ruminants, l'estomac des baleines est composé de plusieurs chambres. Les aliments passent de l'une à l'autre en subissant les traitements physiques et chimiques nécessaires à leur assimilation.

taque d'une nageoire. Son bord postérieur est composé d'une rangée de franges entremêlées dirigées vers l'arrière, destinées à piéger la nourriture à l'intérieur de la bouche. Ce « peigne » est pris en sandwich entre deux lames cornées, de sorte qu'on pourrait le comparer à l'une de nos incisives, maintenue de part et d'autre par la gencive.

Selon l'espèce et le mode alimentaire, les fanons varient en nombre, en taille et en couleur. Chez la baleine franche du Groenland *(Balaena mysticetus)*, à l'énorme mâchoire arquée, ils mesurent parfois plus de 4 m de longueur et 30 cm de largeur à la base. Chez les petits rorquals *(Balaenoptera acutorostrata et B. bonaerensis)*, au rostre plat, comme pour tous les balénoptéridés, leur longueur n'excède pas 20 cm.

Une digestion de ruminant

Les baleines sont des animaux carnivores qui ne mâchent pas leurs aliments et chez qui la fonction salivaire est quasi inexistante. Elles sont dotées d'une énorme langue dont l'un des rôles principaux est de chasser l'eau, par compression, au travers des fanons afin qu'ils puissent retenir le plancton en suspension. La langue de la baleine grise *(Eschrichtius robustus)*, en se rétractant, contribue à aspirer la nourriture récoltée sur le fond. Avalé d'une seule bouchée, l'amas grouillant de nourriture vivante (plancton, poissons, calmars, etc.) descend le long de l'œsophage jusqu'à l'estomac, sans rencontrer le moindre obstacle ni risquer d'emprunter la « mauvaise voie », puisque les fonctions digestive et respiratoire sont séparées.

Dotées d'un estomac comparable à celui des ruminants, les baleines ingurgitent les aliments intacts. Ces derniers passent successivement par quatre poches. Dans la première, ils subissent une action mécanique, à laquelle participent sans doute les parties ingérées les plus dures (arêtes de poissons, becs de calmars, etc.), et sont grossièrement broyés. La deuxième poche reçoit en abondance la pepsine [26] en provenance de plusieurs glandes productrices. Cet enzyme prépare les aliments à la digestion proprement dite. La troisième poche, la plus grosse, est pour ainsi dire la chambre principale où s'effectue l'essentiel de la transformation des aliments, grâce aux sucs gastriques et aux protéines. Ils passent ensuite dans la quatrième poche, où aboutit un canal relié au foie et au pancréas. La digestion s'achève dans l'intestin, dont la longueur représente 5 à 6 fois la taille de l'animal (130 à 150 m pour une baleine bleue). Selon la nature des aliments, la couleur des rejets varie : en général, verdâtre s'il s'agit de poisson, rouge ou brun s'il s'agit de crustacés. Un moyen efficace de connaître le menu d'une baleine observée alors qu'elle s'alimente.

Les baleines vivent dans une eau plus riche en sels que leur propre organisme. À l'instar de tous les animaux marins, elles doivent lutter contre une loi physique qui tend, par osmose, à faire passer l'eau contenue dans leurs cellules dans l'eau de mer, *via* l'urine. Bien que passant leur vie dans l'eau, elles ont donc paradoxalement à lutter en permanence contre la déshydratation. Les baleines ne transpirent pas ; c'est pourquoi leurs reins sont énormes, leur rôle consistant à dessaler l'eau de mer en permanence. Extérieurement, ces organes ne sont pas réguliers, à la différence de ceux de la plupart des mammifères, mais présentent plusieurs unités réunies en grappes, les *renculi*. Les baleines, qui consomment majoritairement du krill, doivent en outre faire face à une concentration accrue de sels minéraux dans leur organisme, car les crustacés sont gorgés de sels, contrairement aux poissons qui les éliminent.

DORMIR

Faute de mieux, notre connaissance du sommeil des baleines est réduite à quelques observations succinctes effectuées en mer. Contrairement à nous qui pouvons, en toute sécurité, dormir plusieurs heures d'affilée, les baleines, qui vivent en milieu hostile, sont contraintes de fractionner leur temps de sommeil en tranches réparties tout au long de la journée. Rappelons que leur respiration n'est pas instinctive mais volontaire et qu'il leur faut par conséquent établir une sorte de « veille » cérébrale. Tout au long de leur migration, les baleines grises *(Eschrichtius robustus)* dorment plusieurs fois par jour, par tranches d'une demi-heure. Elles restent en surface, immobiles, parfois par petits groupes.

À Rurutu, dans l'archipel polynésien des Australes, les baleines à bosse *(Megaptera novaeangliae)* dorment en s'immergeant à 10 ou 15 m de la surface, de 15 à 20 min, toutes les deux heures environ. S'il s'agit d'une mère accompagnée de son baleineau, ce dernier ne tient pas aussi longtemps en apnée et doit remonter plusieurs fois respirer à la surface de l'eau jusqu'à ce que, reposée, sa mère donne le signal du départ. Tout en dormant, l'un et l'autre maintiennent leur équilibre, tête en bas, en corrigeant leur position à l'aide de légers mouvements des nageoires.

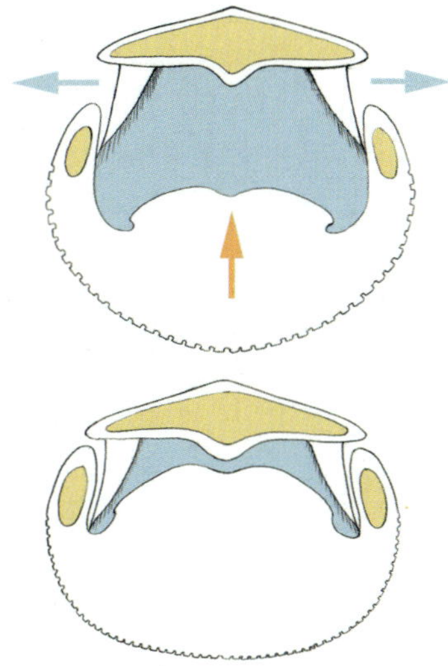

En se gonflant jusqu'à occuper la quasi-totalité de la cavité bucale, la langue chasse l'eau à travers les fanons qui piègent la nourriture sur leur face interne. Il ne reste plus à la baleine qu'à avaler.

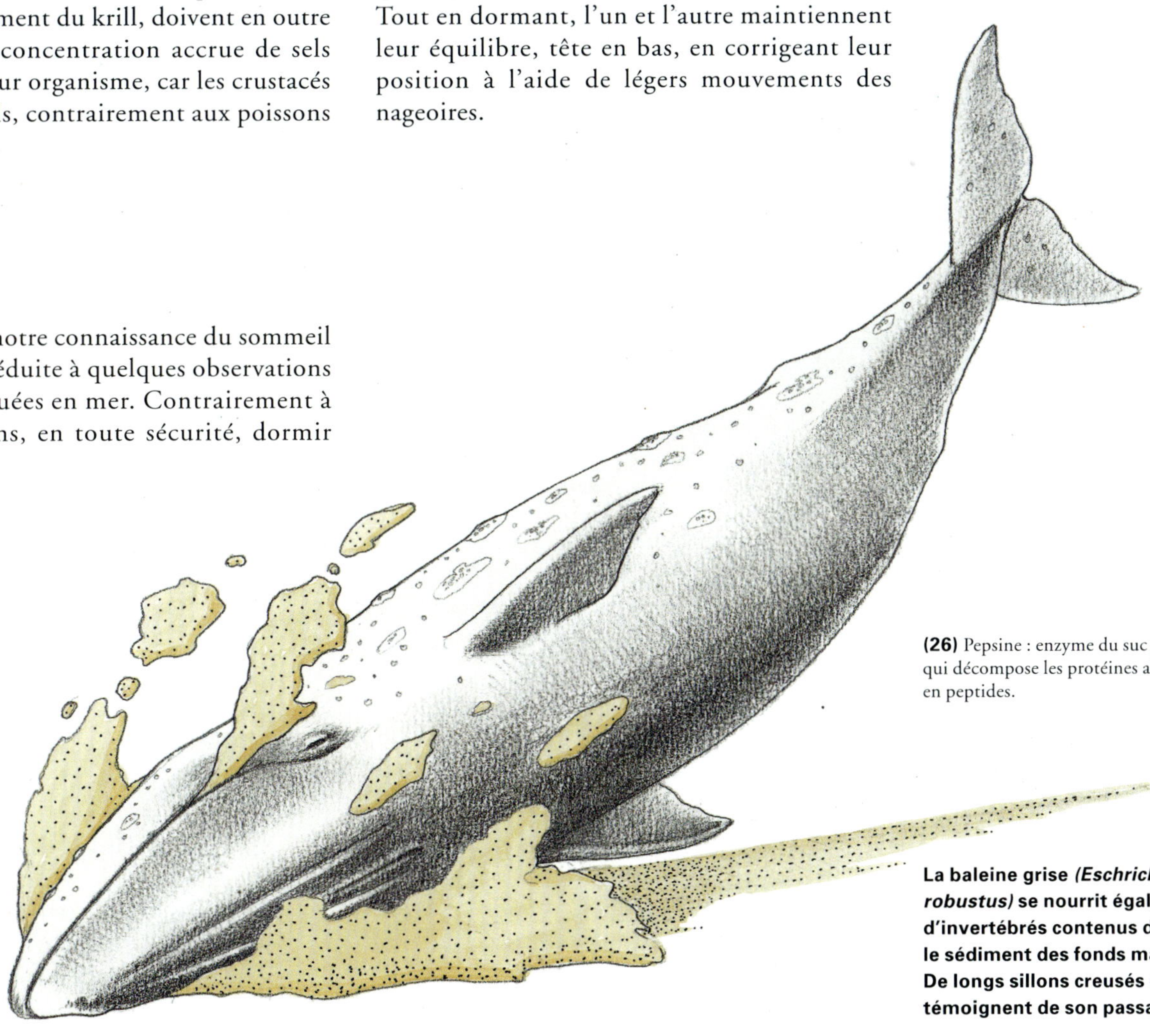

(26) Pepsine : enzyme du suc gastrique qui décompose les protéines alimentaires en peptides.

La baleine grise *(Eschrichtius robustus)* se nourrit également d'invertébrés contenus dans le sédiment des fonds marins. De longs sillons creusés dans la vase témoignent de son passage.

Les sens

Le toucher tient une place prépondérante dans la relation entre une mère baleine franche australe *(Eubalaena australis)* et son baleineau.

TOUCHER

Bien qu'étant dépourvues de doigts, les baleines, comme tous les cétacés, ont développé une sensibilité tactile très fine par rapport à leur environnement *(cf. « Vivre en mer », « Une peau réactive », p. 63)*. Elles sont capables de « sentir » le déplacement de leur corps dans l'eau, de percevoir les courants et les variations de température. Elles peuvent donc interpréter ces données et adapter leur nage et leur comportement. Quelques espèces possèdent encore des vibrisses, comme la baleine du Groenland *(Balaena mysticetus)*, les baleines franches *(Eubalaena sp.)* et la baleine grise *(Eschrichtius robustus)*. Cette dernière est particulièrement friande de caresses et d'attouchements, en particulier entre la mère et son petit. De surcroît, ce dernier frotte volontiers son rostre contre la coque d'un bateau, allant même jusqu'à solliciter les caresses des observateurs au beau milieu d'un lagon de Basse-Californie !

À une échelle moindre que les dauphins, plus grégaires, les baleines entretiennent également des contacts corporels avec leurs semblables. C'est le cas entre les mères et leur progéniture, comme entre les partenaires au cours d'un accouplement et, en particulier chez les rorquals (balénoptéridés), entre mâles rivaux lors d'affrontements – parfois brutaux – pour la conquête d'une femelle. Les parties du corps les plus sensibles sont l'extrémité du rostre, la bouche, les nageoires pectorales et l'abdomen.

L'extrémité du rostre de ce baleineau de baleine franche australe *(Eubalaena australis)* est parcourue de vibrisses, qui participent à son sens tactile.

ENTENDRE

Bruits de fond

Les étendues marines sont parcourues en permanence de multiples vibrations sonores, sur une large bande de fréquences. Le fond sonore produit par le bruit des vagues devra être également pris en compte si l'on veut distinguer une émission particulière. Le milieu aquatique ne permettant pas de voir au-delà de quelques dizaines de mètres, les cétacés en général, et les baleines en particulier, ont privilégié le sens de l'ouïe. Un choix qui s'imposait, d'autant plus que le son se propage dans l'eau 5 fois plus vite que dans l'air.

Pour des raisons hydrodynamiques évidentes, tout au long de leur évolution, les baleines ont lissé leur silhouette en dissimulant ou en faisant disparaître certains organes, dont le pavillon externe de l'oreille. Situé en arrière de l'œil, le canal auriculaire est quasiment invisible. Chez la baleine bleue, il mesure à peine plus de 1 mm de diamètre dans sa première partie. Il ne s'évase qu'à l'approche de l'oreille interne, et encore est-il complètement obstrué par un ciment à base de cérumen et de débris cutanés. Il va de soi que les baleines ne font pas appel à cette voie unique pour entendre. L'exemple qui suit permet de mieux comprendre leur fonctionnement.

Une bulle tympanique de baleine franche australe *(Eubalaena australis)*.

Entendre avec le corps

Dans l'air, un son voyage à 330 m/s. Lorsqu'il nous parvient, il est réfléchi par notre corps, dont la densité est 800 fois supérieure à celle de l'air. En revanche, le son fait vibrer nos tympans qui le transmettent à notre cerveau, *via* le nerf auditif. La distance qui sépare nos deux oreilles produit un décalage de 1/2 000 s, lequel donne à notre cerveau le relief nécessaire pour localiser la provenance du son.

Maintenant, immergeons-nous au fond d'une piscine ! Notre corps est entièrement en contact avec l'eau, y compris nos tympans. Imaginons quelqu'un entrechoquant deux objets métalliques à quelques mètres de nous. Le son nous parvient à la vitesse de 1 500 m/s, soit 5 fois plus vite qu'à l'air libre. Que se passe-t-il alors ? Étant donné que nous sommes composés en majeure partie d'eau, les ondes sonores ne vont plus rebondir sur notre corps, mais le pénétrer. L'onde atteint donc notre cerveau non plus par le conduit auditif, mais directement par la chair et les os du crâne (conduction osseuse). L'effet stéréophonique produit par le décalage de 1/2 000 s n'existe pour ainsi dire plus, car notre cerveau reçoit l'information sonore avec un décalage de 1/10 000 s seulement. C'est insuffisant pour qu'il puisse déterminer l'origine de la source. Il n'est tout simplement pas fait pour ça. Eh bien, celui d'une baleine, si !

Les baleines sont en effet tout à fait capables de situer l'origine d'un son. Leurs organes auditifs sont logés dans une « bulle tympanique »

Parmi les mysticètes, la baleine à bosse *(Megaptera novaeangliae)* est sans doute la plus démonstrative. Il est évident qu'elle « sent » son environnement avec chaque parcelle de son corps.

osseuse, isolée du crâne par une sorte de coussin de mousse graisseuse saturée de microbulles d'air. Ce coussin d'air (faible densité) fait écran aux sons transmis par les os du crâne (haute densité) et les réfléchit. Les oreilles sont ainsi isolées l'une de l'autre. Un son capté par le conduit auditif (même obstrué par un amas de cérumen et de peaux mortes) sera perçu avec le décalage indispensable au cerveau (1/2 000 s) pour en situer l'origine.

Ainsi, les baleines « entendent » avec leur corps tout entier. Rien ne leur échappe, ni le chant d'amour d'un mâle, ni les « conversations » entre une mère et son petit, ni les échanges d'un groupe à l'autre pour signaler la présence du krill, non plus que le cri d'agonie d'un rorqual harponné ou le vacarme croissant des bateaux… et pas même les essais acoustiques militaires qui les tuent parfois.

Les baleines utilisent-elles un sonar [27] ?

L'écholocalisation, véritable sonar biologique, est couramment utilisée par les cétacés à dents (odontocètes), tels que le cachalot et les dauphins. Le principe est le suivant :

1. Émission de « clics » d'ultrasons concentrés au travers du melon (le front), préalablement produits grâce aux sacs vestibulaires situés de part et d'autre de l'évent.
2. Les ondes sonores se propagent dans l'eau jusqu'à ce qu'elles rencontrent un obstacle, sur lequel elles rebondissent.
3. Au retour, l'animal les capte grâce à la « fenêtre acoustique » de son maxillaire inférieur, au travers d'un tissu adipeux, qui les transmet à une membrane située près de l'articulation de la mâchoire.
4. De là, l'information parvient à l'oreille interne *via* le nerf auditif qui la transmet au cerveau. Ce dernier la transforme en image tridimensionnelle.

À gauche, un odontocète : le cachalot *(Physeter catodon)*. Il utilise un sonar biologique perfectionné pour appréhender son environnement. À droite, un mysticète : la baleine franche australe *(Eubalaena australis)*. Elle pourrait émettre des sons en basses fréquences pour évaluer grossièrement un obstacle.

Apparemment, les baleines, telle cette jeune baleine franche australe *(Eubalaena australis)*, sont dotées d'une bonne vue sous-marine.

La question de savoir si les baleines (mysticètes) peuvent utiliser ce procédé, même de façon rudimentaire, fait l'objet d'âpres discussions entre spécialistes depuis des décennies. D'aucuns pensent que les puissantes émissions en basses fréquences des rorquals pourraient, en retour, leur fournir des indications grossières sur la physionomie des fonds marins, la présence d'une concentration de nourriture ou celle d'un groupe de leurs semblables. Les baleines franches *(Balaena mysticetus et Eubalaena sp.)* utiliseraient également ce procédé pour estimer la distance à parcourir sous la banquise. Les sons brefs émis par les petits rorquals *(Balaenoptera acutorostrata et B. bonaerensis)* pourraient également, selon certains, être considérés comme une forme rudimentaire d'écholocalisation.

VOIR

En tant qu'êtres humains faits pour vivre sur Terre, notre vue n'est pas adaptée à la vision sous-marine. L'indice de réfraction de l'eau étant supérieur à celui de l'air, l'image que nous percevons lorsque nous ouvrons les yeux sous l'eau se forme non plus sur notre rétine, mais en arrière de celle-ci. L'image est donc floue. Comme elles passent alternativement de l'air à l'eau, les baleines ont développé de puissants muscles oculaires capables de modifier la forme du cristallin. Ainsi, leurs yeux s'adaptent instantanément au milieu ambiant. Il semble que leur vision sous-marine soit bonne, à l'exception toutefois de la vision rapprochée, les spécialistes considérant que l'adaptation du cristallin est alors limitée. En surface, certaines espèces comme la baleine grise *(Eschrichtius robustus)* et les baleines franches *(Balaena mysticetus* et *Eubalaena sp.)* utilisent fréquemment la technique dite de l'« espionnage » *(spy hopping)*, en dressant la tête hors de l'eau pour scruter les environs.

Les baleines ont les yeux placés au-dessus de la commissure des lèvres. Dépourvues de cils, leurs paupières sont si épaisses qu'elles n'ont qu'une mobilité réduite. Elle contiennent des glandes qui sécrètent en permanence un épais mucus destiné à protéger l'œil contre les agressions du milieu : froid, résistance de l'eau, particules en suspension, etc.

Lorsqu'elle est réduite à une simple fente, cette large pupille les autorise à supporter la lumière intense de la surface ; grande ouverte, elle leur permet de capter les rares photons qui subsistent dans les profondeurs obscures. De surcroît, en arrière du globe oculaire, la rétine est doublée d'une couche arrière réfléchissante, le *tapetum lucidum*, dont le rôle est de renforcer l'image qui s'y forme. C'est ce qui donne un aspect fluorescent aux yeux de certains animaux à la vision nocturne développée, comme les chats et les requins. Sous la mer, les couleurs chaudes disparaissent rapidement : le rouge à

Pour pratiquer le *spy hopping* (tête hors de l'eau), cette baleine grise *(Eschrichtius robustus)* adapte sa vision en modifiant la forme de son cristallin, grâce à de puissants muscles oculaires.

(27) Sonar, de l'anglais *Sound Navigation and Ranging* : dispositif de détection sous-marine, utilisant les ondes acoustiques.

Ce petit rorqual nain *(Balaenoptera acutorostrata ssp.)* se tourne de côté pour mieux voir son vis-à-vis. Dans ce cas, il ne bénéficie pas d'une vision stéréoscopique.

10 m, le jaune à 30 m. Au-delà de 50 m, tout paraît uniformément gris. C'est pour cette raison que la rétine des baleines est surtout recouverte de bâtonnets, les cellules de la vision en noir et blanc. Au-delà de 200 m de profondeur, il fait pratiquement nuit. Néanmoins, certaines baleines comme le rorqual commun *(Balaenoptera physalus)* seraient capables de distinguer des animaux bioluminescents, comme les calmars dont ils se nourrissent.

Seuls des yeux placés à l'avant de la tête peuvent offrir une vision en relief (stéréoscopie) car ils transmettent chacun la même image, qui accuse un léger décalage. Avec des yeux situés de part et d'autre de la tête, une baleine doit se contenter d'une vision monoculaire, donc plate. En réalité, il existe une zone de chevauchement des champs visuels, mais elle est étroite. Elle se situe juste en avant de la bouche et pourrait être utile lors de l'alimentation. Au-delà de quelques mètres, une baleine ne peut plus distinguer ce qui se trouve devant elle ; c'est pourquoi elle se tourne sur le côté pour mieux voir lorsqu'elle a décelé la présence d'un obstacle.

Au rythme de la lumière

La plupart des êtres vivants sont plus ou moins sensibles au « rythme circadien », lequel englobe l'ensemble des phénomènes biologiques liés à la quantité de lumière reçue quotidiennement. Lorsqu'elles se nourrissent dans les hautes latitudes, les baleines ne perçoivent pas seulement la différence de température alors que l'hiver se rapproche, mais également le raccourcissement des jours. C'est cette carence en lumière qui déclenche leur migration vers des eaux plus accueillantes, où elles pourront mettre bas et s'accoupler. L'origine de cette régulation se trouve dans une minuscule glande, dite « glande pinéale » (ou épiphyse), située dans le cerveau et dont le rôle est, entre autres, de produire la mélatonine, l'« hormone du sommeil ». La position de la glande pinéale dans le cerveau de nombreuses espèces animales indique qu'elle fait partie d'un patrimoine génétique très ancien.

SENTIR ET GOÛTER

Les mammifères terrestres ont naturellement développé des capteurs d'odeurs, situés dans les voies aériennes supérieures, l'air étant le milieu le plus favorable à la dispersion des senteurs. Les baleines, en vivant dans l'eau, dont le pouvoir de dispersion est médiocre, ont perdu cette faculté. L'évent (les narines), qui se ferme hermétiquement après chaque respiration, ne sert pratiquement plus d'orifice capteur d'odeurs ; il se contente de jouer le rôle d'une valve de sécurité, destinée à protéger les poumons de toute entrée d'eau.

Comme les requins ?

Certains spécialistes pensent que les mysticètes auraient conservé quelques récepteurs olfactifs leur permettant, par exemple, de détecter les effluves émis par un banc de plancton. Il est possible que cette perception soit à la fois olfactive et gustative, mais nous ne disposons d'aucun élément tangible pour l'affirmer. Des études ont montré que le requin-pèlerin *(Cetorhinus maximus)* était capable de détecter le diméthylsulfide, une substance sécrétée par le phytoplancton (végétal) lorsqu'il est dévoré par le zooplancton (animal). Cette molécule pourrait bien être le signal guetté par les baleines pour trouver leur nourriture favorite. Il est possible que chaque agression génère une signature chimique distincte. Si tel est le cas, les baleines pourraient identifier les protagonistes à coup sûr et – pourquoi pas ? – choisir leur menu en conséquence. Certaines substances persistantes comme l'urine ou les matières fécales pourraient bien être, elles aussi, porteuses d'informations à caractère social, voire sexuel (phéromones).

Contrairement aux narines des mammifères terrestres, le double évent de cette baleine bleue *(Balaenoptera musculus)* ne contribue plus à capter les odeurs.

Baleines en société

LE GROUPE

Vivre en communauté

Les mammifères sont, pour la plupart, des animaux sociaux. Dans le monde hostile des océans, où toute faiblesse est synonyme d'élimination, vivre seul ou en groupe implique un choix d'existence que chaque espèce a déterminé en fonction de ses propres critères. Chaque option présente à la fois des avantages et des inconvénients.

Pour se protéger d'un prédateur, le groupe peut ériger une ligne de défense constituée par les individus les plus forts. De même, lorsqu'il s'agit de fuir, chaque individu a plus de chances de s'en sortir car le ou les agresseurs ne peuvent s'en prendre à tous les membres du groupe à la fois. Face à une orque affamée, un marsouin isolé a 100 chances sur 100 d'être poursuivi alors que, au sein d'un groupe de 300 individus, il n'en aura plus que 1 sur 300. En revanche, par sa taille, et le bruit qu'elle génère, une collectivité est d'autant plus susceptible d'attirer l'attention.

Sur le plan alimentaire, la chasse collective donne à chaque individu, y compris aux plus faibles, de meilleures chances de pouvoir se nourrir. En contrepartie, ce type de stratégie requiert un gibier plus abondant, qu'il faudra trouver, parfois au prix de longs déplacements. Lorsque la nourriture n'est pas suffisante pour tous, les plus forts du groupe seront avantagés. À l'opposé, la concurrence avec d'autres groupes de même espèce ou d'espèces différentes aura toutes les chances de surgir.

Pour la reproduction, le groupe facilite les rencontres entre partenaires, leur évitant de longs et hasardeux déplacements. En revanche, il peut y avoir disparité de l'activité sexuelle au profit des mâles dominants. De la même façon, certaines femelles peuvent être davantage sollicitées que d'autres, ce qui entraîne un déséquilibre dans la répartition des naissances au sein du groupe. Enfin, toutes sortes de problèmes liés à la consanguinité peuvent survenir (faiblesse congénitale, malformations, etc.).

Le choix des baleines

Quelle que soit leur espèce, les baleines ne sont pas à proprement parler des animaux grégaires. Contrairement aux dauphins qui vivent souvent en communauté, elles peuvent être qualifiées de « solitaires ». Seuls la mère et son petit sont étroitement liés durant la période d'allaitement. Leur relation peut même durer pendant quelque temps au-delà du sevrage, le baleineau étant à bonne école, notamment pour apprendre à s'alimenter par ses propres moyens. Ainsi, une baleine grise *(Eschrichtius robustus),* qui met bas en janvier dans un lagon de Basse-Californie, allaitera son petit jusqu'en mai-juin, peu de temps après avoir rejoint la mer de Beaufort, au-delà du détroit de Béring. Là, elle pourra l'initier durant quelques semaines à la technique qui consiste à racler les fonds marins, mais également à repérer les sites les plus riches. À l'instar de la baleine grise, d'autres espèces peuvent également se retrouver, le temps d'un festin, sur une zone où la nourriture est abondante. C'est le cas du rorqual commun *(Balaenoptera physalus)* et de la baleine bleue *(Balaenoptera musculus),* capables de se partager un banc de krill. On ne peut cependant pas parler de véritables communautés, tout au plus de rassemblements opportunistes.

Les rorquals boréaux *(Balaenoptera borealis)* se déplacent fréquemment en groupe, comme ici aux Açores.

La relation la plus durable est celle de la mère et de son baleineau. Elle s'étend même au-delà du sevrage. En suivant sa mère lors de son voyage de retour des eaux de l'Antarctique, cette petite baleine franche australe *(Eubalaena australis)* localisera le lieu de sa naissance pour y revenir seule dès l'année suivante.

La plus connue et de loin la plus spectaculaire de ces associations temporaires est sans nul doute celle de la baleine à bosse *(Megaptera novaeangliae),* qui pratique avec une stupéfiante efficacité la chasse au filet de bulles *(bubblenet feeding)* dans le sud-est de l'Alaska *(cf. « Vivre en mer », « Manger », p. 71 et « Bulles d'Alaska », p. 214).* Il s'agit là d'une association fondée sur la compétence à l'état pur où, ni l'âge, ni le sexe, ni la parenté, ni l'ancienneté ne prédisposent tel individu plutôt qu'un autre. Il semble que certains s'y « essaient » un temps et que, selon le résultat obtenu, ils intègrent ou non le groupe plus durablement. Nous ignorons quels sont les critères de sélection, ni s'il existe au sein du groupe déjà constitué une quelconque autorité décisionnaire. Le nombre d'individus associés peut varier du simple au double durant la saison, sans que nous en connaissions la raison.

Plusieurs témoignages font état d'associations solidaires provisoires entre baleines franches australes *(Eubalaena australis).* L'un de ceux-ci concerne une mère et son petit, réfugiés dans une crique près de la baie de Valdés en Patagonie (Franck Wirth, novembre 2001) : « La mère et son baleineau ne peuvent s'échapper de la crique sans se heurter aux trois orques menaçantes qui en condamnent l'entrée. Trop lente, démunie de tout moyen offensif, la mère choisit de tourner le dos aux trois prédateurs, utilisant son corps comme écran pour protéger son rejeton et interposer sa puissante nageoire caudale comme arme défensive. Les orques tentent bien, à plusieurs reprises, de mordre dans le cuir épais, mais sans rien récolter d'autre que de spectaculaires gifles, agrémentées de projections d'écume. Cependant, l'issue de la confrontation ne fait aucun doute car la baleine montre des signes de fatigue de plus en plus évidents. Mais soudain, sans que rien le laisse prévoir, les orques quittent la crique. Devant l'entrée de celle-ci, deux souffles achèvent de retomber. Deux autres baleines adultes rejoignent les deux rescapés. Il était temps car le baleineau épuisé était sur le point de s'échouer. » Si l'on ne peut parler ici d'« association », il n'en reste pas moins vrai que les baleines ont fait preuve de solidarité spécifique. Un signal fort puisque, dans ce cas, l'engagement des deux adultes impliquait pour eux-mêmes un risque de confrontation avec les orques.

En dehors de la quête de nourriture, c'est l'instinct de reproduction qui pousse les baleines à se regrouper. Ainsi, la baleine grise *(Eschrichtius robustus)* fréquente assidûment les lagons qui bordent la côte Ouest de la péninsule de Basse-Californie. Quelques centaines de baleines franches australes *(Eubalaena australis)* se donnent rendez-vous chaque hiver dans la baie de Valdés en Patagonie, mais aussi le long des côtes d'Afrique du Sud, d'Australie du Sud et de Nouvelle-Zélande. La baleine à bosse *(Megaptera novaeangliae)* occupe chaque année les mêmes territoires : le banc d'Argent en République dominicaine, les îles Hawaii, la Polynésie, les Fidji, les Tonga, la Nouvelle-Calédonie, l'Australie ; dans l'océan Indien, Madagascar, les Comores, etc., et dans l'Atlantique Est, le golfe de Guinée.

Le territoire des autres rorquals est moins bien défini et varie d'une année sur l'autre. Quelques exceptions, toutefois : lors de chaque hiver austral, le petit rorqual nain *(Balaenoptera acutorostrata ssp.)* fréquente volontiers la Grande Barrière de corail australienne. Les rorquals tropicaux *(Balaenoptea brydei* et *B. edeni)* peuvent même constituer des populations résidentes, comme celles de Kochi Préfecture, au Japon, ou de Basse-Californie (Mexique).

Au moment de la mise bas, la future mère est parfois assistée d'une ou de plusieurs autres femelles, les « tantes », également surnommées « marraines ». On a constaté cette pratique chez la baleine grise, les baleines franches et la baleine à bosse. Nul ne peut prétendre qu'elle soit étrangère aux autres rorquals, mais ces derniers n'ayant pas pour habitude de mettre bas en des lieux accessibles, on n'a jamais pu l'observer. On ignore sur quels critères une marraine est choisie, mais on peut supposer qu'il s'agit d'une mère expérimentée, peut-être elle-même assistée de femelles immatures. Une association profitable à tous, en quelque sorte.

COMMUNIQUER

« Fréquence baleines »

Bien qu'elles ne vivent pas en communautés durables, les baleines restent néanmoins des créatures sociales qui ont besoin de communiquer entre elles. Que ce soit pour se nourrir, se reproduire, se diriger, ou tout simplement pour signaler leur présence au cours d'une migration, elles émettent des sons [28] qui, même s'ils paraissent limités, n'en demeurent pas moins vitaux pour la maîtrise de leur environnement. Le rorqual commun *(Balaenoptera physalus)* émet des plaintes durant 1 à 30 s sur des fréquences de 20 à 200 Hz. À 20 Hz, avec une longueur de 75 m, l'onde franchit pratiquement tous les obstacles, à l'exception des reliefs sous-marins. À mesure que la fréquence s'élève, l'onde est susceptible d'être réfléchie par des obstacles de plus en plus petits et sa portée diminue. En modulant sa fréquence d'émission, une baleine peut choisir de se diriger par rapport à la topographie sous-marine ou de maintenir un contact avec ses semblables. Les sons émis par la baleine bleue *(Balaenoptera musculus)* peuvent franchir des centaines, voire des milliers de kilomètres. Ce qui paraît être une distance énorme doit être reconsidéré à l'échelle d'une baleine de 30 m de longueur, qui peut franchir des distances considérables dans un temps relativement court. Certains spécialistes affirment qu'elle émet des sons basses fréquences d'une telle intensité qu'ils

(28) Son : un son est une vibration qui s'exprime et se mesure de trois manières :
1 - La fréquence, exprimée en hertz (Hz), est le nombre de vibrations (cycles) par seconde. 20 000 Hz (ou 20 kHz) = 20 000 cycles/s. L'oreille humaine percevant, dans le meilleur des cas, de 20 à 20 000 Hz, c'est par rapport à cette dernière que l'on qualifie les sons : infrasons de 0 à 20 Hz ; ultrasons, au-delà de 20 000 Hz.
2 - L'intensité (exprimée en bels, décibels...) mesure la puissance sonore.
3 - Le timbre est le fiche d'identité d'un son complexe (timbre d'un instrument, d'une voix, etc.).

En enchaînant plusieurs sauts consécutifs, cette jeune baleine bleue des Açores *(Balaenoptera musculus)* adresse un message non seulement à sa mère, mais également aux observateurs.

pourraient voyager d'un pôle à l'autre, si les reliefs sous-marins n'y faisaient obstacle. C'est ainsi que, même dispersés, les grands rorquals que sont la baleine bleue et le rorqual commun peuvent se retrouver en certains points précis pour se reproduire.

Le langage le plus remarquable de tous reste, sans conteste, celui de la baleine à bosse *(Megaptera novaeangliae)*, utilisé par les mâles durant la période de reproduction. Véritables chants d'amour, ces vocalises sont l'apanage des mâles solitaires, qui font simultanément connaître leur disponibilité aux femelles et leur puissance aux mâles rivaux. Pratiquement constants tout au long de la saison des amours, les chants varient d'une année sur l'autre. De tous les échanges sonores entre mysticètes, c'est non seulement le plus harmonieux, mais, de loin, le plus complexe.

Parler avec son corps

Indépendamment des effets vocaux, les baleines font « parler » leur corps de multiples manières. Sachant que tout choc porté à la surface de l'eau produit des vibrations qui se propagent bien

En réalisant ce superbe *breach*, cette baleine à bosse *(Megaptera novaeangliae)* de la mer de Cortez (Mexique) répond aux provocations de son baleineau.

À Puerto Vallarta, au Mexique, cette baleine à bosse *(Megaptera novaeangliae)* manifeste son humeur en frappant violemment la surface de l'eau de la caudale *(lobtailing)*.

plus vite que dans l'atmosphère, on ne s'étonnera pas que les baleines communiquent volontiers par percussions interposées. Malheureusement, la signification exacte de chaque démonstration de surface nous échappe.

Sauter *(breaching)*. Ce comportement est plus fréquemment observé en hiver, pendant la période de reproduction et après les naissances. Il peut être utilisé par un mâle pour manifester sa puissance face à un rival, mais aussi comme un signal d'avertissement ou de détresse. En été, il peut signaler la présence de nourriture et inciter au ralliement. Globalement, il exprime aussi un état : joie, agacement, colère, menace, provocation. Tout au long de sa croissance, un baleineau saute hors de l'eau pour se défouler ou montrer sa vitalité. Il le fait aussi par jeu, pour provoquer sa mère qui lui répondra volontiers de la même manière. Celles qui sautent le plus sont la baleine à bosse, les baleines franches, la baleine grise et, à un degré moindre, les autres rorquals.

Frapper la surface de la nageoire caudale *(lobtailing* ou *tail slapping)*. La baleine dresse sa nageoire caudale verticalement au-dessus de la surface de l'eau qu'elle frappe violemment, généralement à répétition. Très spectaculaire et particulièrement sonore, ce comportement est commun à de nombreux cétacés, y compris aux petits dauphins. Il peut être interprété comme un signe d'avertissement, d'agacement, de ralliement... Malheureusement, nous en sommes réduits aux conjectures.

Frapper la surface d'une nageoire pectorale *(flipper slapping)*. Cette figure fait partie du cérémonial de l'accouplement chez la baleine à bosse et les baleines franches. Moins spectaculaire que le *lobtailing*, ce comportement paraît néanmoins s'en rapprocher quant à sa signification. Chez la baleine à bosse, la mère répond parfois de cette façon aux provocations de son petit *(cf. « La Baie de l'iguane », p. 250)*.

De l'intelligence

Tout au long de son évolution, l'être humain a voulu maîtriser son environnement, les paysages, les êtres vivants, les objets, les idées. Nous avons conscience de la progression de la vie, avec un passé, un présent et un avenir. Nos motivations s'inscrivent dans nos neurones sous forme d'intentions, donc de projets à plus ou moins long terme. Nous sommes des « planificateurs ». Les baleines et les dauphins n'en font pas partie.

Le cerveau d'un être humain représente 1,8 % de son poids total ; celui d'une baleine bleue, 0,007 % seulement. Nous serions tentés d'en déduire que cette dernière est dénuée d'in-

Dans la baie de Valdés, en Patagonie, une baleine franche australe *(Eubalaena australis)* martèle la surface de l'eau à l'aide d'une nageoire pectorale *(flipper slapping)*.

telligence. Il est vrai qu'elle ne maîtrise ni le feu ni l'atome et qu'elle n'a inventé ni l'écriture ni les jeux télévisés... Pourtant, elle s'intègre parfaitement aux éléments. Privée d'une bonne vue, elle a développé un sens acoustique hors du commun et bénéficie d'une « vision sonore » bien plus large que la nôtre. Elle a donc probablement acquis un sens plus global de son environnement, sachant exactement où elle se trouve et où elle doit se rendre pour donner la vie, s'accoupler ou se nourrir. Nu et face à la Nature, l'être humain est incapable de survivre bien longtemps sans la multitude d'objets « indispensables » dont il ne cesse de s'entourer. À l'opposé, les cétacés s'inscrivent parfaitement dans le plan de l'Univers qui leur est alloué. Pas plus, mais pas moins non plus. Et cela sans le secours d'aucun artifice. Comme, de surcroît, ils n'ont aucune prétention territoriale ni l'envie de dominer ou d'asservir quiconque, ils n'ont jamais ressenti le besoin de conquérir ni de se protéger de qui que ce soit, sinon de développer des moyens corporels de survie dont la Nature les a pourvus. Devant notre attitude hostile, maintes fois répétée à leur égard, les cétacés ont toujours cédé la place ; ils ont « lâché prise » en quelque sorte, sans jamais se rebeller d'aucune façon. Ils sont toujours là ! Et ils vivraient en totale harmonie avec leur univers, si seulement nous nous comportions correctement à leur égard.

Il est temps pour nous de reconnaître cette intelligence, si différente de la nôtre. L'ignorer parce qu'elle se fonde sur d'autres critères, et qu'elle repose sur d'autres choix de vie, est inacceptable. Comme il est inacceptable de détruire des populations entières de baleines ou de dauphins sous de mauvais prétextes. Notre ego est-il si démesuré qu'il nous rend aveugles et sourds à ce point ? Suffit-il à justifier nos choix arbitraires ? L'histoire de l'humanité est tellement chaotique, si souvent dénuée de bon sens, que nous en sommes à interroger nos ordinateurs afin de savoir quand et comment les conséquences de notre « intelligence » détruiront la Terre pour de bon. Et si, contrairement aux cétacés, nous avions manqué le rendez-vous avec notre planète ? Gageons qu'il n'est pas encore trop tard pour que nous apprenions à temps à les comprendre. Peut-être aussi sont-ils là pour nous en fournir la clé ?

Intriguée, une jeune baleine franche australe *(Eubalaena australis)* s'approche d'un bateau d'observation. Restée à proximité, sa mère est apparemment complice de cette tentative de communication.

Le cycle de la vie

Les baleines à bosse femelles *(Megaptera novaeangliae)* présentent une protubérance de la taille d'un pamplemousse, située en arrière de la fente génitale.

À propos de sexe

Tout comme nous, les baleines sont des mammifères. Tout comme nous, elles ont le sang chaud, quelle que soit la température extérieure. Les mères portent leur petit durant de longs mois, l'allaitent et s'occupent de lui jusqu'à ce qu'il soit capable de se nourrir par ses propres moyens. En revanche, le fait de vivre dans l'eau a nécessité, on l'a dit, de multiples adaptations morphologiques et physiologiques.

Pour se déplacer plus efficacement, elles ont « lissé » leur silhouette *(cf. « Vivre en mer », « La conquête des océans », p. 60).* Ce perfectionnement a eu pour effet de faire disparaître les organes sexuels apparents. Ils existent bel et bien, mais ils sont dissimulés dans des plis cutanés de l'abdomen. À la surface de l'eau, il est très difficile, par conséquent, de distinguer un mâle d'une femelle, la couleur de la robe ne marquant aucunement la différence. Contrairement aux dauphins et autres cétacés à dents, les femelles des baleines sont plus grosses que les mâles. Sur l'abdomen de l'un et de l'autre, on trouve, dans l'ordre : le nombril, la fente génitale et l'anus. Chez la femelle, la fente génitale est nettement plus rapprochée de l'anus que chez le mâle et, de plus, elle est entourée de deux fentes mammaires. Chez la baleine à bosse *(Megaptera novaeangliae),* seule la femelle possède une protubérance, de la taille d'un pamplemousse, située en arrière de la fente génitale.

Se livrer à un examen rapproché pour distinguer une baleine mâle d'une baleine femelle au beau milieu de l'océan n'est pas chose aisée. À moins d'assister à une parade nuptiale durant laquelle les partenaires offrent leur intimité aux regards, il est quasiment impossible de distinguer les sexes. En revanche, le contexte peut fournir de précieuses indications : ainsi, un adulte accompagné d'un petit a de grandes chances d'être une femelle. Toutefois, seul l'examen *post mortem* reste fiable.

Parlons organes

Fente à peine visible la plupart du temps, le sexe de la femelle dissimule la vulve composée des grandes et des petites lèvres, et du clitoris, dont la présence renseigne sur l'éventualité du plaisir qu'une baleine est susceptible d'éprouver au cours de l'acte sexuel... À l'autre extrémité du vagin, on trouve les deux ovaires, de forme irrégulière, dont le poids peut être pratiquement multiplié par 30 si la femelle est gestante. Chez le rorqual commun *(Balaenoptera physalus)* et chez la baleine bleue *(Balaenoptera musculus),* chacun peut peser de 25 à 30 kg. À chaque ovulation, l'œuf est accompagné d'une substance active, le « corps jaune », qui dégénère si l'œuf n'est pas fécondé. Elle se transforme alors en « corps blanc », qui subsiste toute la vie durant sous forme d'une excroissance visible. Le nombre de ces dernières correspondant au nombre d'ovulations renseigne automatiquement le biologiste sur l'âge de la baleine. Cette méthode permet de connaître avec précision le cycle d'une espèce, et ainsi d'évaluer l'état d'une population donnée.

Chez le mâle, le pénis se trouve dans une gaine que l'on peut comparer au prépuce.

En Patagonie, une baleine franche australe *(Eubalaena australis)* mâle tente de s'accoupler à une femelle, qui s'y refuse en demeurant à la surface de l'eau, ventre en l'air, pour rester hors d'atteinte.

Contrairement à la plupart des mammifères, chez qui l'érection est produite par vasodilatation, le pénis des baleines doit sa rigidité à sa texture fibreuse élastique, de sorte qu'il est en érection permanente. Il franchit la fente génitale grâce au relâchement temporaire des deux muscles rétractiles qui l'y maintenaient. En effet, une fois l'acte sexuel accompli, ces derniers se rétractent et ramènent le pénis dans son logement. En moyenne, le pénis d'une baleine mesure le dixième de sa taille. Il est visible chez un animal mort, les muscles rétractiles étant inactifs.

Logés derrière les reins, les testicules pèsent chacun de 10 à 12 kg chez le rorqual boréal *(Balaenoptera borealis)* et le rorqual commun *(Balaenoptera physalus),* et jusqu'à 45 kg chez la baleine bleue *(Balaenoptera musculus).*

La rencontre

Comme pour tous les mammifères, le cycle reproducteur des baleines comprend l'ovulation, la conception, la gestation, la mise bas, l'allaitement, le sevrage et le repos. Une femelle atteint sa puberté dès la première ovulation et, dès lors, devient réceptive. Selon l'état d'une population donnée, l'âge de la fertilité peut varier. Dans certaines zones où la chasse baleinière a éliminé bon nombre de reproducteurs, les femelles atteignent la maturité sexuelle beaucoup plus tôt, afin d'accroître les chances de survie de l'espèce. Si le stock se reconstitue, l'âge de la maturité rejoint

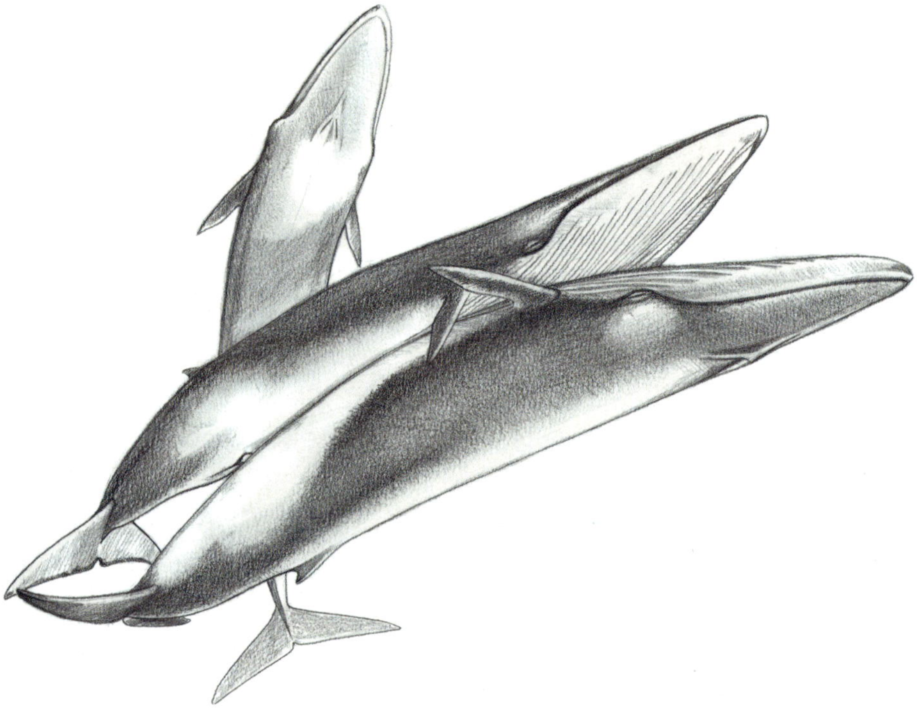

L'accouplement des rorquals *(Balaenoptera sp.)* se fait face à face et, parfois, en présence d'un autre mâle, appelé alors l'« escorte ».

progressivement son seuil initial, ce qui est le cas de la baleine grise *(Eschrichtius robustus)* dont la population « Californie, Chukchi » a recouvré ses effectifs d'avant la chasse baleinière *(cf. « Baleine grise », « Habitat et populations », p. 30).*

La plupart des espèces de baleines ont une ovulation par an, à l'exception des petits rorquals *(Balaenoptera acutorostrata* et *B. bonaerensis),* qui en ont deux. Déclenchée par l'action des glandes endocrines, l'ovulation survient en hiver ou au début du printemps. Gavées de nourriture, pourvues d'une épaisse couche de lard protecteur, les baleines quittent leurs quartiers d'été et entreprennent le long voyage qui les mènera jusqu'aux eaux accueillantes où elles passeront l'hiver. Elles ne s'y nourrissent pas, mais se consacrent d'une manière ou d'une autre à la procréation. Tandis que les futures mères s'isolent pour mettre bas, les mâles et les femelles fécondes s'accouplent.

L'accouplement de deux baleines franches australes *(Eubalaena australis)* a lieu à la surface de l'eau. La flottabilité du mâle tend à faire remonter sa partenaire.

Pour fournir les meilleurs atouts à sa descendance, chaque espèce a sa propre « recette ». D'une manière générale, chez les baleines franches et la baleine grise, la sélection se fait dans l'utérus de la femelle, entre les spermatozoïdes provenant de différents mâles. Chez les rorquals, y compris la baleine à bosse, la compétition s'exerce entre les mâles eux-mêmes, qui s'affrontent parfois violemment pour conquérir une femelle. Cette dernière, si elle lui résiste, peut être molestée par un mâle trop entreprenant. Dans le cas où elle serait accompagnée de son baleineau, il arrive parfois que ce dernier soit tué.

Sélection intra-utérine ou sélection préaccouplement révèlent deux « philosophies » de procréation radicalement différentes. Dans le premier cas, qui concerne les baleines franches et la baleine grise, les individus s'effacent devant l'intérêt de l'espèce, chaque mâle se contentant de fournir sa semence et de laisser faire la Nature *in utero.* Dans le second, qui intéresse les rorquals, chaque mâle est au contraire soucieux de transmettre ses propres gènes, au point d'ailleurs de couvrir plusieurs femelles au cours de la saison pour multiplier ses chances individuelles. Certains spécialistes pensent que le rorqual boréal *(Balaenoptera borealis)* pourrait être monogame, ce qui constituerait une exception dans le monde des baleines.

Quelle que soit la méthode, les accouplements ont toujours lieu à la surface de l'eau, après une débauche d'attouchements et de câlins. Les partenaires se placent ventre contre ventre, soit sur le côté, soit verticalement, soit encore horizontalement. Dans ce dernier cas, qui concerne les baleines franches, la femelle se tient immobile à la surface, sur le ventre, tandis que son partenaire se glisse sous elle, ventre en l'air. L'opération ne passe pas inaperçue car la flottaison naturelle du mâle tend à soulever sa partenaire, provoquant de gros bouillonnements d'écume. Il arrive également aux deux parte-

Près de l'île de Rurutu, dans l'archipel des Australes, une mère baleine à bosse *(Megaptera novaeangliae)* aide son baleineau âgé de quelques heures à acquérir son autonomie.

naires de rouler sur le côté et, durant un court instant, les détails de l'accouplement sont visibles pour un observateur extérieur. L'acte est assez bref et dépasse rarement 30 s. En revanche, il est souvent renouvelé.

Durant la saison des amours, les baleines à bosse mâles s'adonnent à des chants magnifiques qui semblent destinés à se faire remarquer des femelles. Ces vocalises peuvent également servir d'avertissement aux autres mâles et à leur rappeler la hiérarchie *(cf. « Les grandes familles, la Baleine à bosse », « Organisation sociale et reproduction », p. 56).*

Donner la vie

La durée de gestation des baleines est liée à leur mode de vie, lui-même rythmé par les saisons. Elle varie de 10 à 12 mois, la période des naissances coïncidant avec celle de la fécondation pour la plupart des espèces migratrices. Les cas de gémellité ne dépassent pas 1 % – et se limitent à 0,4 % chez la baleine à bosse. Lorsque le moment est venu, la future mère le sait. Elle rejoint alors un lieu abrité, dans la sécurité d'une baie (Valdés, pour la baleine franche australe), un lagon (Basse-Californie, pour la baleine grise), ou encore un récif corallien perdu au milieu de l'océan (banc d'Argent [République dominicaine], pour la baleine à bosse).

Contrairement aux mammifères terrestres qui naissent la tête la première, le baleineau présente d'abord sa nageoire caudale au monde. Lorsque l'expulsion se prolonge, il n'est pas tenté de respirer, bien que chez lui la respiration ne soit pas instinctive mais volontaire. Sous la surveillance attentive de deux autres femelles, les « tantes »

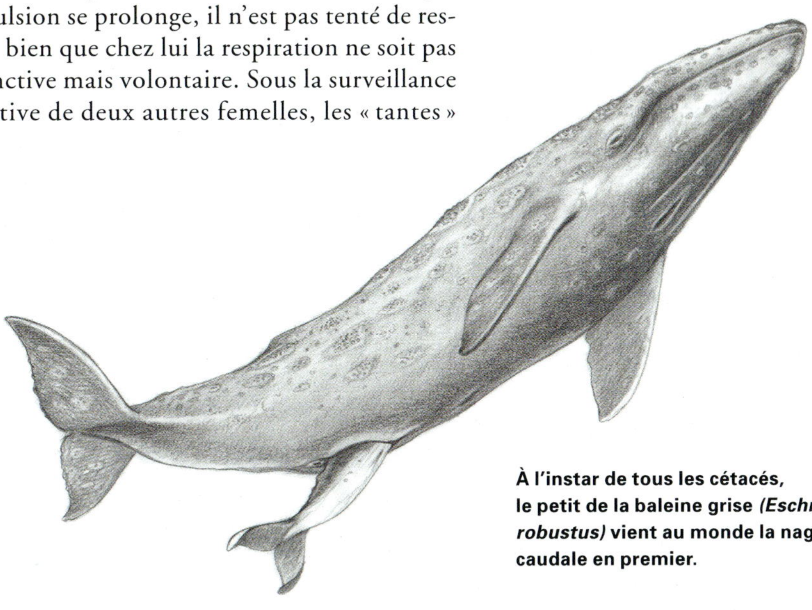

À l'instar de tous les cétacés, le petit de la baleine grise *(Eschrichtius robustus)* vient au monde la nageoire caudale en premier.

De la pointe du rostre et de la langue, le petit de la baleine à bosse (*Megaptera novaeangliae*) sollicite l'une des mamelles de sa mère. Le lait est si riche qu'il ne faut au baleineau que 7 jours pour doubler son poids de naissance (2,5 t), alors que 6 mois sont nécessaires au petit de l'homme.

Cliché rare d'un baleineau fruit` des amours d'une baleine à bosse (*Megaptera novaeangliae*) et, probablement, d'une baleine bleue (*Balaenoptera musculus*).

chargées de l'assister, la mère s'est longuement contorsionnée pour expulser son petit *(cf. « le choix des baleines », p. 80)*. Après le choc de la libération, ce dernier a froid et il ne sait pas encore se servir de ses ailerons, lesquels sont restés plaqués contre lui pour ne pas entraver sa sortie. Tandis que le cordon ombilical se rompt de lui-même sous l'effet de la traction, le petit se sent soulevé. De la pointe du rostre, sa mère le hisse jusqu'à la surface de l'eau, toute proche. Le soleil n'est pas encore tout à fait levé, mais le nouveau-né perçoit cependant une vague lumière rosée. Il sent le souffle tiède du vent. Il aspire une longue goulée d'air qui défripe ses poumons ; son cœur s'accélère, ses nageoires s'ouvrent enfin, il se sent bien ! Une baleine est née…

Très vite, le baleineau a faim. Sa mère se met en position et, usant de ses nageoires pectorales, elle l'aide à venir prendre sa première tétée. Elle procède à l'évagination d'un mamelon et, d'une contraction musculaire, propulse dans l'eau un long jet de liquide crémeux. Il n'en faut pas plus

La taille de ce baleineau, né quelques semaines plus tôt à Rurutu (Polynésie française), atteint déjà celle de sa mère. De nombreux indices témoignent du croisement probable d'une baleine à bosse et d'une baleine bleue (voir page ci-contre).

au baleineau pour en trouver la source. S'aidant du rostre et de la langue, il tète goulûment. Il pratiquera cet exercice avec une telle assiduité que, au terme des 7 premiers jours, il aura doublé son poids. Le baleineau avale quotidiennement entre 150 et 200 l d'un lait extrêmement riche (plus de 50 % de matière grasse). Quand, à 7 mois, il commence à se nourrir par ses propres moyens, il a plus que doublé sa taille de naissance. Sa mère continue de l'alimenter durant quelque temps, avec un lait dont la richesse diminue progressivement. À l'âge de 1 an, le petit est autonome.

Confusion des espèces

Chez les cétacés, les cas d'hybridation ne sont pas rares. Moins touchées que les dauphins par ce phénomène, les grandes baleines n'y échappent pourtant pas totalement. Ainsi, il arrive que les rorquals de différentes espèces s'hybrident entre eux, tel le rorqual commun avec la baleine bleue ou avec le rorqual boréal. L'accouplement d'une baleine bleue mâle avec une baleine à bosse femelle est, en revanche, beaucoup moins fréquent. C'est pourtant ce qui a été constaté en 1998 à Rurutu, en Polynésie française, où durant plusieurs semaines une maman baleine à bosse et son étrange rejeton ont évolué au-dessus du corail, tout en acceptant la présence des plongeurs. Presque aussi grand que sa mère, le baleineau présentait de nombreux caractères empruntés à son géniteur, les plus marquants étant sans doute la couleur de la robe, la petite taille des ailerons pectoraux et la forme de la caudale.

La fin du cycle

Dès leur naissance, les baleines sont menacées par un milieu sans protection naturelle ni tanière. Toute faiblesse y est synonyme d'élimination. Un animal âgé est celui qui a su bénéficier d'une meilleure résistance aux maladies et aux

L'orque *(Orcinus orca)* est pratiquement le seul prédateur de la baleine bleue *(Balaenoptera musculus)*, dont elle parvient à venir à bout en la traquant en meute.

agresseurs. C'est tant mieux pour l'espèce qui se fortifie grâce à de tels individus. Malheur en revanche à celle qui aura fait le mauvais choix écologique : trop d'exclusivité alimentaire, dépendance excessive vis-à-vis de l'environnement, mobilité limitée et moindre combativité. Comme pour tout être vivant, les causes de la mortalité des baleines sont multiples. Toutes sortes de maladies peuvent se déclarer à la suite de parasitoses, d'empoisonnements, d'infections, voire d'épidémies. Une collision avec un navire peut causer blessures, fractures, éclatement d'organes, qui entraînent souvent la mort à plus ou moins brève échéance. Un individu blessé ou malade est particulièrement menacé par les prédateurs que sont l'orque *(Orcinus orca)* et les requins. Même une baleine bleue de plus de 100 t ne peut tenir tête indéfiniment à une bande d'orques décidées à tuer. De même, si une baleine adulte en bonne santé est capable de faire front ou de fuir, une mère sera d'autant plus handicapée par la présence de son petit que celui-ci est jeune. Particulièrement friandes de la langue des baleines, les orques maraudent volontiers autour des sites de reproduction pour saisir toute opportunité d'isoler un baleineau *(cf. « Vivre en communauté », p. 80)*. Domestique ou industrielle, légale ou illicite, la chasse baleinière a été, et reste, pour certaines espèces, une cause majeure de mortalité. C'est le cas du petit rorqual antarctique *(Balaenoptera bonaerensis)* et du petit rorqual *(B. acutorostrata ssp.)* dans sa variété naine, encore chassés autour de l'Antarctique.

UNE BALEINE VIVANTE S'ÉCHOUE : QUE FAIRE ?

En présence d'une baleine échouée encore vivante, il faut conserver son calme, ne rien tenter sur elle. Il faut rapidement prévenir la police ou les pompiers, qui prendront les mesures sanitaires appropriées. Il est peu probable qu'ils aient les moyens de remettre à l'eau un animal de plusieurs dizaines de tonnes, sans lui faire subir des dommages supplémentaires. Le cas échéant, ils préviendront les services spécialisés pour prélèvements, analyses ou récupération de tout ou partie du squelette, car un échouage est une bonne opportunité pour améliorer nos connaissances sur des animaux difficilement accessibles dans leur milieu naturel. S'il s'agit d'un corps en décomposition, les options se limitent à l'enfouissement ou au dynamitage en pleine mer.

Au fin fond des salines de la Laguna de Ojo de Liebre, en Basse-Californie (Mexique), la dépouille d'une petite baleine grise *(Eschrichtius robustus)* mort-née.

Échouages

Contrairement aux odontocètes, particulièrement sujets aux échouages, les mysticètes le sont relativement peu. Les rares témoignages d'échouages d'animaux vivants concernent des individus isolés surpris par la marée, dans des lagunes ou des bras de mer peu profonds. Il s'agit parfois d'animaux victimes de collisions avec un navire et qui, sentant leurs forces décliner, viennent s'échouer pour ne pas couler. Chaque cas particulier pose le problème de son interprétation et nous ne pouvons qu'émettre des hypothèses. Quelles que soient les causes de son décès, un animal mort à proximité d'une côte peut être naturellement porté par le courant. S'il coule, son corps peut remonter à la surface de l'eau, sous l'effet des gaz produits par la décomposition, et être poussé à la côte par les vagues.

S'il s'agit d'une baleine de grande taille encore en vie, il n'y a pratiquement rien à tenter. N'oublions pas qu'elle est faite pour vivre dans un milieu où elle ne subit aucune contrainte de poids. Une fois qu'elle est échouée, ni son squelette ni ses organes ne supportent la pesanteur et elle s'étouffe assez rapidement. Ses muscles respiratoires sont incapables de soulever sa cage thoracique, et donc son sang cesse d'être oxygéné. Privés d'oxygène, les organes et les muscles se nécrosent et saturent l'organisme de toxines. En supposant que l'on puisse la remettre à l'eau, les dégâts causés par l'intoxication ne lui laisseraient aucune chance de survie.

3 L'homme et les baleines

Une baleine bleue *(Balaenoptera musculus)* de 20 m de longueur, échouée près de Roscoff, en décembre 1904.

Une cohabitation difficile

La chasse...

Au néolithique, les hommes exploitent déjà les baleines. Dans un premier temps, ils se contentent de prélever la viande et les ossements sur des animaux échoués, puis, à mesure qu'ils osent s'aventurer en mer, ils apprennent à chasser. Il est facile d'imaginer que leur savoir-faire en matière de chasse s'est accru de génération en génération. De bois, de pierre ou d'os, les pointes de harpons et les têtes de flèches sont là pour en témoigner. Néanmoins, nous pensons que ces chasses primitives ne concernaient que les cétacés de petite taille et qu'il a fallu attendre le XIe siècle pour que les premières chasses baleinières organisées fassent leur apparition. Les Basques du nord de l'Espagne (Biscaye) et du Pays basque français en sont à l'origine. La proie d'alors se limite à la baleine franche, animal lent et peu craintif qui a, une fois harponné, la « bonne » idée de ne pas couler. Peu à peu, les barques ouvertes laissent la place à des bâtiments pontés, plus lourds. Au XVIe siècle, les baleines se raréfiant dans le golfe de Gascogne, les terrains de chasse s'étendent jusqu'à Terre-Neuve, haut lieu de rencontre des navires morutiers. Il n'en faut pas plus pour que la pratique baleinière gagne d'autres pays. Anglais, Hollandais, Allemands, Danois, Norvégiens, Portugais, Russes et bientôt Américains entrent dans une farouche compétition où tous les coups sont permis. Le moins que l'on puisse dire est que la chasse baleinière de l'époque n'est pas une partie de plaisir et qu'elle emploie bon nombre d'aventuriers. À la fin du XVIIe siècle, Anglais et Français dominent la chasse dans l'Atlantique Nord.

C'est à ce moment que les baleiniers américains de Long Island et de Nantucket prennent leur indépendance. En découvrant le cachalot et toutes les ressources qu'ils peuvent en tirer, ils créent une industrie si prospère qu'ils en seront les principaux acteurs durant près de deux siècles, en exploitant les océans au cours de longues campagnes hauturières. Au milieu du XIXe siècle, à partir de la côte Ouest des États-Unis, les baleiniers américains pourchassent les baleines jusque dans les eaux de l'Arctique. Près de 500 navires sillonnent celles du Pacifique Nord. La guerre de Sécession, puis la découverte des vertus du pétrole en termes d'éclairage mettent, pour un temps, un frein à l'exploitation baleinière.

En 1868, le Norvégien Sven Foyn invente le canon lance-harpon. Placé à la proue des navires, cet engin orientable projette un harpon muni d'une tête explosive. Traquées par des navires de plus en plus rapides, et harponnées par cette arme terrible, les baleines voient leurs effectifs s'effondrer. Qu'à cela ne tienne, les baleiniers se déplacent de plus en plus loin et, pour faciliter leur tâche, s'adjoignent des bateaux ravitailleurs qui deviennent progressivement des navires-usines. Il n'est donc plus nécessaire de rentrer au port, le traitement des baleines se faisant sur place. On frise l'extinction de certaines populations à plusieurs reprises...

Depuis de nombreuses années, le dicton « Dans la baleine, tout est bon ! » se vérifie, par l'usage autant industriel que domestique de ses différents composants. Les fanons finissent en baleines de parapluie et de corset, voire en ressorts. Malgré une forte teneur en mercure hautement toxique – issu de nos rejets industriels –, la viande est consommée localement par certaines populations. La graisse fait office de lubrifiant, de cosmétique et d'ingrédient pour l'industrie alimentaire (pâtisserie, boulangerie, restauration). Les os servent à fabriquer toutes sortes d'articles : bijoux, pièces d'échecs, parties d'instruments de musique, boutons, éléments d'ameublement, cannes à pêche, manches d'outils, etc. Tannée, la peau devient vêtements, chaussures et sert à recouvrir divers objets. Traités, les tendons se transforment indifféremment en fil chirurgical ou cordes de raquettes de tennis. Certaines parties du squelette et des organes servent d'engrais, de colle, de médicaments ou de gélatine pour l'industrie photographique. Avec de telles ressources potentielles, inutile de dire à quel point les armateurs n'ont cure de l'écologie.

Au début des années 1930, plus de trente navires-usines sillonnent les océans. La pointe de l'industrie d'alors est au service de la chasse : radio, prévisions météo plus fiables, systèmes de détection tous azimuts et, disons-le, savoir-faire des professionnels mettent en péril des popula-

Cette gravure du XIXe siècle montre une chasse traditionnelle à la baleine. Mal informé, l'illustrateur de l'époque croyait sans doute – comme bon nombre de ses contemporains – que les baleines rejetaient de l'eau par l'évent.

tions entières de baleines. Elles n'ont pas le temps de se reproduire, et en dépit d'un abaissement naturel de l'âge de la maturité sexuelle, leur nombre diminue d'année en année. Certaines de ces populations atteignent des seuils si bas qu'elles ont aujourd'hui disparu ou, au mieux, survivent à grand-peine. Bien que plusieurs instances internationales tirent le signal d'alarme depuis les années 1920, aucune proposition tendant à limiter l'exploitation baleinière ne reçoit d'écoute. Les enjeux commerciaux sont trop importants.

En 1948, devant l'imminence d'une catastrophe, la Convention pour la réglementation de la chasse à la baleine (ICRW) entre enfin en vigueur. Son organe de décision est créé, il s'agit de la Commission baleinière internationale (CBI). Composée à l'origine de 14 États membres, elle en compte aujourd'hui 52. Elle se réunit une fois l'an pour réglementer les captures, les méthodes de chasse, imposer des quotas, établir des zones protégées. Depuis quelques années, elle s'oriente vers un programme de conservation plus large, visant à réglementer

Viande de baleine issue de la prétendue « chasse scientifique » pratiquée par les Japonais.

la pêche (filets) et à prendre en compte les changements climatiques. C'est elle également qui fixe les quotas de chasse attribués aux populations indigènes, sous le vocable « chasse aborigène de subsistance ».

Les grandes avancées apportées par la CBI en termes de protection sont sans conteste : le vote du moratoire sur toute la chasse commerciale à la baleine, entré en vigueur en 1986 (à l'exception de la chasse au petit rorqual), et la création, en 1994, d'un sanctuaire baleinier de 50 millions de km² en Antarctique. Il reste encore à déplorer l'opposition systématique du Japon, de la Norvège et de l'Islande, qui cherchent par tous les moyens à contourner les règlements en vigueur (pseudo-chasse scientifique) et, pire, à faire déréglementer la chasse commerciale.

La CBI du XXIe siècle devrait tenir fermement son rôle régulateur et protecteur en empêchant la reprise de la chasse industrielle non réglementée, mais surtout en élargissant son propre champ d'action. La pollution, les excès de la pêche, le changement climatique sont autant de menaces qu'il n'est plus possible d'ignorer et qu'une organisation digne de ce nom doit prendre en compte. Quitte à se transformer pour se doter de tous les moyens d'action possibles.

Un petit rorqual *(Balaenoptera acutorostrata)* capturé par un bateau norvégien. C'est pour rentabiliser leurs bateaux que les armateurs norvégiens chassent la baleine, au-delà de la saison de pêche au hareng. Le nombre de leurs captures est soumis à des quotas.

Pollution et excès de la pêche

Nous rejetons sans vergogne nos déchets dans les océans, via les fleuves et les rivières. À la longue, toutes les eaux de la planète se saturent de produits aux noms aussi exotiques que mortels : DDT, DDE, PCB (biphényles polychlorés), ainsi que de métaux non moins toxiques tels que mercure, plomb, zinc, cadmium. Tous ces éléments se fixent dans les organismes vivants, chacun transmettant à l'autre sa propre intoxication, suivant la logique de progression de l'échelle alimentaire. Du minuscule plancton aux prédateurs les plus aboutis, la concentration en produits toxiques augmente dans les tissus et les organes. Pour cette raison, une baleine bleue presque exclusivement consommatrice de crustacés (organismes situés en bas de l'échelle alimentaire) sera moins contaminée que le rorqual commun ou la baleine à bosse, qui consomment plus de poisson (niveau plus élevé sur l'échelle).

Dilués et dispersés par les courants, les produits toxiques se déposent en partie au fond des mers et polluent les sédiments durant de longues années avant de devenir inoffensifs. Dans des espaces confinés comme la Méditerranée, la mer Baltique ou la mer Noire, les eaux affichent des taux de pollution bien plus élevés que celles des océans. Les prélèvements effectués sur des petits rorquals capturés dans les eaux reculées de l'Antarctique montrent que ces derniers sont infiniment moins intoxiqués que ceux de l'hémisphère Nord, où règne une intense activité industrielle.

En ce début de XXIe siècle, des armadas de bateaux de pêche ratissent les océans de fond en comble, à la recherche du poisson destiné à nourrir les milliards d'habitants de la Terre. Ils bénéficient de tous les moyens techniques et scientifiques connus pour mener à bien leur tâche : sonars, radars, surveillance satellite, simulations à partir des données informatiques, etc. C'est oublier que la Nature n'est pas corvéable à merci. Les stocks de poissons baissent d'année en année, et leur surexploitation tend

Dans le Sud-Est Alaska, les chalutiers traquent les harengs, nourriture de prédilection de la baleine à bosse *(Megaptera novaeangliae)* et de nombreux autres mammifères marins tels que l'orque *(Orcinus orca)*, l'otarie de Steller *(Eumetopias jubatus)*, etc.

soit à mettre en danger certaines espèces, soit à les faire se déplacer. Ce fut le cas des sardines, au nord de l'Islande, au début des années 1970. Pour couronner le tout, on envisage très sérieusement de mettre en coupe réglée la zone antarctique pour y récolter le krill. Une menace supplémentaire pour les baleines bleues, dont les effectifs ont grand-peine à se reconstituer après les massacres perpétrés par l'industrie baleinière au cours du siècle dernier.

Dans tous les océans, les filets de pêche, en activité ou abandonnés, mettent en péril nombre d'espèces qui ne sont, *a priori,* pas visées comme les dauphins, les tortues ou les requins, quoique ces derniers soient convoités par les armateurs asiatiques pour alimenter le marché des potages exotiques. Pris accidentellement dans les mailles des filets, les cétacés de tous ordres, dauphins et baleines, ne peuvent gagner la surface pour respirer et meurent asphyxiés. Chaque année, des milliers de cétacés périssent ainsi inutilement. On voit bien qu'une gestion globale et cohérente des ressources de la planète est devenue une priorité absolue. Non seulement, il n'est plus question de pratiquer une politique de chasse aveugle, mais encore est-il indispensable de coordonner les efforts des organisations concernées, nationales, écologiques ou privées, afin d'éviter la disparition d'espèces indispensables à la vie. Faute de quoi, nous pourrions être à l'aube d'une catastrophe écologique équivalente à celles provoquées par les grands cataclysmes qui ont jalonné l'histoire de la Terre et provoqué l'extinction d'un grand nombre d'espèces [29]. Il y va tout simplement de notre survie.

(29) À titre d'exemple, à la fin de l'ère primaire, il y a 230 millions d'années, un cataclysme a éradiqué un tiers des familles végétales et animales et 95 % des espèces marines.

Observer les baleines

En captivité

Si quelques espèces de dauphins parviennent à survivre en captivité, il n'en va pas de même des baleines. Par leur taille et leur rythme de vie, elles échappent tout naturellement à la réclusion. L'imagination de l'être humain n'ayant pas de limites, certains propriétaires de zoos marins tentent bien, çà et là, de se procurer un baleineau séparé de sa mère et de l'exposer. Invariablement, la tentative se solde par la mort à court terme de l'animal, à moins qu'il ne soit relâché à temps. Le stress, l'espace confiné, l'eau inadaptée et l'impossibilité de se nourrir le condamnent d'avance et, qui plus est, augmentent ses souffrances. Malheureusement, il ne semble pas qu'il y ait là matière à entamer les scrupules des marchands de captivité tarifée, ni, hélas, ceux de leurs clients, car de telles tentatives sont récurrentes. Reste la possibilité d'observer les baleines en liberté : bien plus que deux mots, deux idées qu'il paraît inconcevable de dissocier.

En liberté

Durant les années 1970, la pression de l'opinion publique, alliée à une prise de conscience globale, contribue à l'arrêt de la chasse baleinière dans un certain nombre de pays. C'est le cas pour l'Australie, la Nouvelle-Zélande, les États-Unis, le Canada. Progressivement, le désir de connaître, de comprendre prend le pas sur celui, aveugle et sourd, de tuer. Paradoxalement, le Japon, la Norvège et l'Islande, pourtant farouchement attachés à leur tradition baleinière, développent dans leurs eaux une activité qui se répand rapidement dans le monde entier : l'écotourisme baleinier, plus connu sous le nom de *whale watching* (observation des baleines). On déplore seulement que ces trois pays poursuivent leur activité destructrice – et fort lucrative – dans les eaux internationales, pour de pseudo-raisons scientifiques qui ne trompent personne.

À l'échelle internationale, des organisations s'insurgent à travers des pétitions, des collectes de fonds et des manifestations collectives destinées à sensibiliser l'opinion publique. Plus radi-

Whale watching **dans la baie de Valdés (Patagonie). Ici, un rare spécimen de baleineau blanc *(Eubalaena australis)* en compagnie de sa mère.**

***Whale watching* à Puerto Vallarta (Mexique). Lorsque l'intérêt commercial prévaut trop souvent sur le respect dû aux baleines...**

cales, d'autres entrent carrément en guerre en s'en prenant aux flottes baleinières. Certaines de ces organisations adoptent des méthodes plus diplomatiques en mettant en avant l'intérêt financier représenté par le *whale watching*. C'est en effet en millions d'euros que se mesure aujourd'hui cette nouvelle manne. Peu à peu, les gouvernements découvrent que leurs eaux territoriales recèlent un eldorado et s'improvisent écologistes de la dernière heure. Qu'importe ! L'essentiel n'est-il pas que les animaux soient enfin respectés ? Les années 1980 voient le développement, puis l'explosion de l'écotourisme baleinier. On assiste au décollage de centres d'observation majeurs, tels que Kaikoura, en Nouvelle-Zélande (cachalots) ; Hermanus, en Afrique du Sud, Valdés, en Argentine, et Nullarbor, en Australie du Sud (baleine franche) ; Hervey Bay, en Australie (baleine à bosse) ; province du Québec, au Canada (bélougas, rorquals) ; Vancouver, au Canada (orque, baleine grise) ; Californie, aux États-Unis et Basse-Californie, au Mexique (baleine grise, rorquals) ; Hawaii et Alaska (baleine à bosse), etc. Dans les années qui suivent, l'activité atteint son apogée. Le nouvel engouement du public pour la nature et l'intérêt financier font bon ménage. Les animaux ne s'en plaignent pas. Les centres de découverte se multiplient : Tenerife, aux Canaries, Lajes do Pico, aux Açores, Cape Cod (Massachusetts), aux États-Unis ; la terre de Baffin, Terre-Neuve et la Nouvelle-Écosse, au Canada ; Ogata et Ogasawara, au Japon ; les Tonga, la Nouvelle-Calédonie et la Polynésie française dans le Pacifique Sud ; Sainte-Marie à Madagascar et Mayotte, dans l'océan Indien, etc. Paradoxalement, la France, pourtant active dans la créa-

Sauf dérogation spéciale, le *whale watching* à partir d'embarcations n'est pas autorisé en Afrique du Sud. Dans la région d'Hermanus (Overberg), les amateurs doivent se contenter d'observer les baleines depuis la côte.

Whale watching **dans la baie de Valdés (Patagonie). À bord de chaque bateau, un garde veille au respect des règles de bonne conduite. Les baleines sont si confiantes que ce sont elles, très souvent, qui sollicitent les observateurs.**

tion de la réserve de la mer Ligure, en Méditerranée (rorqual commun, cachalot, etc.), entre timidement dans le vaste club des pays de l'écotourisme marin.

Aujourd'hui, de par le monde, des centaines de centres offrent, aux amateurs comme aux professionnels, la possibilité d'observer *in situ* les cétacés dans leur environnement naturel. À la spontanéité quelque peu anarchique des premières années, durant lesquelles tout possesseur de bateau pouvait s'improviser guide de la mer, a succédé une période de maturité. Certains gouvernements ont confié les clés de l'écologie à des organismes officiels ayant pour mission d'établir et de faire respecter des règles élémentaires de bonne conduite. L'objectif reste de permettre au plus grand nombre d'observer des animaux en liberté, tout en préservant ces derniers de toute pression excessive. Cette politique de la raison a conduit progressivement à définir une charte éthique : limitation du nombre de bateaux, définition des priorités, de la position, des distances minimales et du temps alloué à l'observation.

Dans un grand nombre de pays, l'observation sous-marine est réservée à la recherche et nécessite l'obtention de permis spéciaux ponctuels. Chaque gouvernement a édicté ses propres règles et les disparités sont nombreuses. À titre d'exemple, dans certaines zones, l'observation est limitée à un seul bateau, à 300 m de distance pendant 30 min, alors qu'ailleurs elle a lieu à 50 m minimum, pendant une durée illimitée et pour un nombre indéterminé de bateaux ! À chacun de choisir sa destination en fonction de sa propre éthique.

Commercial ou associatif, le *whale watching* est devenu, qu'on le veuille ou non, une industrie à part entière. Comme toute activité touchant au problème, ô combien délicat, du respect de l'environnement, il suscite des passions. Gageons que la raison aura partout le dernier mot et, que au-delà des points de vue partisans, chacun reconnaîtra au fond de lui-même qu'un animal sauvage, a en captivité, un comportement aberrant, alors qu'en liberté il donne le meilleur de lui-même.

Aux Açores, le respect des cétacés n'est pas un vain mot. Les règles sont édictées par un organisme qui veille à ce qu'elles soient suivies scrupuleusement.

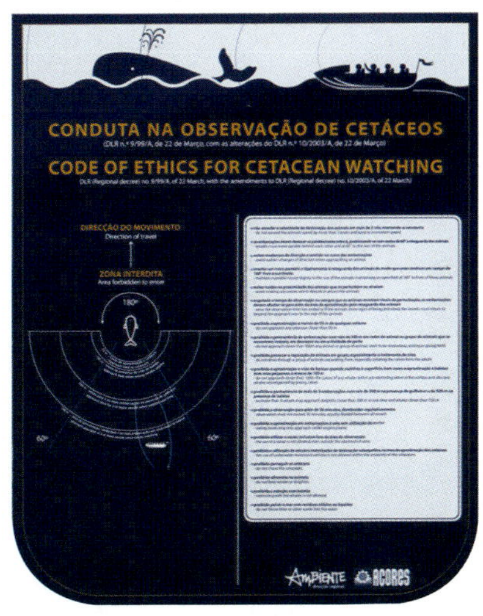

Baleines du monde

*Espèces couramment rencontrées, selon la saison,
à l'exclusion de celles, occasionnelles, imprévisibles par définition.
L'observation peut se faire, soit depuis la côte,
soit dans le cadre de whale watching organisé.*

Islande (Reykjavik, Grindavik), Groenland (baie de Disko), Terre-Neuve, Canada (baie de Fundy), golfe du Saint-Laurent (Tadoussac, Les Grandes Bergeronnes, Forestville, Mingan), Nunavut (Igloolik), côte Est des États-Unis (Massachussetts, Maine)
Baleine bleue, rorqual commun, rorqual boréal, petit rorqual, baleine à bosse, baleine franche de l'Atlantique Nord, baleine du Groenland.
TERRE DE BAFFIN
Igloolik
Disko
Iqaluit
ISLANDE
Reykjavik
Glacier Bay
Frederick Sound
États-Unis (Sud-Est Alaska)
Baleine à bosse
CANADA
Grande-Bretagne, Écosse (Hébrides et Shetlands), Irlande, Norvège (Andenes)
Baleine bleue, rorqual commun, rorqual boréal, petit rorqual, baleine à bosse
Canada (île de Vancouver, îles Reine Charlotte)
Baleine grise, baleine à bosse, petit rorqual
Vancouver
Terre-Neuve
États-Unis
États-Unis (Californie)
Baleine grise, baleine bleue, rorqual commun
Los Angeles
Açores
PORTUGAL
Açores (île de Pico, île de Sao Miguel)
Baleine bleue, rorqual commun, rorqual boréal, petit rorqual, baleine à bosse
Île de Pico
Îles Canaries
MEXIQUE
Canaries (Tenerife, La Gomera, Lanzarote, Gran Canaria)
Rorqual commun, rorquals tropicaux
Mexique (Basse-Californie)
Baleine grise (3 lagons de la côte ouest), baleine à bosse (Cabo San Luca), baleine bleue, rorqual commun et rorqual tropical (Loreto)
Puerto Vallarta
CARAÏBES
Saint-Domingue
Mexcico
États-Unis (Hawaï)
Baleine à bosse
République dominicaine (Samana), Banc d'Argent
Baleine à bosse
San José
COSTA RICA
Bogota
Colombie, Costa Rica
Baleine à bosse
COLOMBIE
OCÉAN ATLANTIQUE
BRÉSIL
Tahiti
Îles de la Société
Tonga
Baleine à bosse
Rurutu
Îles Australes
Polynésie
Baleine à bosse
Chili
Baleine bleue et autres rorquals, baleine franche australe, baleine franche pygmée
Brésil (réserve d'Abrolhos)
Baleine à bosse
Rio de Janeiro
CHILI
Buenos Aires
OCÉAN PACIFIQUE
ARGENTINE
Baie de Valdés
Argentine (Patagonie, baie de Valdés)
Baleine franche australe
Cabo Blanco
ANTARCTIQUE (Circum) : Baleine franche australe, baleine bleue, rorqual commun, petit rorqual (nain), petit rorqual antarctique, baleine à bosse.

4 Dans le sillage des baleines

Dans la mer de Cortez (Mexique), une baleine bleue lève sa nageoire caudale avant de plonger.

Overberg
Afrique du Sud

La côte des baleines

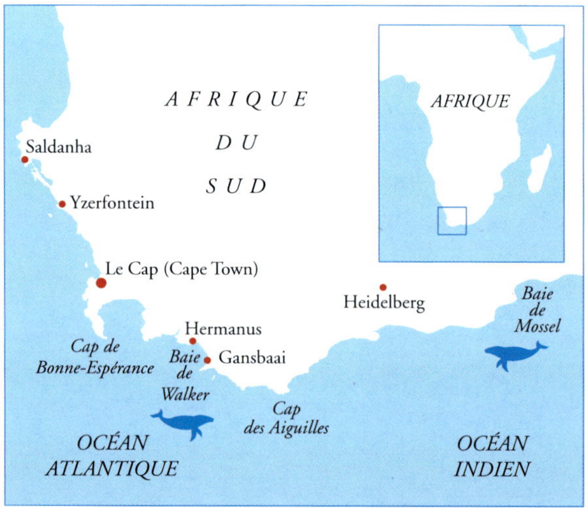

À Gansbaai, un panneau d'information sur la baleine franche australe.

(1) *Kelp* : nom générique anglo-saxon qui désigne plusieurs variétés d'algues, dont la tige principale – généralement creuse – peut atteindre plusieurs dizaines de mètres de longueur.

Le soleil austral n'en finit plus de calciner Hermanus, gros bourg niché au cœur de Walker Bay. À l'est, le cap des Aiguilles marque la limite virtuelle entre l'océan Atlantique et l'océan Indien. Un navigateur qui partirait d'ici en mettant le cap plein sud irait percuter les côtes glacées de l'Antarctique, sans rencontrer aucune terre sur sa route.

Boooooooooh ! Booh ! La double sonnerie qui retentit à répétition ne provient pas d'une quelconque corne de brume, mais on le jurerait. Les quelques initiés présents aux alentours ont bien identifié la lettre N (– ·) de l'alphabet Morse. Ils ont immédiatement pris la direction du lieu-dit New Harbour, qui à grandes enjambées, qui chevauchant un vélo du plus pur style hollandais. Suivant le mouvement, je me joins à Georges, compagnon de multiples aventures subaquatiques, et à Christophe, notre cicérone pour cette escapade africaine. À New Harbour, la petite foule de *whale watchers* s'est éparpillée dans les rochers qui surplombent la baie, pour tenter d'apercevoir une baleine. Ravi de tant de succès, le « crieur de baleines » continue de souffler, comme si sa vie en dépendait, dans un instrument fabriqué à partir d'une tige de *kelp* (1) séché. Affublé de son inénarrable pancarte d'homme-sandwich, il parcourt la côte en scrutant la mer, du matin au soir. Au moindre souffle entraperçu, il trompette à tout va la lettre du code Morse correspondant à l'un des sept meilleurs points d'observation. Finalement, ce personnage de légende est à Hermanus ce que la Petite Sirène est à Copenhague et le Manneken-Pis à Bruxelles : incontournable !

En termes de *whale watching*, l'Afrique du Sud est un cas à part. L'activité n'est certes pas interdite à partir d'une embarcation, mais elle passe par des règles particulièrement contraignantes comme, par exemple, une distance minimale d'approche de 300 m, et l'obligation de s'éloigner si la baleine elle-même décide de s'approcher. Les contrevenants ont tôt fait d'avoir maille à partir avec les autorités, qui disposent de tout un arsenal répressif : saisie immédiate du bateau, amende « salée », voire visite prolongée des locaux de l'administration. Pour toutes ces bonnes raisons, l'écotourisme baleinier est sans doute ici le plus démocratique qui soit : tout le monde reste à terre et que le meilleur gagne ! Et chacun d'arpenter les plages et les rochers, de s'arracher la rétine des heures entières pour repérer le moindre souffle.

À Hermanus, le « crieur de baleines » prévient les observateurs de la présence de baleines à proximité de la côte.

L'approche d'une baleine franche doit s'effectuer avec d'infinies précautions, surtout dans une eau aussi trouble.

Une gageure ? Pas vraiment, car les côtes de ce pays comptent parmi les plus fréquentées de la planète par toutes sortes de cétacés. Durant l'hiver austral, on y rencontre la baleine franche australe et la baleine à bosse venues se reproduire, et le rorqual tropical, pratiquement toute l'année. Sans compter les dauphins.

Peu soucieux de vérifier l'efficacité du système carcéral sud-africain, nous avons préalablement obtenu un sauf-conduit délivré (au compte-gouttes) par les autorités compétentes, nous permettant d'observer les baleines depuis un bateau et, surtout, de plus près. Qui plus est, Charles Maxwell, cinéaste sous-marin sud-africain aussi célèbre que talentueux, dirige l'expédition. Ne manque plus qu'une bonne fée pour veiller sur notre entreprise.

Parti de Cap Town aux aurores, au volant de son pick-up traînant dans son sillage un pneumatique rouge pompier, Charles a traversé les riches vignobles du Wineland, aux airs de Bourgogne, puis les immenses plaines à blé de l'Overberg, qui n'ont rien à envier à la Beauce. Il nous a rejoints à Gansbaai, modeste port de pêche, surtout célèbre pour sa population de grands requins blancs, attirés par une immense colonie d'otaries à fourrure. Ici, la côte crayeuse a des allures de calanques marseillaises. Bourgogne, Beauce, Provence... Il est étrange, après avoir parcouru autant de kilomètres, de nous retrouver dans un environnement aussi peu exotique. Mais après tout, qu'importe, notre quête est ailleurs.

Comme une crêpe

La fée chargée de la météo est sans aucun doute de service aujourd'hui... le soleil éclabousse allégrement les petites maisons aux toits pastel qui bordent la côte. Charles pilote son pneumatique écarlate d'une main ferme, tout en scrutant l'horizon. Une heure plus tôt, nous sommes allés faire valider notre précieux permis à la capitainerie du port de Gansbaai, règlement oblige. *Look here !* De l'index, Charles désigne, dans le lointain, un panache de vapeur qui met un temps infini à retomber. Pas le moindre souffle de vent. Christophe prend la barre tandis que Charles verrouille le boîtier étanche au fond duquel trône une caméra, dont le prix doit avoisiner celui d'une maison de campagne. Un nouveau souffle s'élève dans l'atmosphère, immédiatement suivi, sur sa gauche, d'un second, beaucoup plus modeste.

Devant l'étrave émerge une baleine franche, une bonne grosse mère accompagnée de son petit. Le couple paraît tranquille, à tel point que le baleineau s'approche, confiant. Moteur coupé, nous nous laissons dériver. Vingt mètres, quinze, dix... et boum ! La tête noire surmontée du fameux bonnet en kératine véritable vient de télescoper le flotteur tribord. Wooosh ! Un aérosol, pas aussi modeste qu'il en avait l'air de loin, nous enveloppe. Pris au dépourvu par l'irruption du nuage aux relents de musc, nous n'avons pas eu le temps de nous écarter. Dieu merci, les appareils photo sont à l'abri. Le baleineau s'en va rejoindre sa mère à 50 m de l'étrave. Je me glisse à l'eau par l'arrière du bateau, en prenant soin de ne pas emmêler les courroies de mes deux Nikonos [2] équipés d'optiques grands-angulaires. Question température de l'eau, il est clair que nous sommes loin de la Polynésie ; d'ailleurs, le rythme saccadé de mes maxillaires en témoigne. Respectueux des usages, je me fige à quelques mètres, face aux deux baleines immobiles, collées nageoire contre nageoire.

Sans le moindre signe précurseur, elles se laissent couler. Je les imite. Il s'avère d'emblée que l'opération est inutile, eu égard à la teinte verdâtre de la soupe de pois cassés qui ose prétendre au nom d' « océan ». Le temps d'un battement de palmes, je distingue à grand-peine une masse blanchâtre qui passe sur ma gauche. Sans trop y croire, je tente une prise de vue. Une autre forme blanchâtre, celle-ci beaucoup plus imposante que la première, arrive légèrement sur ma droite. Aïe ! ça, c'est la mère ! Autrement dit, le pire des cas de figure, question sécurité. Se faire prendre en sandwich entre une mère et son petit, qu'il s'agisse d'un tigre du Bengale ou d'une baleine franche de 50 t, est formellement déconseillé par le manuel de sécurité. Ça ne manque pas ! Je me sens soudain soulevé par une masse colossale. À cette échelle, je ne maîtrise plus rien. Je bascule et me reçois durement sur une surface rugueuse qui me semble être un dos de baleine. Hélas, derrière un dos suit généralement une nageoire caudale... que je ne peux éviter. Retourné comme une crêpe, je reçois une violente poussée dans le bas du dos et me retrouve barbotant et meurtri dans un Jacuzzi de menthe glacée. Ça y est, ma baleine est passée. Fin de la punition.

En remontant à bord sous les quolibets de mes adorables camarades, qui ne perdent rien pour attendre, je me dis qu'il devait y avoir aussi une fée de service pour les photographes sous-marins, et pour leur matériel, de surcroît : mes deux appareils sont toujours là, et aucun d'entre eux n'a perdu son objectif. En revanche, il faut les compétences cumulées de Georges et de Christophe pour détricoter les perfides courroies qui n'en finissent pas de m'étrangler. À bon entendeur...

Préméditation

Splash ! Le baleineau vient de sauter hors de l'eau à une centaine de mètres, entre notre bateau et la côte. Branle-bas de combat sur le pont. Chacun empoigne son matériel de prise de vues, car les jeunes enchaînent fréquemment plusieurs sauts d'affilée. Celui-ci doit être

(2) Nikonos : modèle d'une gamme d'appareils photo étanches, de la marque Nikon.

Une baleine franche refroidit son organisme en exposant sa caudale à l'air libre durant plusieurs minutes.

Après avoir enchaîné une dizaine de sauts successifs, une jeune baleine franche surgit une dernière fois, à moins de 10 m du bateau.

À quelques mètres du rivage, au milieu des algues géantes, plusieurs baleines franches s'adonnent à une parade nuptiale.

un de ceux-là car il bondit de nouveau, cette fois à 50 m à peine. Je me cramponne tant bien que mal au téléobjectif de mon Nikon préféré, mais c'est encore trop loin pour éviter un « bougé », le bateau refusant de tenir en place. C'est fini, notre baleineau a dû se calmer. Cette pensée négative manque de me faire rater la séquence de ma vie. Non seulement notre acrobate ne s'est pas découragé, mais il jaillit à 10 m sur tribord. Tout en mitraillant à 8 images à la seconde, je me dis qu'il est si près, cette fois, qu'il pourrait bien déborder du cadre de mon viseur – les photographes sont des insatisfaits chroniques ! Durant une seconde d'éternité, je vois l'éclat de son œil grand ouvert, comme s'il se régalait de l'effet produit par ses facéties. Lorsqu'il retombe en nous éclaboussant copieusement, je ne doute plus qu'il y ait eu préméditation.

Deux minutes plus tard, tout est redevenu calme, comme si rien ne s'était passé. Nous extrayons les films devenus ô combien précieux, et Charles change soigneusement la cassette de sa caméra. Soudain, l'horizon prend une allure franchement penchée. Comme soulevé par une main géante, le bateau décolle entièrement, hésitant quant au côté où il pourrait basculer. Charles, le visage décomposé, tente de retrouver son équilibre, sans pouvoir atteindre son caisson vidéo béant. Le sol se dérobe brutalement sous nos pieds lorsque la mère nous repose sans ménagement dans le vacarme des équipements malmenés par l'impact. Ignorant jusqu'où une maman baleine est capable d'aller pour distraire son rejeton, il nous paraît plus sage de mettre un terme à cette rencontre pourtant fort sympathique. C'est dit, nous mettons cap à l'est.

Parades

Sous un ciel qui devient franchement maussade, dans la houle traversière, nous ralentissons devant un méli-mélo de nageoires enchevêtrées, de pectorales qui battent la surface, et de nageoires caudales brassant l'air en tous sens. Quatre, peut-être cinq baleines adultes s'adonnent à ce qui ressemble fort à une parade nuptiale. Il n'y a pas de violence à proprement parler car la stratégie reproductive de la baleine franche repose non pas sur la compétition entre mâles, mais sur celle des gamètes dans le sein de la femelle. En revanche, les deux baleines qui se dirigent droit sur nous ne semblent pas plaisanter et nous préférons nous éloigner. D'autant plus volontiers que les prises de vues par temps couvert manquent cruellement de relief.

À l'approche du port, le vent a débarrassé le ciel de tous les moutons qui l'encombraient. Charles prévient la capitainerie de notre arrivée. Soudain, alors que rien ne le laissait prévoir, une immense nageoire caudale se dresse à la verticale entre notre bateau et la côte. Le rivage est proche et on pourrait croire que la baleine fait le poirier en prenant appui sur le fond. En fait, elle pratique la technique du *sailing* pour refroidir son organisme trop bien isolé pour ces latitudes relativement clémentes, en exposant au vent la voilure de sa caudale. Lorsque je lève mon appareil pour immortaliser cet instant, je distingue au loin, gravé dans le calcaire de la colline, le mot « Gansbaai » souligné d'une ancre de marine. Hollywood aurait-il fait des émules sur la terre d'Afrique ?

Une baleine franche lève sa caudale, juste à l'entrée du port de Gansbaai.

Péninsule de Valdés

Patagonie (Argentine)

Le petit blanc patagon

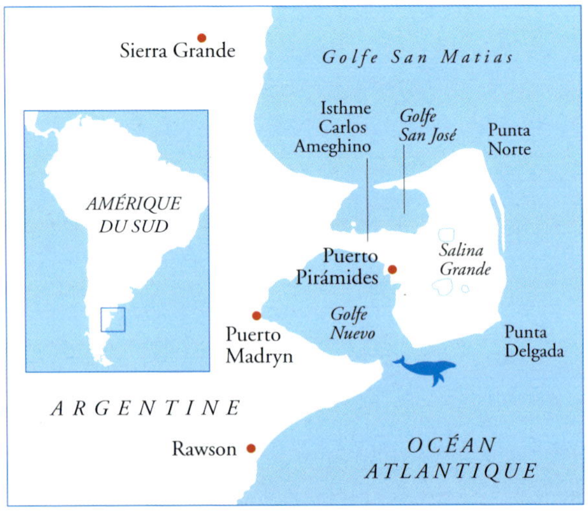

La côte déchiquetée s'étend à perte de vue sous les ailes d'aluminium du Cessna chahuté par les courants thermiques. Les falaises de sable et de grès roux mènent un combat sans espoir contre la mer et le vent, qui s'allient pour les dissoudre. Au-delà de la falaise, une immense et magnifique terre aride s'étire jusqu'à la cordillère des Andes. Dans le minuscule cockpit où j'ai réussi à caler mes genoux de chaque côté de mes oreilles, le pilote scrute l'océan.

Près du rivage, le bleu cobalt qui domine le centre du golfe se fait émeraude en même temps qu'il dénonce les petits fonds, séparés de quelques mètres à peine de la surface de l'eau. De loin en loin, les généreuses silhouettes noires des baleines franches ponctuent la côte sur des milles et des milles. Le printemps austral tire à sa fin et, chaque jour, des dizaines d'entre elles s'en vont rejoindre les eaux froides de l'Antarctique, où elles engloutiront par quintaux le plancton nourricier.

En juin prochain, les premières seront de retour dans les eaux protégées de la péninsule de Valdés, leur sanctuaire argentin. Les femelles gravides mettront bas au fond des criques isolées, tandis que les couples se formeront pour perpétuer l'espèce – un cycle dont l'origine remonte bien avant l'apparition des premiers hommes. L'une après l'autre, les formes rebondies défilent sous les ailes. Le pilote ne cesse de jouer avec les gouvernes pour conserver un semblant d'horizontalité à l'appareil.

Les femelles sont, pour la plupart, accompagnées de leur unique rejeton, qui profite des derniers jours précédant le grand départ pour se gaver d'un lait d'une exceptionnelle richesse. Tous les individus ont été comptés, répertoriés, par les rangers du Parc national du Chubut, immense province apparemment désertique et pourtant riche d'une faune unique au monde. Ici, l'écologie est une affaire sérieuse.

Face à la baie, un manchot de Magellan monte la garde à l'entrée de son refuge.

Sait-on jamais...

Cette année, les missions sont pimentées d'une quête inhabituelle. En juin, un ranger a signalé la présence d'un nouveau-né tout blanc – événement rarissime – nageant près de sa mère, une géante au poids estimé à plus de 70 t. Depuis, plus rien. Aucune nouvelle observation n'étant venue étayer la première, beaucoup doutent de sa véracité.

À la recherche de la baleine blanche, le pilote du Cessna surveille attentivement les abords tourmentés de la côte.

Volontaire pour une série de vols de reconnaissance, j'ai pris place dans le cockpit exigu du Cessna 150, inconfortable coléoptère, mais outil irremplaçable pour quadriller une zone de plusieurs milliers de kilomètres carrés. Hier, les rotations aériennes n'ont malheureusement rien donné, émoussant quelque peu la vigilance de l'équipe de recherche. Ce matin, la météo est plutôt favorable et la mer en profite pour se donner des allures de lagon polynésien. Après un bref survol de la pampa, où des troupeaux de guanacos [1] broutent l'herbe recuite par le soleil, le pilote franchit la côte à angle droit, et entame un long virage vers l'ouest pour survoler les bords du Golfo Nuevo. Je me prépare à un vol de routine et entame ma surveillance sur la droite de l'appareil, au travers de l'ouverture béante laissée par la porte démontée. Les minutes s'écoulent sans que rien de notable se passe. Soudain, durant quelques secondes, ce que je crois voir me laisse incrédule. Hélas, nous sommes passés trop vite. Pourtant, il me semble bien avoir aperçu, à moitié cachée par l'énorme silhouette anthracite d'une baleine adulte, une forme inhabituellement claire.

D'un geste explicite, je demande au pilote de faire demi-tour. Il effectue un virage serré pour un second passage. Non, je ne rêve pas ! Émergeant le long de sa mère, un baleineau blanc comme l'écume vient d'apparaître. Bien que modeste, son souffle est parfaitement visible. L'adrénaline me fait battre les tempes au point qu'il me faut quelques secondes avant de pouvoir ajuster correctement mes prises de vues. Cadence imposée : 8 images/seconde. L'opération est plutôt laborieuse car les turbulences créées par le virage imposé transforment la carlingue en concasseur. L'avion plonge jusqu'à ce que le pilote tire sur le manche pour rétablir le vol à l'horizontale. Je le sais car mon estomac vient de se stabiliser juste derrière mes lunettes. La taille du baleineau avoisine le tiers de celle de sa mère, soit 5 m environ, ce qui correspond bien à une naissance en juin dernier. Nous venons de retrouver la baleine blanche à laquelle plus personne ne croyait. Comme quoi… !

Le pilote prend contact par radio avec Alacrán [2], mon skippeur préféré, dont la voix enthousiaste parvient même à couvrir le vacarme du moteur. Il me reste à assurer les prises de vues sous-marines de notre phénomène. Maintenant que les images aériennes sont dans la boîte magique, pas question de laisser passer cette chance. Un retour urgent sur la terre ferme s'impose. Lors de l'atterrissage sauvage dans les cailloux de la pampa, quelques-unes de mes vertèbres en profitent pour se remettre d'aplomb. L'œil atone, un manchot de Magellan [3] planté à l'entrée de son terrier n'a même pas frémi d'une plume.

Verra, verra pas ?

L'énorme tracteur orange fluo vient de pousser à l'eau notre grand pneumatique, n'hésitant pas à s'engager dans les vagues jusqu'à mi-roues.

(1) Guanaco : lama à l'état sauvage. Mammifère ongulé, apparenté au chameau. Avec sa laine, les Indiens fabriquent un tissu, la vigogne, qui sert, entre autres, à fabriquer les ponchos.

(2) Alacrán : « scorpion », en espagnol.

(3) Manchot de Magellan *(Spheniscus magellanicus)* : petit oiseau nicheur, incapable de voler. Un mâle adulte pèse jusqu'à 4,8 kg avant la mue.

Un peu plus tôt, j'ai rejoint Alacrán pour lui communiquer la position de nos deux baleines. D'un coup de crayon expert, il a tracé la route sur la carte. J'ai bien aimé son sourire malicieux. Je suis certain qu'il éprouve vraiment du plaisir dans son métier de pisteur.

Les deux moteurs de 200 cv laissent maintenant derrière nous un cône d'écume effervescente. Deux sandwiches plus tard, Hector-le-Ranger fait un signe à son complice Alacrán-le-Skipper. GPS et carte marine aidant, nous ne devrions plus tarder à localiser la baleine mythique – celle qui, depuis des mois, fait parler d'elle dans toutes les *tavernas* de la province, à grand renfort de boisson houblonnée. Par sa royale absence, le vent nous laisse un plan d'eau de rêve.

Trois baleines femelles accompagnées de leur progéniture occupent la minuscule baie peu profonde. Deux petits nagent en surface, révélant un dos du plus bel anthracite. À 30 m sur tribord, fendant l'eau au ralenti, une tête émerge, blanche, ponctuée de minuscules marques noires. Le rêve vient de se matérialiser.

Efficacement protégé par la double couche de Néoprène de ma combinaison étanche et lesté de 16 kg de plomb véritable, je m'immerge derrière le pneumatique. Je prie tout bas que notre phénomène appartienne aux 10 % d'individus dits « amicaux », enclins à se laisser approcher par l'homme, voire à le provoquer. Je palme silencieusement sur une cinquantaine de mètres. Une masse sombre vient à ma rencontre, à peine dénoncée par les rais de lumière qui cascadent depuis la surface. Malgré la limpidité exceptionnelle de l'eau, je ne parviens à distinguer que la tête de l'énorme femelle, toute la partie postérieure de son corps disparaissant dans des lointains verdâtres. Comme

Sous les ailes de l'avion se détachent les silhouettes de la mère et de son baleineau blanc.

Le guide du Parc national et le skipper viennent de repérer un groupe de baleines.

Rien de tel qu'un tracteur pour mettre un bateau à l'eau et le récupérer lorsqu'il n'y a pas suffisamment de fond.

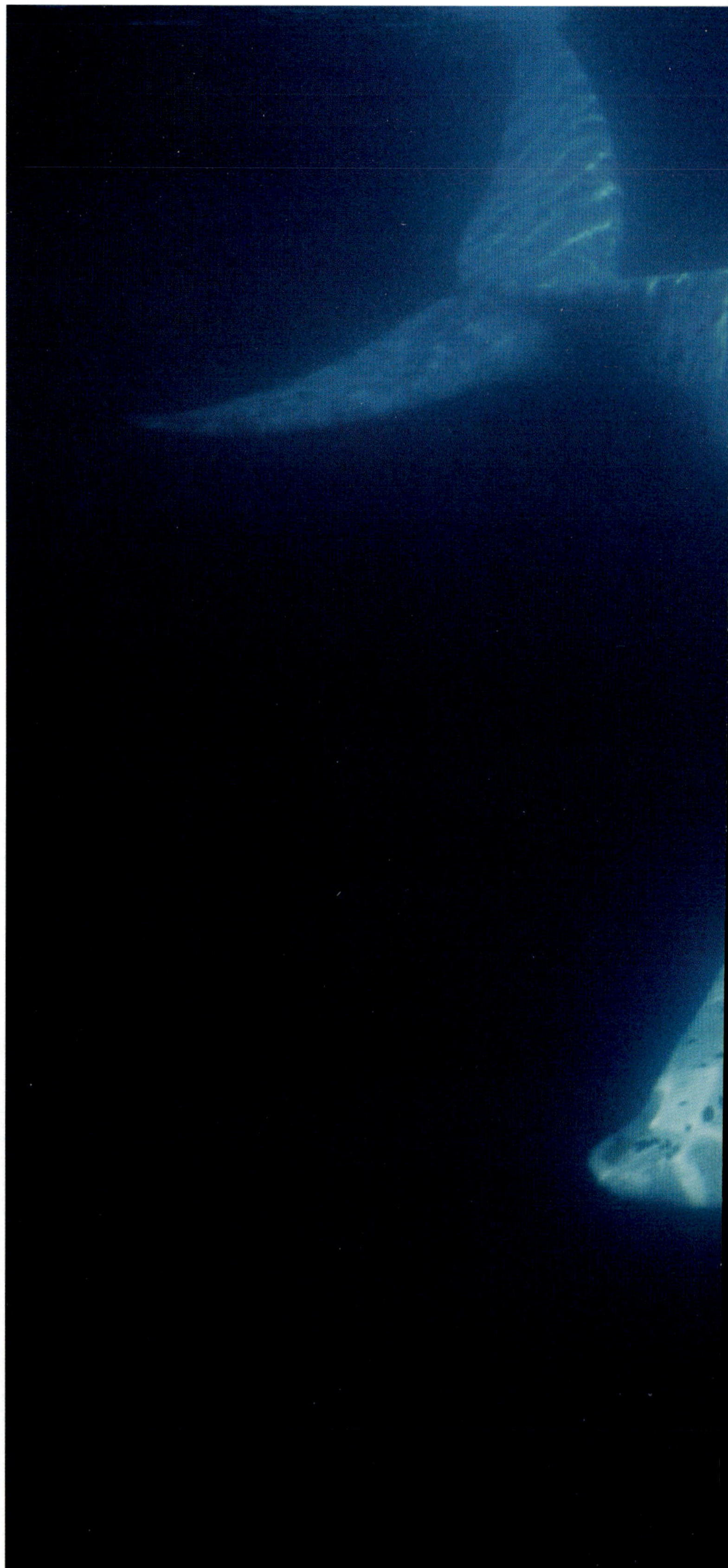

Particulièrement familier, le baleineau blanc n'hésite pas à s'approcher du bateau.

Qu'on ne s'y trompe pas, tout geste déplacé pourrait transformer la rencontre en catastrophe, car la mère n'est jamais bien loin.

pour ménager ses effets, le baleineau, initialement dissimulé derrière sa mère, passe sous elle et nage droit sur moi. Je n'y crois pas encore tout à fait. Tétanisé de bonheur, j'oublie presque mon rôle de photographe. Témoin, simplement. Avec avidité, j'enregistre ce que je sais déjà être un événement que j'ai bien peu de chances de revivre. Je suis à moins de 3 m du baleineau, qui semble tout aussi impatient de cette rencontre. Sous l'étrange amas corné qui lui tient lieu de sourcil, son œil noir me fixe intensément. Que peut-il bien se passer dans le cerveau d'un baleineau de 6 mois ? Une forte dose de curiosité, sans doute.

Question de confiance

Nikonos au bout du bras, j'ose une prise de vue, avec précaution pour ne pas gâcher la magie de l'instant, ni surtout effrayer la mère. Je me sens investi d'une mission de représentation, ambassadeur en quelque sorte d'une espèce équivoque, capable d'avoir inventé à la fois Greenpeace et le canon lance-harpon, capable aussi de chanter la liberté dans toutes les langues comme d'enfermer les dauphins dans des marinelands-prisons. Le couple s'éloigne. La mère a déjà disparu, masse noire dévorée par le contre-jour. La nageoire caudale de son rejeton, grande tache lumineuse qui fait exploser la lumière, jusqu'à blesser la rétine, s'estompe à son tour. Il est temps de recharger les appareils. Un bonheur de cette taille se répète parfois. La preuve, mes deux baleines reviennent là où elles m'avaient laissé. Elles s'immobilisent comme pour mieux me permettre des approches que je n'aurais jamais osées, même dans mes rêves les plus fous. J'exulte.

Soudain, l'étrange baleineau quitte la protection maternelle et nage dans ma direction. Surpris, je me fige. Surtout, ne pas oublier la consigne de sécurité numéro un, qui interdit de se trouver pris entre la mère et son petit. Une douleur récurrente au bas du dos se charge de me la rappeler, surtout les soirs d'orage [4]. Enhardi, il vient pratiquement à mon contact. Finalement, il roule sur lui-même, aussi voluptueusement qu'un chat en mal de caresses. Pour un peu, il ronronnerait. La confiance est au rendez-vous. Dans un frémissement, il rejoint l'ombre rassurante de sa génitrice, et tous deux s'en vont de nouveau, pour se perdre dans la lumière glauque de la baie. Cette fois, ils ne reviendront plus. Lorsque je gravis pesamment l'échelle de poupe, le vent a mis d'équerre le fanion de plongée qui pendait jusque-là sans vie, à l'extrémité du mât de la VHF. Qu'importe ! Cinq rouleaux de film pleins de baleineaux blancs garnissent le fond de mon sac…

Lorsque notre pneumatique engage tant bien que mal son étrave dans le berceau de la remorque de mise hors d'eau, le Golfo Nuevo est en proie à une tempête insensée. Les rafales décapitent les vagues comme si le vent voulait rattraper le temps perdu. J'y vois là comme une sérieuse invitation à la sieste, une manière comme une autre d'estomper les effets pernicieux du décalage horaire.

Il est presque 20 heures. Voilà près d'une heure que nous patrouillons vainement. Debout, juché sur le flotteur bâbord, je me repasse en boucle le film de l'inoubliable rencontre de ce matin. Et j'aime ça. Après avoir semé la zizanie dans les environs, la tempête s'en est allée sévir plus au sud. Tandis que le soleil s'emploie à mettre le feu à l'horizon, deux silhouettes émergent brusquement sous nos yeux, dans un bain d'ocre mêlé de sanguine. À mes côtés, Alacrán s'est tu. Hector-le-Ranger en laisse pendre sa mâchoire de saisissement.

Sous la surveillance de sa mère, le baleineau dresse vers les étoiles naissantes son imposante caudale et frappe la surface de l'eau d'une gifle magistrale. Une forme d'adieu, peut-être ? Pour ma part, je préfère y voir la promesse d'un au revoir. Sait-on jamais ?

(4) Voir « La côte des Baleines », p. 111.

Le plancton se rapprochant de la surface lorsque la lumière décroît, le crépuscule correspond souvent à un regain d'activité pour les baleines.

Péninsule de Valdés

Patagonie (Argentine)

Prédateurs à plumes

Trois ans se sont écoulés depuis ma dernière visite en Patagonie et rien n'a changé, pas même Alacrán (1), mon skippeur préféré, dont l'œil est toujours aussi aiguisé et la main aussi sûre lorsqu'il s'agit d'engager son bateau dans une vague frontale. Car même dans la baie de Valdés, l'océan est d'humeur imprévisible et peut passer du calme plat à la furie, en quelques minutes. Mine de rien, nous sommes en plein dans les quarantièmes (2) et, lorsque le vent d'est a décidé de prendre la côte d'assaut, mieux vaut s'accrocher fermement à ses lunettes. D'ailleurs, la masse de nuages qui s'est accumulée au-dessus de nous ne me dit rien qui vaille.

Dans la boîte

Si la météo nous a été favorable jusqu'à cette heure avancée de l'après-midi, il semble qu'elle nous ait lâchés pour le retour au port. Dans des couleurs de fin du monde, le ciel s'obscurcit de plus en plus. La mer se creuse et, avec la complicité du vent, nous rince copieusement. Dans les lointains de cobalt, les éclairs ont entrepris méthodiquement de réduire le ciel en charpie.

(1) Voir « Le petit blanc patagon », p. 116.

(2) Quarantièmes : allusion faite aux « quarantièmes rugissants », une zone de tempêtes particulièrement redoutée par les navigateurs.

Sous l'orage, une baleine franche australe enchaîne une série de sauts spectaculaires.

Une colonie de lions de mer austraux *(Otaria flavescens)*.

Mâchoires crispées, yeux rougis par les embruns, Alacrán donne un coup de barre à tribord, aussi violent qu'imprévu. De l'index, il désigne une grosse baleine indolente, qui vient d'émerger à quelques mètres devant nous, juste dans l'axe de notre trajectoire initiale. Il s'en est fallu de peu ! L'immense voilure de sa nageoire caudale disparaît dans les vagues. Au moment où notre skippeur remet les gaz, la baleine crève la surface, abandonnant des cataractes d'écume, et s'élève dans le contre-jour du ciel en colère. J'en ai le souffle coupé. La baleine retombe dans un interminable ralenti qui s'achève en explosion. Les traces n'ont pas encore disparu lorsqu'elle jaillit de nouveau. Cette fois, qu'importent les embruns, je la tiens dans le viseur de mon Nikon. Même vue au travers d'un téléobjectif, la scène conserve toute sa majesté. Cinq fois, pas une de moins, la baleine s'élance vers le ciel comme si elle voulait décrocher la lune et, cinq fois, elle rentre dans ma boîte magique, à la cadence de 8 images/seconde. À mes côtés, Emmanuel, avec qui je partage la même quête baleinière depuis des années, en reste muet d'émotion. Un moment rare.

Rencontre musclée

Après toute une matinée passée en compagnie des lions de mer austraux (3), à l'entrée du Golfo Nuevo, nous remettons cap à l'ouest en direction de Puerto Pirámides (4). Un autre bateau d'observation nous a communiqué la position d'un groupe de baleines adultes. Vingt minutes plus tard, Alacrán met ses moteurs au point mort, à l'entrée d'une petite baie abritée. L'effervescence qui règne parmi les baleines fait penser à un rituel d'accouplement. Effectivement, l'une d'entre elles semble particulièrement sollicitée par deux autres adultes. La situation n'a rien d'exceptionnel, car il n'y a pas de rivalité à proprement parler entre les mâles,

(3) Lion de mer austral, *Otaria flavescens*, appelé aussi « otarie à crinière ». Le mâle peut atteindre 2,5 m de longueur pour un poids de 400 kg.

(4) Village dont l'économie est essentiellement tournée vers l'observation des baleines. Son nom vient de la pyramide naturelle, taillée dans la roche par l'érosion, qui marque l'entrée du port.

la seule compétition ayant lieu entre les gamètes reçus par la femelle de ses partenaires successifs. Le groupe a l'air relativement calme. Je décide donc d'aller y voir d'un peu plus près en plongée libre, accompagné de Marcus, mon *buddy* (5) du jour. Harnaché dans ma combinaison étanche, lesté de quatre poids de 4 kg chacun pour faciliter la descente en apnée, je prends un premier contact avec la mer. Le moins que l'on puisse dire est que j'ai connu des eaux plus limpides… et plus chaudes. Le bateau s'éloigne pour nous laisser le champ libre.

Ma première apnée de reconnaissance m'entraîne à 11 m de profondeur. Marcus m'y rejoint. Le fond est sableux, et aucune végétation n'en rompt la monotonie. Qu'importe ! Il se passe des choses autrement passionnantes, pas très loin d'ici. Dans le flou verdâtre, je distingue une forme rebondie ; de toute évidence, il s'agit bien d'une de « mes » baleines. Revenus en surface, nous nous concertons et décidons qu'il est préférable de descendre séparément pour ne pas gêner les partenaires de ce qui est bien une parade nuptiale : deux mâles sollicitent la même femelle.

En surface, je me rapproche le plus furtivement possible de l'action et replonge après avoir pris une longue inspiration. Ma flottabilité étant rendue négative grâce à mes 16 kg de lest et à mes deux appareils photo, j'atteins le sable sans effort. Devant moi, deux baleines se frottent l'une contre l'autre. Selon mon appréciation, au premier plan se trouve le mâle dominant, au second la femelle, et dans le lointain, vraisemblablement le mâle d'escorte, celui dont le tour viendra plus tard. Je lève mon Nikonos équipé d'un objectif de 15 mm et tire successivement deux clichés. Je m'apprête à en tirer un troisième lorsque dans l'angle supérieur gauche de mon masque une baleine s'impose brusquement ! Ce que j'ignore à cette seconde précise, c'est qu'elle ne vient pas seulement de faire irruption dans mon champ de vision, mais dans ma vie tout court. D'instinct, j'effectue un rétropalmage, qui me permet d'éviter d'être percuté par la tête de l'intruse. Hélas ! Comme toutes les baleines,

(5) *Buddy* : terme anglo-saxon qui signifie « copain, compagnon ». En plongée, le *buddy* est celui avec qui on descend en binôme, et sur qui on peut compter en cas de coup dur.

La pyramide de grès fauve marque l'entrée du port de Puerto Pirámides, le bien nommé.

Non loin de sa mère, un baleineau joue les provocateurs. Pour le photographe, le danger serait de se laisser enfermer entre la mère et son petit.

Un mâle (à droite) tente de s'accoupler avec une mère (au centre), en présence de son baleineau (à gauche), âgé de quelques semaines.

Bien que pacifique, une baleine franche peut réagir de manière brutale, surtout lors d'une parade nuptiale.

Un goéland des algues *(Larus dominicanus)* et sa portée. L'oisillon vient à peine de se libérer de la coquille.

celle-ci se termine par une nageoire caudale, et là... ça y est ! La nageoire en question parvient à ma hauteur. Elle paraît s'écarter un instant, comme si elle voulait m'éviter... Mais non, elle revient délibérément me faucher. Le tranchant me cueille sous le bras gauche et percute l'un des énormes plombs de 4 kg de mon lest. Crac ! Une fraction de seconde après l'impact, je hurle de douleur. Surtout, ne pas m'évanouir ! D'autant que je soupçonne SOS Médecins de n'avoir pas d'antenne dans la région ! Et puis, mourir par le fait d'une baleine à qui je ne veux que du bien serait proprement injuste. Souffle coupé, avec le cœur qui cherche à s'échapper de ma poitrine, je palme d'instinct vers le haut en priant le ciel que l'ascension ne soit pas trop longue. L'air frais, Dieu que c'est bon ! Marcus me rejoint et me gratifie innocemment d'une vigoureuse claque dans le dos, qui me fait presque m'évanouir pour de bon : « Alors, c'était chouette ? » Ça ne s'invente pas.

L'analyse rétrospective de l'incident m'a fait comprendre mon erreur. La baleine la plus proche était la femelle et non pas le mâle « copulateur ». Ce dernier était en fait derrière moi et il a dû penser – à tort, j'insiste ! – que j'étais un rival potentiel. Se faire prendre en sandwich entre Roméo et Juliette n'était effectivement pas la plus riche des initiatives.

Au carillon qui me bat dans les oreilles et à la douleur lancinante qui me vrille la poitrine, je sais déjà que quelque chose ne va pas bien du tout. Je ne saurai qu'à mon retour que les 9e et 10e côtes ont été cassées net, heureusement sans déplacement. Incapable d'imaginer que mon reportage puisse s'arrêter là, je décide de serrer les dents et de poursuivre comme si de rien n'était. L'aventure continue.

Lard tendre à l'horizon

Du promontoire où il a construit son nid en compagnie des manchots de Magellan [(6)], le goéland [(7)] surveille la mer. Comme bon nombre de prédateurs, c'est un opportuniste. Pour nourrir ses petits à peine âgés de quelques jours, il a besoin de protéines. Pour lui, tout ou presque « fait ventre » : coquillages, poissons, dépouilles de tous calibres. Pourtant, à cette saison, ce ne sont pas là ses proies favorites. Depuis qu'en juin dernier les baleines franches sont revenues de l'Antarctique, des baleineaux à la chair tendre sont nés. Malgré leur taille déjà importante, leur épiderme n'a pas encore l'épaisseur de celle d'un adulte et c'est là leur point faible. Il n'y a qu'à observer l'échine de l'un d'entre eux pour apercevoir des renflements bien alignés, de l'arrière de la tête jusqu'à la nageoire caudale. Ce ne sont, ni plus ni moins, que les apophyses des vertèbres qui font ainsi saillir la peau, la rendant plus fragile. Les goélands l'ont fort bien compris, qui se transmettent l'information de génération en génération.

L'oiseau quitte son nid. De son œil infaillible, il a localisé deux souffles dans la lumière déjà orangée du soleil sur le déclin. Utilisant judicieusement les courants thermiques qui remontent le long de la falaise, il se laisse porter sans pratiquement battre des ailes. Pourquoi se fatiguer ? La mer est vide.

(6) Manchot de Magellan *(Spheniscus magellanicus)* : petit oiseau nicheur, incapable de voler. Un mâle adulte pèse jusqu'à 4,8 kg avant la mue.

(7) Goéland des algues, en anglais, *Kelp gull (Larus dominicanus)*. Robuste oiseau de mer du continent sud-américain, qui peut atteindre 1,50 m d'envergure.

Agacé, le baleineau tente vainement de se débarrasser de l'oiseau qui le harcèle.

Pourtant, il sait très exactement où les deux baleines ont plongé. D'ailleurs, le fond n'est pas assez important pour qu'elles puissent s'y dissimuler. Ça y est, le baleineau émerge, suivi de sa mère. Négligeant cette dernière à la peau trop coriace pour son bec, le goéland pique sur son rejeton et, les ailes écartées, se pose en douceur sur son dos encore ruisselant. Face à lui, un alignement de cratères béants témoigne de blessures déjà provoquées par ses semblables. Objectivement, la couche graisseuse n'est pour l'oiseau qu'un garde-manger à ciel ouvert, dans lequel il puise sans le moindre état d'âme. D'ailleurs, les états d'âme sont un luxe qui n'est pas à sa portée. D'un coup de bec, il prélève une becquée de lard tendre. La réaction ne se fait pas attendre. Le baleineau se cabre brusquement pour tenter de désarçonner son agresseur. Hélas ! On ne se débarrasse pas d'un oiseau aussi motivé. À peine déstabilisé, le goéland plonge de nouveau son bec dans la plaie ouverte. Cette fois, le baleineau n'est pas seulement agacé, il a vraiment mal. Fou de douleur, il plonge spontanément, sans avoir totalement récupéré son souffle. Opiniâtre, l'oiseau frappe une ultime fois, alors que l'eau recouvre déjà le dos de sa victime. Il s'envole.

Le retour du petit blanc

À quelques centaines de mètres de là, non loin d'un bateau d'observation piloté par un certain Alacrán, une autre baleine émerge. Curieu sement, elle arbore un pelage nettement plus clair que celui de ses congénères. Lorsque le goéland pique dans sa direction, elle plonge et jaillit presque aussitôt à la verticale, comme si elle pouvait atteindre l'importun. Une bourrade du coude d'Alacrán manque me faire passer par-dessus bord. Il m'interpelle en espagnol à haut débit. Je comprends à peine deux mots :

Le harcèlement constant des oiseaux entraîne parfois le départ prématuré des baleines vers les eaux de l'Antarctique.

Une mère ne peut défendre son baleineau contre les attaques des oiseaux, car celui-ci est contraint de rejoindre régulièrement la surface pour respirer.

(8) Voir « Le petit blanc patagon », p. 116.

crio blanco, le bébé blanc ! Mais ils suffisent à mon bonheur… Malgré trois ans de plus et une vingtaine de tonnes de lard supplémentaires autour de la taille, le « bébé » n'a guère changé. Tout juste le blanc de sa prime jeunesse s'est-il quelque peu assombri. Nous venons tout simplement de retrouver notre « petit blanc patagon [8] » !

À tire-d'aile, l'oiseau retrouve les courants ascendants qui le mènent jusqu'à son nid. Son arrivée provoque un repli précipité des manchots, ses voisins. Et pour cause, l'un d'entre eux vient de faire passer de vie à trépas toute sa couvée. Les deux oisillons déjà libérés sont inertes et les œufs non encore éclos sont massacrés. Le goéland n'aura pas de descendance cette saison.

Je jurerais que le soleil a concentré toute sa puissance sur la Patagonie. Il n'y pas le moindre souffle de vent et, par conséquent, pas une ride ne vient troubler la surface de l'eau. L'étrave de notre gros pneumatique écarlate ouvre une large blessure qui met un temps infini à se refermer. Le regard dissimulé derrière ses lunettes de glacier, Alacrán scrute l'horizon. De l'index, il désigne une masse sombre, immobile, au milieu des reflets irisés. Une approche en douceur révèle non pas une, mais deux baleines, qui somnolent sous le soleil au zénith. Le moteur se tait, comme par respect pour la quiétude exceptionnelle du lieu. Intrigué, le baleineau s'approche. Bras croisés, Alacrán arbore un petit sourire qui en dit long. Dans un bruit de râpe géante, l'énorme tête racle le flotteur tribord. Apparemment, il y a une forte demande de caresses que s'empressent de satisfaire les autres occupants du bateau.

Sous l'œil complaisant de la mère, je m'équipe du minimum requis par une immersion en eau froide : « souris » en fibre polaire, chaussettes de randonnée, combinaison étanche de Néoprène de 8 mm, 16 kg de lest. Pas question ici de jouer les athlètes de plage, la sécurité prime sur l'esthétique et tant pis si ma silhouette avantageuse n'est pas très « tendance ». Dès la première seconde, la morsure du froid ressentie sur les parties non protégées de mon visage me fait regretter les eaux polynésiennes. Mais quelle récompense ! Contre toute attente, la première silhouette entrevue sous la surface n'est pas celle du petit, mais de sa mère ! Prudente, elle a dû rappeler son rejeton tandis que j'entrais dans l'eau, et c'est elle qui me fait face à présent. Ni elle ni moi n'ébauchons le moindre mouvement. Dieu qu'elle est belle ! Belle et imposante à la fois, car elle doit bien mesurer dans les 15 m et peser allègrement ses 80 t. Une force tranquille qu'il serait malencontreux de déchaîner par une attitude politiquement incorrecte, genre approche précipitée ou, pire, sollicitude trop appuyée envers sa progéniture. Tiens, puisqu'on en parle, la progéniture en question vient aux nouvelles en se glissant subrepticement sous le ventre de sa génitrice. Comme un chat, le baleineau frotte sa tête sous l'énorme menton, satisfaisant à la fois besoin de tendresse et curiosité naturelle. Je me sens sur une autre planète. Ils sont beaux et je les aime. D'ailleurs, je le leur dis.

Confiant, le petit s'élance vers moi. Je m'écarte car, même s'il s'agit d'un individu immature, une baleine reste une baleine et je préfère me maintenir en bonne santé. Je note, au passage, la ligne de cratères, plaies béantes qui ponctuent sa colonne vertébrale. Les fauves emplumés ont encore frappé.

Les échanges dureraient indéfiniment si le va-et-vient imposé par les remplacements du film dans les appareils photo n'avait finalement raison de mes forces. Les apnées à répétition sous un tel harnachement ont de quoi éreinter un honnête plongeur. Surtout avec deux côtes cassées. Soudain, sans le moindre préliminaire, mes deux baleines disparaissent dans les eaux vertes du golfe.

Miracle !

Deux semaines plus tard, nous traversons la province de Santa Cruz, environ 1 000 km plus au sud. La raison de ce déplacement est simple : bon nombre de baleines ont largement entamé leur migration vers l'Antarctique, où des tonnes de plancton les attendent. Nous devrions pouvoir observer leur descente à partir de certains points de la côte. La carte révèle un éperon rocheux, point de passage quasiment obligé de leur migration : Cabo Blanco. Il nous faut juste une bonne météo et... beaucoup de chance.

Trois jours durant, nous attendrons la bonne météo au pied d'un observatoire militaire perdu dans la lande, sorte de contrepoint maritime au *Désert des Tartares* [9]. Ce matin,

Marqué dans sa chair, le baleineau risque toutes sortes d'infections. Seul le départ vers le Grand Sud pourra le soustraire aux attaques des volatiles.

Cabo blanco, *sur* la route qu'empruntent les baleines pour rejoindre leurs territoires estivaux.

À plus d'un millier de kilomètres au sud de la péninsule de Valdés, nous retrouvons notre baleineau martyr et sa mère.

enfin, il fait grand beau car le vent s'en est allé souffler du côté des Andes. Personne ne lui en tient rigueur. Il est 10 heures. Les roches noires du Cabo Blanco ont cessé de se recouvrir d'écume sous les coups de boutoir de l'Atlantique. Une colonie d'otaries à fourrure d'Amérique du Sud (10) s'ébat à nos pieds tandis que nous nous équipons, en équilibre instable sur la roche luisante. Voilà bientôt une heure qu'un groupe de baleines a fait son apparition à une centaine de mètres de la côte. Indolentes, elles prennent leur temps, au point que l'une d'entre elles « écrème » la surface, tous fanons dehors. Un flagrant délit de gourmandise qui tend à prouver que les baleines franches se nourrissent bien avant d'avoir regagné leur territoire estival. À l'issue d'une dizaine de minutes de palmage, devant moi, une silhouette massive se découpe dans le contre-jour. Fort de ma récente mésaventure, je décide de laisser suffisamment d'eau entre la baleine et mon objectif. Tandis que j'entame une manœuvre de contournement, une silhouette qui me paraît minuscule se détache de la première. Lorsqu'elle parvient dans les rayons du soleil, j'ai peine à le croire : le baleineau n'est autre que celui qui nous avait longuement manifesté son affection deux semaines plus tôt. Le long de sa colonne vertébrale, la rangée de cicatrices caractéristiques laissées par les goélands en témoigne. J'ai l'impression de retrouver un vieil ami. Il me vient comme un sentiment de gratitude infinie, comme à chaque fois que la vie me pousse du coude et semble me demander : « Chouette, non ? » Lorsque j'ai tiré la dernière photo de mon ultime pellicule, après avoir fait rentrer trente-six fois maman Baleine et son rejeton dans la boîte magique, je me surprends à dire merci une fois de plus. À l'Univers, à la Vie ? Qu'importe ! Le dire, n'est-ce pas là l'essentiel ?

---

(9) *Le Désert des Tartares,* roman de Dino Buzzati (1940) où il est question de militaires en attente dans un fort érigé en sentinelle, aux confins d'un désert d'où l'ennemi est censé surgir.

(10) Otarie à fourrure d'Amérique du Sud *(Arctocephalus australis).* Il existe une sous-espèce propre aux îles Falkland (Malouines).

Ultimes prises de vue avant le grand départ.

Igloolik

Province du Nunavut (Canada)

La zone « franche » d'Igloolik

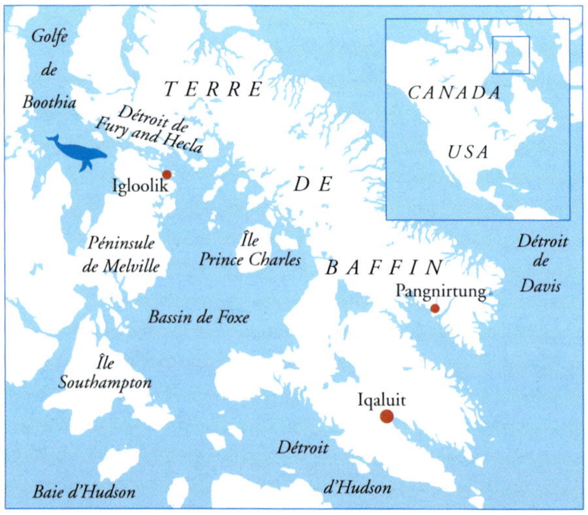

À l'entrée du village d'Igloolik : le « géant de pierre », inspiré de l'art inuit.

Les deux traîneaux se mettent en branle. Comparé à celui de Franck et Rolland, mes deux compagnons d'aventure, mon équipement fait pâle figure. Ma caisse photo paraît dérisoire (à peine 30 kg) à côté des trois cantines métalliques bourrées de caméras et d'électronique, empilées sur le traîneau du matériel. Question poids et encombrement, je remercie l'univers de m'avoir donné le goût de l'écriture et de la photo plutôt que celui du cinéma. Je n'en suis pas à mon coup d'essai avec ces deux-là. Lors de deux missions communes en Patagonie, j'ai eu tout le temps d'apprécier leur professionnalisme doublé d'un solide sens de l'humour – deux atouts essentiels pour la réussite d'une expédition.

Hier, un Hawker Siddeley, sans doute rescapé de la guerre de Cent Ans, nous a déposés sur le tarmac verglacé de l'aéroport d'Igloolik, île minuscule prise en sandwich entre la baie d'Hudson et la Terre de Baffin. Ici, la notion d'île est toute relative car, en cette fin juin, la banquise verrouille encore le détroit de Fury and Hecla [1]. Pourtant, sous l'effet d'un soleil chaque jour plus présent, la glace fond. Des trous et des crevasses de plus en plus larges se forment, obligeant les traîneaux à faire d'importants détours. C'est aussi l'époque où les baleines franches du Groenland mettent à profit la récession des glaces pour passer du bassin de Foxe au golfe de Boothia. À nous de surveiller l'entrée du détroit pour ne pas les manquer.

Désert de glace

En dépit d'un soleil aveuglant, le froid est particulièrement agressif, surtout sous l'effet de la vitesse. Fort heureusement, nos Mustangs nous protègent efficacement. Détail important : en cas de chute dans l'eau glacée, la flottabilité de ces épaisses combinaisons écarlates nous empêcherait de couler à pic. Emmitouflé jusqu'aux yeux, j'ai la sensation de vivre dans une bulle étanche, coupé du monde. Dans le désert de glace, les pétarades du Skidoo [2] paraissent incongrues, comparées au glissement feutré du long traîneau. De loin en loin, nous traversons de vastes flaques de glace fondue. Pakak, le guide inuit, slalome en permanence pour éviter les nombreux trous et crevasses qui jalonnent le parcours. Loin sur la gauche, un affleurement rocheux sert de camp de base à une équipe de

(1) Fury and Hecla Strait : en souvenir des navires anglais *Fury* et *Hecla* qui, entre 1821 et 1823, tentèrent de découvrir le passage du Nord-Ouest.

(2) Skidoo : Motoneige.

Durant de longs jours, nous patrouillons le long de la banquise, en quête d'hypothétiques baleines du Groenland.

scientifiques danois, venus poser des balises satellite sur les *bowheads* (3).

Nous les laissons à leurs petites merveilles d'électronique grâce auxquelles ils suivront les intéressées jour et nuit. Ils pourront ainsi déchiffrer les déplacements saisonniers d'une des plus énigmatiques baleines de la planète. Pakak coupe le moteur du Skidoo, à quelques mètres de la mer libre. Un peu plus tard, nous mettons à l'eau les deux bateaux de polyester croulant sous le poids du matériel. Par centaines, les sternes arctiques (4) protestent ! Nous les dérangeons dans leur festin. Sans un mot de commentaire, Pakak-le-Silencieux lance le moteur. Nous mettons cap au nord, en direction de Tern Island, l'île aux Sternes, en longeant la banquise. Nous naviguons sur une polynie, sorte de mer intérieure dans un océan de glace, créée par des courants ascendants chauds permanents. Outre le fait qu'il maintient une étendue libre dans la banquise, y compris en hiver, ce flux entraîne vers la surface une masse considérable de nutriments, ce qui explique la présence de phoques, de morses et, nous l'espérons, de baleines.

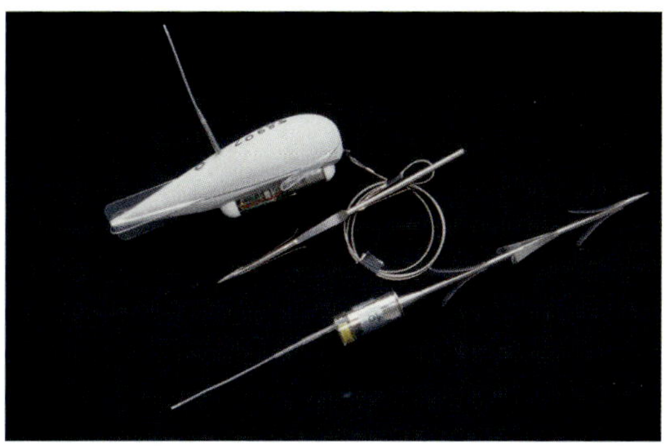

Balises satellites destinées au suivi en temps réel des migrations de la baleine du Groenland.

(3) *Bowhead whale :* nom anglo-saxon de la baleine franche du Groenland *(Balaena mysticetus).*

(4) Sterne arctique *(Sterna paradisaea).* Réalise la migration la plus longue parmi les oiseaux, entre l'Antarctique et l'Arctique.

Témoigner par l'image de la vie sauvage passe d'abord par le respect des animaux. S'approcher ne signifie pas envahir.

Deux heures plus tard, transis de froid et sans avoir rencontré âme qui vive, nous débarquons. En l'absence de vagues, un piquet de fer fiché dans la glace suffit à amarrer les embarcations. Une soupe chaude s'impose. Après une explication musclée entre nous et un réchaud à essence récalcitrant, l'eau bout enfin. Je n'imaginais pas qu'une bolée de soupe aux nouilles chinoises déshydratées pût être aussi savoureuse. Pakak lève ses jumelles : rien que la banquise à perte de vue, désespérément vide. À dire vrai, je n'en suis pas autrement surpris, car les Inuits abattent régulièrement les phoques pour nourrir leurs chiens et les survivants se font de plus en plus rares.

L'après-midi, la longue patrouille qui nous amène de l'autre côté de l'île aux Sternes est tout aussi improductive. La fatigue se fait lourdement sentir, d'autant plus que les recherches restent vaines jusqu'aux alentours de minuit. Qu'est-ce que c'est aussi que ce soleil qui refuse de se coucher à l'heure comme tout le monde [5] ? Pakak, qui n'y croit plus trop, donne le signal de la retraite, et nous rentrons. Lorsqu'il coupe le contact du Skidoo, il est 3 heures du matin. Devant le village, c'est le chaos habituel. Prisonnières de la banquise souillée, des dizaines d'épaves de toute nature et de tous calibres achèvent de se désintégrer : camions, Skidoos cannibalisés, vélos, fûts éventrés... Et, partout, des carcasses de phoques en putréfaction répandent une odeur nauséabonde. Même les chiens, à qui elles sont pourtant destinées, s'en détournent, c'est dire !

Loin des ours

Au briefing du lendemain, nous décidons d'accorder un délai à nos baleines, pour leur laisser le temps d'arriver. Il faut avouer que le « plan B » ne manque pas d'attraits, car des pêcheurs ont repéré une importante concentration de morses, à deux heures de bateau d'ici. Les nuages, qui s'étaient amoncelés durant la nuit, ont disparu et la mer paraît à peu près fré-

(5) Situé à 69° Nord, le village d'Igloolik se trouve à l'intérieur du Cercle polaire où, durant l'été, on peut observer le « soleil de minuit ».

quentable. En revanche, une température à ne pas mettre un phoque dehors martyrise l'épiderme et fait geler la respiration quasi instantanément. J'envie Pakak qui supporte le vent glacé sans même devoir se protéger le visage. Comme prévu, deux heures plus tard, nous atteignons le centre de l'immense polynie où des plaques de glace détachées de la banquise dérivent lentement. Sur certaines d'entre elles, j'aperçois des dizaines de morses assoupis. Il est clair que nous devons nous comporter comme des gentlemen, une attitude inhabituelle sous ces latitudes où les autochtones ont plutôt la gâchette facile.

Rolland débarque sur un glaçon de la taille d'un terrain de basket, à l'extrémité duquel un couple de morses s'est réfugié. Nous abandonnons notre compagnon, lui, sa caméra, son bateau et son guide. Un peu plus tard, je prends pied à mon tour sur un glaçon de taille respectable où quelques morses apathiques se réchauffent au soleil. Je vois bien çà et là une paupière se soulever, mais apparemment rien ne pourra venir troubler leur sieste. Je ne rêve pas ! Celui qui vient de m'accorder un semblant d'attention repose sa tête sur une nageoire pectorale pour se rendormir illico. Apparemment, leur espèce doit être localement protégée, sinon je ne vois pas pourquoi ils nous accepteraient aussi facilement. Dans l'eau, une mère et son petit se sont posés sur une plateforme de glace à demi immergée et m'observent avec circonspection. Ami ou ennemi ? semblent-ils se demander. Qu'on le veuille ou non, de telles rencontres font de nous des ambassadeurs. Sans même parler d'hostilité, un geste brusque y mettrait fin en un clin d'œil. Allongé sur la glace, je tire quelques clichés et bats en retraite. Plus tard, d'autres que moi viendront, qui seront bien heureux de trouver des animaux amicaux, et pas trop inhibés... Nous passons les heures suivantes à louvoyer entre les plaques de glace à la dérive. Sur certaines d'entre elles, les morses sont si nombreux qu'ils s'empilent littéralement les uns sur les autres. Lorsque l'horizon vire à l'indigo, nous les voyons glisser un par un dans l'eau glacée. C'est l'heure du dîner, me semble-t-il, et je connais quelques poissons qui ont du souci à se faire. Le soleil a beau refuser obstinément d'aller se coucher, mon horloge interne me dit qu'il est temps de mettre le cap sur Igloolik. J'y ai rendez-vous avec mon sac de couchage.

Débonnaire, un morse *(Odobenus rosmarus)* profite du peu de chaleur dispensée par le soleil.

Baleines de minuit

C'est dimanche. Mes deux compères en profitent pour aller filmer les festivités au village. Le froid est retombé dans la nuit et le thermo-

Durant la navigation, le froid oblige à de nombreuses pauses de récupération. La vieille Winchester n'est destinée qu'à faire du bruit en cas de rencontre inopportune avec un ours.

Même à l'étroit sur ce morceau de glace à la dérive, les morses sont plus en sécurité que sur la banquise, fréquentée par des ours affamés après un long hiver.

En traversant les cristaux de glace en suspension dans l'atmosphère, la lumière solaire forme un « halo ».

(6) Le halo est un phénomène optique créé par l'effet combiné ou séparé de la réflexion et de la réfraction de la lumière solaire (ou lunaire) sur des cristaux de glace en suspension dans l'atmosphère (source : Météo France).

(7) Phoque barbu *(Erignathus barbatus)*. Avec un poids de plus de 300 kg, c'est le phoque le plus gros sur son aire de répartition.

Pakak surveille les abords de la banquise.

mètre affiche –7 °C. Dans un discours d'un peu moins de quinze mots, Pakak m'explique que nous devrions pousser au-delà de Tern Island. Ainsi soit-il, ami, c'est toi le guide ! Après plus d'une heure de navigation passée à me débarrasser des stalactites de glace qui se forment sous mes narines, je me porte volontaire pour une soupe brûlante. Nous devons d'abord sortir de la nappe de brouillard glacé qui occulte toute visibilité au-delà de 10 m. Au moment où nous atteignons la banquise, un arc étrange se forme dans l'atmosphère, sorte de passerelle d'un blanc lumineux, jetée entre glace et mer (6). L'apparition dure quelques minutes, puis se dissout. Interrogé sur son origine, mon guide se contente d'un hochement de tête. C'est tout lui, ça ! Mais bon, après tout, pourquoi se soucier de la météo, alors que la priorité est d'ordre alimentaire ? Chaque chose en son temps.

Juché sur l'avant du bateau, Pakak abaisse ses jumelles et, sans un mot, tend le bras vers le large. En se dissipant, le brouillard laisse apparaître des plaques de glace détachées de la banquise. Sur l'une d'elles, un bon gros phoque barbu (7) de 2 m de long hésite sur la conduite à tenir. Plongera ? Plongera pas ? J'ai beau lui « dire » mentalement qu'il n'a rien à craindre, que nous sommes des gentils, rien n'y fait. Il plonge et disparaît dans la soupe glacée. En fait, il a toutes les raisons d'être prudent, car parmi les dépouilles qui jonchent les abords d'Igloolik, il y a sûrement des membres de sa famille. Réchauffés, nous embarquons à nouveau. Mais où sont donc passées ces sacrées baleines ?

C'est au nord de Tern Island que l'événement se produit enfin : un souffle s'élève au milieu de la baie. Malheureusement, le vent s'est levé, et suivre une baleine dans le clapot n'est pas une mince affaire. Qui plus est, à chaque fois que nous nous approchons d'elle à moins de 100 m, elle sonde précipitamment. Au bout d'une trentaine de minutes de ce manège, nous abandonnons. Est-il possible que dans les neurones de ces animaux-là se soit inscrit le danger représenté par l'homme ? Il est vrai qu'ils continuent d'être tués au titre de la

Une baleine du Groenland isolée se dirige vers la banquise pour tenter d'y trouver un passage.

sacro-sainte « chasse aborigène de subsistance » décrétée par la Commission baleinière internationale. Seul point positif : même sous la pression des médias avides d'images complaisantes, les Inuits du Nunavut (8) se font de plus en plus tirer l'oreille pour entreprendre de telles opérations, aujourd'hui inutiles. Tard dans l'après-midi, le vent tombe enfin. Venant de l'ouest à leur train de sénateur, deux baleines font route droit sur nous. Pakak coupe le moteur. Comme on pouvait s'y attendre, parvenues à une trentaine de mètres, elles plongent. Je parierais volontiers qu'elles sont en train de nager comme des folles pour s'échapper, mais non, elles passent tranquillement sous la quille avant d'émerger l'une après l'autre de l'autre côté du bateau. Dommage que la proximité des glaces rende l'eau si trouble, j'y aurais volontiers trempé mon appareil photo. Toujours aussi paisiblement, elles parviennent à la banquise et sondent. Trente minutes plus tard, il faut nous rendre à l'évidence : elles se sont volatilisées !

Sans doute, grâce à l'écho de leurs émissions sonores, ont-elles détecté quelque trou ou autre faille opportune, pas trop éloignés, pour respirer au milieu du détroit avant de rejoindre le golfe de Boothia. C'est en tout cas ce que prétend l'oncle de Pakak, que nous croisons tandis qu'il rentre de sa partie de chasse au phoque dominicale.

À l'issue de la quatrième soupe chaude de la journée, Pakak donne le signal du retour. Il est minuit passé et la banquise s'est enveloppée d'un manteau safran. Bas sur l'horizon, le soleil projette nos ombres qui n'en finissent plus de s'étirer sur la glace, dans un style que n'aurait pas désavoué Giacometti (9). Alors que nous remettons le cap au sud, deux hautes colonnes de condensation s'élèvent à moins de 100 m du bord. La lumière, l'absence de vent, la quiétude de la mer rendent cet instant magique. Les deux baleines, deux adultes à en juger par leur taille impressionnante, longent paisiblement la banquise. Devant le bateau, une énorme tête émerge, suivie dans la seconde même d'un long panache de vapeur. Le signal du grand départ aurait-il été donné par les deux éclaireurs de tout à l'heure ? Je le crois d'autant plus volon-

(8) Nunavut : l'une des treize provinces du Canada, dont le nom signifie « notre terre » en inuktitut. Iqaluit, la capitale administrative, est située au sud de la terre de Baffin.

(9) Alberto Giacometti (1901-1966), sculpteur suisse, célèbre pour ses personnages aux formes étirées.

Chasseur inuit.

tiers que, quelques minutes plus tard, nos deux baleines plongent à leur tour et disparaissent pour de bon.
Supérieure à 12 000 individus dans les années 1920, la population totale de la baie d'Hudson et du détroit de Davis s'est effondrée à moins de 500 aujourd'hui. Je refuse de croire que, à cause de notre cupidité ou de notre indifférence, ces géantes magnifiques puissent disparaître un jour de ces paysages de glace. L'accepter comme une fatalité reviendrait finalement à admettre notre propre fin à plus ou moins brève échéance. Gageons plutôt que la raison l'emporte sur l'aveuglement et que, enfin, l'humanité puisse mériter le rôle de gestionnaire de la Terre qu'elle revendique tant.

Phoque barbu *(Erignathus barbatus)*. Chassée par les Inuits, sa chair sert essentiellement à nourrir les chiens.

Sous le soleil de minuit, une baleine du Groenland longe la banquise, qu'elle franchira tôt ou tard pour rejoindre le golfe de Boothia.

Le sanctuaire « Pelagos »

France, Monaco, Italie

Les rorquals de *Mare nostrum* (1)

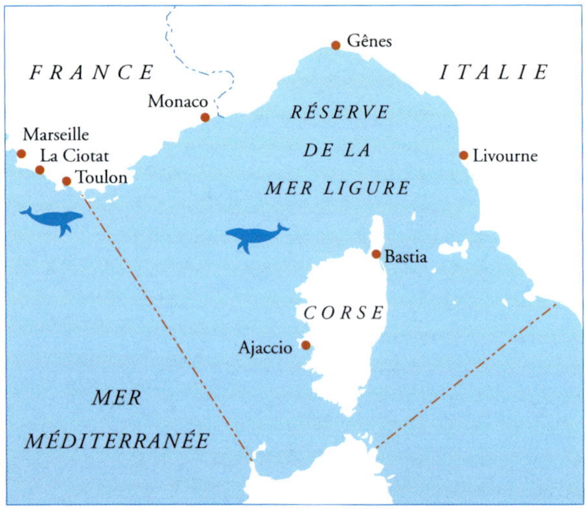

Pelagos : sanctuaire écologique marin de 87 500 km². L'accord de création a été signé en 1999 par la France, la principauté de Monaco et l'Italie. Son entrée en vigueur a eu lieu officiellement en 2002. Ses objectifs sont de maintenir un état de conservation favorable aux populations de mammifères marins par le renforcement de la législation sur la pêche, la pollution et le tourisme écologique, ainsi que par l'amélioration de la diffusion de l'information auprès du public.

(1) *Mare nostrum :* en latin « notre mer ». Les Romains avaient ainsi baptisé la Méditerranée après avoir colonisé tous ses rivages.

(2) *Couleur café :* voilier de première catégorie, de type « Oceanis 510 ».

(3) *Grampus griseus :* dauphin de Risso, assez commun en Méditerranée.

À peine avons-nous doublé le phare de Bérouard que Denis-le-Capitaine fait hisser le génois et la grand-voile de *Couleur café* (2). Le vent portant nous éloigne à petite allure du vieux port de La Ciotat. L'atmosphère de ruche survoltée qui règne sur le pont fait plaisir à voir. Tiphaine, Stéphanie, Aurélie, Alizée, Lionel et les autres s'affairent comme pour un départ de la Route du rhum. Je sens ici une effervescence joyeuse, de bon augure. Il ne fait aucun doute que les participants à cette aventure, dont la moyenne d'âge doit se situer aux environs de 17 ans, y croient de toutes leurs forces. Je ne serais pas autrement surpris, dans quelques années, de retrouver certains d'entre eux dans les rangs actifs des défenseurs de la Nature. J'aime. Durant une semaine, tout ce petit monde aura la chance de croiser au nord d'une zone que les Anciens avaient surnommée « mer Ligure », aujourd'hui vaste sanctuaire marin. Nom de code : « Pelagos ».

L'ami dauphin

Avec ses 15,30 m de longueur, ses 14 t et ses 124 m² de voilure, notre bon gros *Couleur café* devrait convenablement remplir son rôle pour la semaine à venir, surtout avec un aussi fin skipper que Denis, personnage à la tête bien centrée au milieu des épaules et accessoirement homme de montagne, ce qui ne gâte rien. La sécurité, il connaît. Tiphaine, c'est le *boss,* du genre « main de fer dans un gant de velours », capable à la fois de gérer les problèmes du bord et de discourir jusqu'à l'essoufflement sur la taxonomie du *Grampus griseus* (3), comme une licenciée en biologie marine qu'elle est. Tiens, justement ! un hurlement collectif nous parvient de la proue où plusieurs stagiaires se sont attroupés : « Dauphiiiiiins ! ». À tribord, deux dauphins de belle taille marsouinent le long de la coque : grosse tête ronde, robe blanche piquée de noir… Nous parlions des dauphins de Risso, eh bien, il n'y avait qu'à demander ! En équilibre instable sur le balcon avant, une main sur l'étai du génois, l'autre sur l'appareil photo, j'enchaîne les images du dauphin qui nage à l'étrave. En l'absence de vagues, l'eau est transparente comme du cristal. Pour mieux m'observer, le « Risso » nage de côté, de sorte que son œil me fixe intensément. À quoi peut-il bien penser lors d'un tel échange ? Car il s'agit bien d'un échange, sinon

Un dauphin de Risso *(Grampus griseus)* marsouine à l'avant de l'un des voiliers de l'expédition.

quoi d'autre ? Notre vitesse est quasiment nulle et la poussée hydrostatique dont il pourrait profiter est inexistante ; il n'attend donc rien de nous en particulier. Comme toujours dans un moment comme celui-ci, je suis partagé entre l'émotion et la frustration de ne pouvoir franchir la barrière du langage. Nous aurions sûrement des tas de choses à nous raconter !

Oubliant l'appareil photo, je m'accroupis. Main tendue, j'ébauche un simulacre de caresse. Il frissonne comme mon chat lorsque je lui parle. Ne cherchons pas midi à quatorze heures et laissons la magie opérer ! Après tout, pourquoi vouloir tout expliquer rationnellement ? Voilà bien les hommes qui veulent étiqueter la vie à tout prix ! Merci ami dauphin de m'obliger à ce « lâcher-prise », je le prends comme un cadeau. Beaucoup plus tard, alors que rien ne le laissait prévoir, notre compagnon de route nous gratifiera d'un saut spectaculaire, avant de plonger une fois encore et de disparaître pour de bon. Encore un rond dans l'eau qui n'est pas près de se refermer !

Dans une débauche d'ocre et de sanguine, la nuit prend possession de la Méditerranée. Bien plus tard, à l'issue d'un inventaire détaillé de la Voie lactée, devant un auditoire fasciné, Denis – merci, professeur ! – éteint la lampe du carré, laissant seulement la veilleuse de la table à cartes. Demain, la journée sera longue.

Cap au sud, cap au nord

Il est tout juste 7 heures lorsque Tiphaine sonne le branle-bas de combat. Son succès est plus que mitigé, car deux personnes seulement ont le courage de s'extraire de leur sac de cou-

Un rorqual commun *(Balaenoptera physalus)* prend son petit déjeuner. Son comportement erratique ne nous permettra jamais de nous en approcher.

chage. Le jeu en vaut pourtant la chandelle : fendant la surface d'une mer lie-de-vin, la silhouette caractéristique d'un rorqual commun **(4)** se découpe en contre-jour. Une heure plus tard, après l'avoir perdu à plusieurs reprises, force est de constater qu'il se déplace de façon complètement erratique. Chercherait-il à nous semer ? Ne rêvons pas. Sans de telles conditions, toute tentative de mise à l'eau pour le photographier serait vaine. Finalement, c'est l'odeur de café et de pain grillé qui détourne notre attention. Fin de la rencontre.

Une fois de plus, c'est du balcon avant que l'alerte est donnée : pratiquement côte à côte, deux rorquals communs évoluent à 300 m de l'étrave. Le tandem Stéphanie-Aurélie manifeste bruyamment sa joie d'avoir secoué *Couleur café* de sa torpeur. Le tonus remonte brusquement et, en quelques secondes, tous les passagers sont massés à la proue. Il était temps car, depuis la disparition de notre rorqual matinal, seuls quelques dauphins bleu et blanc **(5)** s'étaient manifestés, et encore, beaucoup trop brièvement à mon goût.

Une main sur la barre à roue, l'autre sur les jumelles, *Captain* Denis maintient un cap parallèle au leur, et surtout à distance raisonnable pour ne pas les effrayer. Concentré, il ne dit mot. Il y a du montagnard dans cet homme-là : intarissable lorsqu'il s'agit de raconter la Nature, mais « taiseux » dans l'action. En quelques minutes, nos rorquals sont à portée de téléobjectif.

Compte tenu de la différence de taille, nous avons sans doute affaire à une mère accompagnée de son petit ; cela dit, le rejeton mesure tout de même une dizaine de mètres. J'estime que sa génitrice en fait le double, soit presque la taille maximale pour l'espèce **(6)**. Profitant de chacune de ses apparitions en surface, je parviens à tirer une série d'images de sa tête. D'un blanc pur, le côté droit de la mâchoire infé-

(4) Rorqual commun *(Balaenoptera physalus)* : présent dans la partie ouest de la Méditerranée. Voir « Les grandes familles », p. 38.

(5) Dauphin bleu et blanc *(Stenella cœruleoalba)* : petit dauphin grégaire, assez commun en Méditerranée.

(6) Les rorquals communs de l'hémisphère Nord atteignent 21 à 22 m, ceux de l'hémisphère Sud 25 à 26 m.

Stéphanie et Aurélie viennent de repérer le souffle d'un rorqual.

rieure ne laisse aucun doute sur son identité. Il s'agit bien d'un rorqual commun, et pourtant, nous pourrions avoir affaire à une espèce génétiquement différente – endémique en Méditerranée. Contrairement à notre baleine matinale, ces deux-là ne se nourrissent pas, elles se contentent de maintenir leur cap. D'ailleurs, si nous les suivions à ce train-là, nous irions percuter la Sardaigne, ce qui est hors de question ! Consulté, *Captain* Denis transforme la barre à roue en ventilateur pour faire demi-tour et remet le cap au nord. Tandis qu'une partie de l'équipe hisse les voiles, l'autre s'active dans la cuisine : en croisière, le dîner est une affaire on ne peut plus sérieuse.

Il nous faut patienter jusqu'au surlendemain pour apercevoir de nouveaux rorquals, non sans avoir tout de même croisé la route d'un cachalot et d'une bonne centaine de dauphins bleu et blanc, aussi facétieux qu'à l'accoutumée. Cette fois, c'est l'équipe de quart Tiphaine-Alizée qui sonne le tocsin : « Rorquaaaaaaals ! » La mer est d'huile et le vent absent – deux conditions qui augmentent nos chances de réaliser enfin des images sous-marines... à condition de tomber sur un individu coopératif, cela va sans dire. Apparemment, nous sommes de nouveau en présence d'une mère accompagnée de son baleineau. Denis fait en sorte de les précéder de quelques centaines de mètres, en suivant scrupuleusement le même cap. La manœuvre est on ne peut plus simple. Il suffit de se mettre à l'eau et d'attendre, en espérant se trouver sur leur trajectoire. Le seul risque est qu'ils infléchissent leur route et que la mise à l'eau se révèle inutile. Mais bon ! Partant du principe que des images sous-marines ne se

Deux grands rorquals communs font route de conserve.

Plus clair, le côté droit de la tête de notre visiteur confirme qu'il s'agit bien d'un rorqual commun.

font jamais en restant sur le pont, je m'équipe, sans oublier ma combinaison de Néoprène, la rencontre inopportune avec une physalie (7) étant loin d'être exclue en cette saison.

(7) Physalie : sorte de méduse pourvue d'un flotteur et de filaments très urticants ; appelée communément « vaisseau portugais ».

Brève rencontre...

Finalement, les premières images sous-marines ne seront pas celles d'un rorqual mais celles d'un sympathique poisson-lune, alias *Mola mola.* Il godille bizarrement à l'aide de ses deux nageoires placées au-dessus et au-dessous d'un corps aplati latéralement, de forme vaguement circulaire. Dans un premier temps, il se laisse approcher puis, jugeant sans doute qu'il ne faut pas trop en demander, pique droit vers le fond, à une vitesse dont je ne l'aurais jamais cru capable. À la seconde où j'émerge, un concert de hurlements en provenance de *Couleur café* me fait brusquement tourner la tête. Surgi du Grand Bleu, rorqual junior vient droit sur moi. J'improvise un « canard » et redescend de quelques mètres pour le cadrer de

Un poisson-lune *(Mola mola).* Il atteint couramment 2 m et pèse 1 t. Le record des captures est de 4 m pour un poids de 4 t.

profil. Il se contente d'effectuer une légère rotation pour m'épargner une rencontre par trop rugueuse, et passe en prenant tout son temps. Trois images plus tard, il a disparu dans le contre-jour aveuglant. Dans le genre « brève rencontre », on peut difficilement faire mieux. Nous sommes bien loin du comportement inquisiteur, voire familier, de la baleine à bosse ou des baleines franches. Cela dit, je ne me plains pas : croiser la route d'un rorqual commun, même d'un bébé de 10 t, reste un événement rare. Donc précieux.

... mais quel final !

Voilà déjà presque une heure que nous suivons nos deux rorquals ; de surcroît, l'heure avance et la lumière va manquer d'intensité d'ici peu. Deux bonnes raisons pour envisager sérieusement de gagner un mouillage pour la nuit. À l'avant, nous parlons « baleines »... Stéphanie m'interroge : « Dis, Gérard, les rorquals communs, ça saute également ? » Comme il se doit, je lui réponds par l'affirmative, en précisant que le saut est un comportement commun à tous les rorquals. Dix secondes ne se sont pas écoulées depuis la fin de ma réponse qu'une masse énorme s'élève droit devant nous et retombe dans une gerbe d'écume, accompagnée d'un bruit sourd. Je ne le crois pas ! Sur *Couleur café,* c'est l'hystérie... qui ne cessera que des heures plus tard, longtemps après que Cassiopée et ses voisines auront envahi le ciel et que *Mare nostrum* aura pris la couleur de l'étain.

Lorsqu'il m'arrive de raconter cette anecdote, je me félicite d'avoir eu autant de témoins tant elle paraît invraisemblable. Gâtés, certes, nous l'avons été... Mais pourquoi donc ce fichu rorqual n'a-t-il pas sauté une seconde fois ?

Cap sur l'Italie, nous nous apprêtons à passer une nouvelle nuit en mer.

Ile de Pico

Açores (Portugal)

Les géantes de Pico

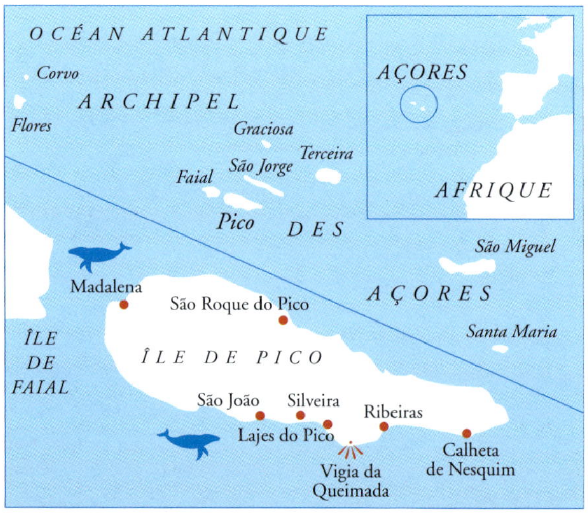

Un rorqual commun émerge après une longue apnée.

11 avril, 10 h 35

L'île transpire. Gorgée des pluies qui n'ont cessé de tomber ces dernières semaines, la roche volcanique exsude l'eau par tous ses pores, détrempant les prairies, transformant les sentiers en marécage. Ce matin, comme s'il voulait rattraper le temps perdu, le soleil éclabousse le mont Pico d'une lumière qui meurtrit la rétine. La terre fume, libérant une odeur musquée qui se mêle aux arômes astringents de l'océan. Du haut de la vigie de Queimada, Sidonio [1] parcourt l'horizon de ses jumelles. Il retient sa respiration car, à 5 milles en direction du sud, dans les reflets métalliques de l'Atlantique, un souffle vient d'apparaître.

À la seconde même, depuis la terrasse de sa maison située à quelques centaines de mètres de là, João « Vigia » vient lui aussi de le localiser. À sa manière bien à lui de plonger, le rorqual révèle son identité : il s'agit d'un rorqual commun *(Balaenoptera physalus)*. Lorsqu'une seconde colonne de vapeur s'élève non loin de la première, le père et le fils savent qu'ils ont affaire à une mère escortée de son baleineau. Alors que l'information monte du haut-parleur de *Bernadette,* nous tirons des bords au large de São João depuis plus d'une heure. Autour de notre gros pneumatique noir, une bande de dauphins communs s'obstine à pulvériser des embruns sur le matériel photo, en chahutant au ras des flotteurs.

À la barre, João Quaresma lève le pouce en signe de satisfaction et interrompt la communication. En quelques secondes, Malcom et Luis s'empressent de caler tout ce qui risquerait de jouer la fille de l'air lorsque, propulsés par le gros Suzuki de 200 CV, nous surferons sur les vagues. Nous laissons les dauphins à leurs facéties en mettant le cap plein est. Quelques minutes plus tard, les deux rorquals sont en vue. Ils progressent avec nonchalance – fait suffisamment rare pour être souligné, cette espèce ayant pour habitude de sillonner les océans comme si elle avait le diable à ses trousses. S'ils maintiennent cette allure, nous devrions pouvoir plonger et les photographier entièrement, de la pointe du rostre à l'extrémité de la caudale, ce qu'une prise de vue depuis la surface n'autorise jamais. Cela dit, il va falloir jouer serré car, en présence de son rejeton, une maman rorqual est rarement coopérative. João Quaresma place le bateau face à eux et coupe le moteur.

(1) Sidonio Gonçalves, fils de João « Vigia » (voir « Les yeux de João "Vigia" », p. 168). Héritier du savoir-faire de son père, il assure la surveillance depuis la vigie de Queimada pour Espaço Talassa.

Familiers, deux dauphins communs à bec court marsouinent le long du bateau.

Lorsqu'ils ne sont plus qu'à 200 m, je m'immerge en compagnie de Luis, en prenant d'infinies précautions. Nous nous écartons du gros pneumatique qui danse sur la houle. Je n'aperçois les rorquals qu'au moment où ils passent à 15 m sous mes palmes. Trop tard, hélas, pour tenter une prise de vue ! Il n'en reste pas moins que ces deux coureurs d'océan sont magnifiques. Avec une taille que j'évalue à 8-10 m, soit à peine la moitié de celle de sa mère, le baleineau ne doit être âgé que de quelques semaines. En rejoignant *Bernadette,* je croise mentalement les doigts pour que la prochaine tentative soit la bonne.

Il nous faut attendre plus d'une demi-heure pour qu'une opportunité se représente. Nos deux rorquals font pratiquement du surplace, sans le moindre signe de nervosité. De temps à autre, le petit rejoint le flanc de sa mère, comme pour s'y frotter. C'est en le voyant disparaître à plusieurs reprises sous la surface que je comprends quelle est la situation : nous avons fait irruption au beau milieu d'une séance d'allaitement. J'aurais dû me douter qu'une telle quiétude n'était pas sans raison. Le baleineau est dans une phase de croissance rapide et les tétées occupent une grande partie de son temps. Par respect, nous les suivons à bonne distance.

Il nous faudra patienter presque quarante minutes avant qu'ils se décident à reprendre la route. C'est le moment. La mise à l'eau a lieu alors que le couple n'est plus qu'à 100 m de l'étrave. Inutile de palmer, mieux vaut sagement attendre le long de la coque. Bien nous en prend car, quelques secondes plus tard, un

Depuis leur Bombard à l'arrêt, les passagers observent un rorqual commun.

On ne peut guère parler d'interaction entre le plongeur et le rorqual commun, tant la nage de ce dernier est rapide.

Une baleine à bosse croise au sud de l'île de Pico.

(2) Tortue caouanne *(Caretta caretta)* : grosse tortue marine des régions tempérées et subtropicales, très fréquente aux Açores, qui peut mesurer jusqu'à 1,15 m et peser 130 kg.

(3) Deux espèces de sternes peuvent être observées aux Açores : la sterne pierregarin *(Sterna hirundo)* et la sterne arctique *(Sterna paradisea)*.

long corps fuselé entre dans mon champ de vision, progressant tranquillement dans les rais de lumière qui cascadent depuis la surface. Vu sa modeste taille, il s'agit là du baleineau. À l'évidence, la mère a jugé bon de ne pas apparaître sur la photo souvenir, tant pis pour elle. Luis file vers la gauche tandis que je passe sous la quille du Bombard et nage vers la droite à grands coups de palmes. Le temps des précautions est révolu. Je tiens là une opportunité unique de réunir un rorqual et un plongeur sur le même cliché. La transparence de l'eau est loin d'être parfaite, mais j'aurais tort de me plaindre. J'appuie sur le déclencheur à trois reprises, avec la sensation de « couvrir » une arrivée de Formule 1. Happé par le contre-jour, le « bébé » disparaît en quelques secondes, ignorant qu'il vient de me faire vivre l'une de mes plus belles rencontres.

Une heure plus tard, moteur coupé, nous dérivons sous un ciel sans nuages. Nous ne partageons pas seulement l'eau et les fruits, mais encore le bonheur d'être en mer. Bercé par la houle, je me sens glisser vers le sommeil, lorsque la voix de Malcom me ramène brutalement à la réalité. De l'index, il désigne un point à la surface de l'eau, si minuscule qu'il est périodiquement occulté par la houle. Doucement poussés par le gros moteur dont les quatre cylindres font à peine plus de bruit qu'une machine à coudre, nous approchons du but avec des précautions de guerrier sioux. Juchée sur une superbe tortue caouanne (2), une sterne (3) fait mine de prendre son envol. Si j'en juge à l'abondance des fientes qui maculent la carapace, la cohabitation ne date pas d'hier et les simulacres de fuite du resquilleur à plumes ne trompent personne. Il n'a nullement l'intention d'abandonner son confortable radeau. De quelle sorte d'association s'agit-il ?

Une sterne fait une pause sur la carapace d'une tortue caouanne.

Pour se nourrir, la baleine à bosse effectue d'incessants aller et retour devant le village de Lajes do Pico.

Les hypothèses qui me viennent à l'esprit me paraissent si farfelues que je dois avouer mon ignorance. Je me contente de récolter quelques images, laissant aux spécialistes le soin d'interpréter plus tard cette étonnante relation. Au moment où nous envisageons d'abandonner l'oiseau opportuniste et la tortue complice, un appel radio tombe : l'ami Serge (4) nous attend *Chez Ritinha* autour d'une fricassée de *lulas* (5) pêchés le matin même. Voilà qui est parler !

24 avril, 9 heures

Ce matin, Sidonio n'a pas perdu son temps, et pour cause : fait exceptionnel, il vient de repérer, juste au pied de la vigie, une baleine à bosse solitaire dont la présence aux Açores est peu courante. De plus, elle semble se nourrir, contrairement à la plupart de ses consœurs qui transitent sans s'arrêter entre les côtes africaines où elles se reproduisent et leur zone de pêche de l'Atlantique Nord. Les équipements sont déjà à bord de *Bernadette,* João Quaresma est à la barre ; le vent est tombé durant la nuit… Disons que la journée s'annonce plutôt bien.

Il ne nous faut que quelques minutes pour atteindre le Castelete, grosse protubérance de lave brune, à mi-chemin entre l'entrée du port de Lajes et la vigie de Queimada. Je ne le crois pas ! À moins de 30 m de la falaise qui plonge directement dans l'océan, un dos noir luisant émerge quelques instants, s'arrondit avant de disparaître dans les vagues. Une baleine livrée à domicile comme une banale pizza ? Voilà qui nous change des interminables déplacements en haute mer ! Six minutes plus tard, elle ressort à moins de 100 m de son point d'immersion. Elle mange, c'est certain, sinon pourquoi mettrait-elle aussi longtemps à parcourir une aussi courte distance ? Le bruit de forge qui accompagne sa réapparition, se répercute sur le mur de basalte. Elle replonge après avoir repris trois fois sa respiration mais sans jamais nous montrer le dessous de sa caudale. Cinq minutes plus tard, elle ressort à 10 m de l'étrave, expulsant un panache dont l'odeur de coquillage abandonné au soleil nous envahit aussitôt. La baleine doit exploiter une forte concentration de nourriture sans doute poussée contre la côte par un courant ascendant. Une heure plus tard, elle abandonne le garde-manger du Castelete pour se diriger vers l'île voisine de Faial en longeant la côte. Nous la suivons.

À 11 heures, notre baleine a pratiquement atteint l'entrée du port de Lajes, enchaînant les plongées sans jamais dresser sa caudale au-dessus de la surface de l'eau, comme si elle voulait garder l'anonymat (6). Les eaux proches du rivage étant particulièrement troubles, toute tentative de photographie sous-marine serait vouée à l'échec et nous en sommes réduits à comptabiliser ses allées et venues. À 12 h 30, elle change brusquement de tactique et pique droit sur nous. Elle arrondit le dos et plonge à moins de 10 m du flotteur tribord. Ne sachant où elle refera surface, nous attendons, appareil photo en main. Deux minutes s'écoulent sans qu'elle ait réapparu. Voilà bien l'ingratitude des baleines à qui l'on consacre toute son énergie et qui partent sans même un au-revoir !

Alors que j'interroge João Quaresma du regard, une bruit de catastrophe nous fait nous retourner… Tout juste à temps pour voir la géante retomber dans une explosion d'écume ! La coquine s'est offert le plaisir de passer sous l'étrave pour nous jouer un tour à sa façon. Il est trop tard pour relancer le moteur si nous voulons être prêts pour une éventuelle photo. Sautera, sautera pas ? Cinq secondes plus tard, elle bondit à nouveau, mais cette fois, je la

(4) Serge Viallelle, patron de la Boca (base d'observation des cétacés des Açores).

(5) Calmars.

(6) Voir « Les grandes familles », « La Baleine à bosse », p. 56 et « Sainte-Marie-des-Baleines », p. 186.

Après être passée sous le Bombard, la baleine à bosse nous salue de trois sauts successifs.

26 avril, 11 h 30

Un front glacial s'est abattu sur l'archipel durant la nuit, au point que le Pico arbore un poncho de neige, fait rarissime en cette saison. Un vrai temps des Açores ! Le vent a beau être aller souffler plus loin, la mer n'en est pas moins formée et la sortie risque fort d'être animée, surtout si nous devons affronter les vagues de face. « Allô *Bernadette* ? Allô João Pedro, tu m'entends ? » La voix chantante de João « Vigia » nous interpelle à la radio au moment où nous doublons le monument des Baleiniers, érigé à l'extrémité de la jetée. Je ne retiens qu'une seule chose : *baleia azul* ! Entendre parler de « baleine bleue » à peine sorti du port me rend plutôt joyeux. João Pedro et Malcom n'ont pas l'air fâché non plus. Mais ce que j'ignore encore à cet instant, c'est la distance qu'il va nous falloir parcourir avant de rejoindre la baleine en question.

Douze nautiques (7) plus tard, j'ai l'impression d'avoir voyagé dans une essoreuse. João Pedro coupe les gaz. Ce qui tient du prodige, c'est la faculté que possède notre guetteur de repérer une baleine à plus de 20 km de distance. Certes, il n'a pu nous préciser la couleur de ses yeux, mais grâce à lui, nous savons qu'elle se déplace d'est en ouest, qu'elle remonte en surface pour respirer toutes les quinze à vingt minutes. Il n'y a pas à dire, une vigie, ça aide.

Moins de cinq minutes s'écoulent avant que l'énorme baleine pointe son rostre à la surface. Conformément aux observations de João

tiens dans mon viseur. Et tant pis si elle nous tourne le dos. Elle saute une dernière fois avant de gagner le large. Nous avons suffisamment abusé de sa patience, il est temps de la laisser partir. Je croise le regard de mon skipper : son sourire vaut tous les commentaires. De leur fenêtre, du front de mer ou de la jetée, des dizaines de spectateurs ont été témoins de la scène et tous ont adoré… À l'exception de nos guetteurs, João « Vigia » et Sidonio, privés du spectacle par la colline. Un comble !

(7) 22,224 km (1 mille nautique = 1 852 m).

L'auteur, en compagnie de João Pedro Sequeira.

Aux Açores, qualifiées d'« archipel des quatre saisons », les conditions météo peuvent passer de l'été à l'hiver en quelques heures. Ici, une « neige de mai » sur le mont Pico.

« Vigia », elle effectue des aller et retour régulier. Selon toute évidence, elle exploite un banc de krill (8) et, comme ce dernier vit assez profond durant la journée, il peut s'écouler de longues minutes avant qu'elle l'atteigne. Woooooooosh ! Elle émerge à 100 m à peine devant l'étrave dans un bruit de tempête avant de replonger dans la foulée. João Pedro relance le moteur. Tout en respectant les règles de courtoisie, nous devons impérativement nous en approcher pour la photographier correctement. Outre le reportage, notre mission est d'alimenter la « banque d'images de la baleine bleue » (9), laquelle contribue à en évaluer la population et les migrations. Nous suivons les *foot prints* (10) depuis un bon moment lorsque la forme caractéristique de la tête se dessine à travers la surface de l'eau. La baleine chasse brusquement l'air de ses poumons alors que son évent est encore immergé. Un énorme panache de bulles fait exploser la surface, projetant une haute colonne de vapeur fétide dans l'atmosphère. Le dos bleuté défile sous nos yeux, puis la minuscule nageoire dorsale et enfin... Eh bien non ! la paresseuse refuse obstinément de sortir sa caudale.

Durant l'heure suivante, nous assurons l'essentiel des prises de vues rapprochées. En observant l'énorme rostre aplati, j'ai du mal à imaginer qu'il représente à peine le cinquième de la longueur totale de l'animal. À cet instant précis, j'ai pleinement conscience d'être en présence de la plus grande créature que la planète ait jamais portée. Mes réflexions sont brusquement interrompues par la voix de João « Vigia », déformée par la mauvaise réception radio : *« Baleia, baleia... ! »* Le skipper tend le bras vers l'est. À 300 m de là, le souffle caractéristique d'une baleine bleue s'élève, bientôt suivi d'un autre, plus modeste. Une mère et son baleineau

(8) Krill : petit crustacé apparenté aux crevettes, l'un des constituants du zooplancton.

(9) Catalogue des baleines bleues de l'Atlantique Nord, tenu par le MICS (Mingan, Canada).

(10) *Foot print :* empreinte de pas.
En l'occurrence, trace circulaire lisse, provoquée par le battement de la nageoire caudale, lorsqu'un cétacé nage directement sous la surface de l'eau.

Émersion d'une baleine bleue adulte. Les individus qui lèvent leur caudale avant de replonger ne représentent qu'un faible pourcentage.

Face au volcan, la jeune baleine bleue retombe lourdement sur le flanc.

font cap au sud. En un instant, la fatigue et les courbatures sont oubliées, ne boudons pas notre plaisir !

Une chance ne venant jamais seule, le vent d'altitude s'est ingénié à repousser les nuages vers le nord, permettant enfin au soleil d'éclabousser l'océan d'une lumière crue. C'est presque trop beau. D'ailleurs, en toute logique, nous devrions perdre rapidement le contact avec ce couple car, chez les baleines bleues, les mères escortées de leur progéniture sont expertes dans l'art de fausser compagnie à quiconque tente de les approcher. J'en suis tellement persuadé que je manque de tomber à la renverse… lorsque le baleineau jaillit sur tribord et retombe pesamment sur le flanc. Dix secondes plus tard, il surgit de nouveau, mais cette fois, l'effet de surprise ne joue plus et je parviens à récolter une belle série d'images. Il y a comme du jeu dans l'air. La mère suit la scène de loin, sans s'inquiéter des facéties de son rejeton… qui bondit une fois de plus. Lorsqu'il saute pour la dixième fois, je sens chez lui une très nette baisse de tonus, et j'hésite à gâcher du film. Aussi s'en faut-il d'un rien que je manque le onzième saut, de loin le plus spectaculaire de tous. Au ralenti, comme si elle voulait marquer cette extraordinaire rencontre d'une pierre blanche, la petite baleine se dresse verticalement au-dessus des vagues, exposant généreusement sa gorge parcourue de dizaines de plis parallèles, avant de réintégrer son univers. Pour de bon, cette fois.

Les mots sont superflus pour décrire ce qui se passe en nous. Un simple regard échangé avec mon skipper nous en dit plus long que n'importe quel discours. Je sais simplement, pour l'avoir vérifié à plusieurs reprises, que l'on n'oublie jamais un tel événement ni ses protagonistes. Je sais déjà que, quels que soient le lieu ou les circonstances, lorsque l'un d'entre nous revivra ce moment par la pensée, ce sera comme un arrêt sur image dans le grand film de la Vie : les autres seront là, et à jamais. Pas vrai Malcom ? Pas vrai João Pedro ?

La baleine bleue émerge soudain. Elle ne reprend sa respiration qu'en vue d'un nouveau *breach*.

Onzième et dernier *breach* de la « bleue », de loin le plus spectaculaire.

Île de Pico

Açores, Portugal

Les yeux de João « Vigia »

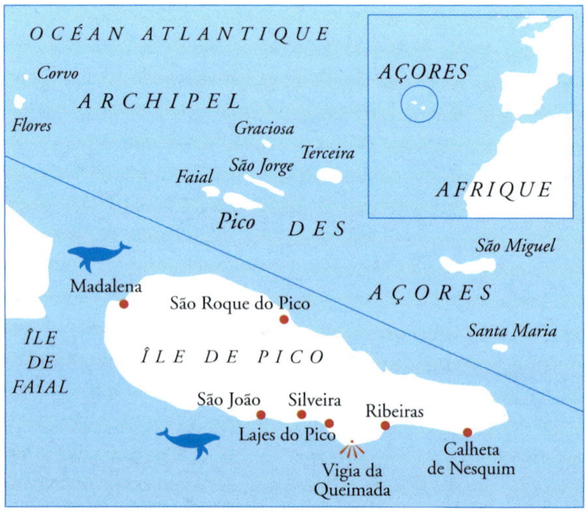

(1) Surnom affectueux donné à João Gonçalves par les baleiniers de l'archipel.

(2) Bernadette de Lourdes : patronne des baleiniers açoriens depuis le XIXe siècle, lorsque les femmes invoquèrent la sainte pour les marins pris dans la tempête et que ces derniers rentrèrent sains et saufs.

(3) Serge Viallelle, fondateur d'Espaço Talassa, en 1989, dont le centre, la « Boca » (Base d'observation des cétacés des Açores), se trouve à Lajes do Pico, près du musée des Baleiniers.

(4) Rorqual boréal *(Balaenoptera borealis)* : le troisième rorqual par la taille, seulement devancé par le rorqual commun et surtout par la baleine bleue.

1er mai, 10 h 50

Au milieu d'un pré ceinturé de pierres de lave noire où paissent deux vaches apathiques, la vigie de Queimada dresse ses deux étages à 75 m au-dessus de l'Océan. Derrière la meurtrière percée en haut de la tour de béton chaulé, indifférent au feulement du vent, João Vigia [1] parcourt l'horizon à l'aide des vénérables optiques Zeiss 15 x 60 sanglées sur la toupie de bois patiné. Malgré toutes les années passées à scruter l'horizon, ses yeux clairs restent infaillibles pour repérer baleines et dauphins au sud de l'île de Pico. Sans ces yeux-là, les marins les plus chevronnés n'auraient plus qu'à s'en remettre au hasard… ou à la bienveillance de Bernadette de Lourdes, leur sainte patronne [2]. Depuis le moratoire de 1986, la rencontre entre les hommes et les baleines ne s'achève plus dans un bain d'hémoglobine. L'usine baleinière de Lajes do Pico se désintègre peu à peu sous la pression du vent et des tempêtes, et les longues *canoas* ne sont plus mises à l'eau que pour maintenir la tradition. Depuis l'arrivée du « Français [3] », la paix entre les hommes et les animaux s'est installée, et les amoureux de la nature en liberté accourent du monde entier. La main du guetteur s'immobilise. À 10 milles au sud de Calheta, plusieurs souffles viennent de se matérialiser dans le contre-jour. João se lève, va jusqu'au coffre, en extrait une fusée et descend la fixer sur la plate-forme, au pied de la vigie. Il frotte une allumette…

Il y a vingt ans, il aurait enfourché son vélomoteur antédiluvien et, pour alerter les chasseurs, serait allé planter la fusée juste au-dessus du village. Aujourd'hui, son geste est symbolique et il l'accomplit pour le souvenir. Il monte vite reprendre sa place par l'étroit escalier de bois. Dans les jumelles, les souffles sont tou-

João « Vigia » en action.

(À droite) Avant le moratoire de 1986, João lançait la fusée pour prévenir les chasseurs de cachalots.

jours là, à peine perceptibles et pourtant il en compte au moins quatre. Il sait aussi que ce ne sont pas des cachalots, les seules « bonnes » baleines qui méritaient jadis que l'on sonne le branle-bas dans le village. Celles d'aujourd'hui sont des rorquals, d'authentiques bolides à la fois trop rapides et trop maigres pour les baleiniers d'autrefois. João ouvre sa radio : « Allô Serge ! tu m'entends ? » À la barre de *Bernadette,* à bord de laquelle nous sommes en stand-by face au village, Serge saisit le micro. Il s'ensuit une conversation dans un portugais aux forts accents açoriens, au cours de laquelle *« baleia »* revient en leitmotiv. Bientôt, le gros pneumatique à peau noire trace sa route en surfant sur les vagues. Dans le haut-parleur, la voix chantante de João ne s'est pas interrompue pour autant. Au sourire amusé de Serge, j'imagine que, du haut de sa tour, le guetteur solitaire lui raconte sa famille, ses chiens, son potager, sa vigne, ou encore la redoutable *angelica* récemment mise en bouteilles. Qu'est-ce que je les aime, ces deux-là !

Cinquante minutes plus tard, sur une injonction de João, Serge coupe les gaz. La météo, qui s'est détériorée durant le trajet – merci, les Açores ! –, ne me dit rien qui vaille. À quelques centaines de mètres, en provenance de l'île de São Georges, plusieurs souffles apparaissent simultanément. Lorsque la première baleine émerge à moins de 50 m, il nous est plus facile de l'identifier : environ 20 m de longueur, silhouette vaguement serpentiforme, rostre étroit surmonté d'une unique crête médiane, et surtout l'évent et la dorsale, visibles simultanément lors de la séquence respiratoire. Aucun doute là-dessus, nous avons affaire à un superbe rorqual boréal [4].

Curieusement, il ralentit, puis se stabilise à moins de 15 m sur bâbord tandis que les autres membres du groupe poursuivent leur chemin. Pour moi, un comportement inédit. À vitesse réduite, nous conservons notre cap. En alignant son allure sur la nôtre, il nous permet d'admirer sa technique de nage très particulière, un mouvement dorso-ventral alterné, sensiblement plus accentué que chez les autres espèces de rorquals. Le cortège aurait pu aller son train jusqu'à l'île voisine de Faial si notre

En émergeant, le rorqual boréal *(Balaenoptera borealis)* montre simultanément son évent et sa nageoire dorsale – une particularité commune avec le petit rorqual *(Balaenoptera acutorostrata)*, rarissime dans ces eaux.

compagnon de route n'avait soudain disparu. Il réapparaît quelques secondes plus tard... juste sous la quille de *Bernadette,* qui n'avait encore jamais vu de baleine d'aussi près. Nous non plus d'ailleurs ! Qui plus est, le joyeux plaisantin nage ventre en l'air. D'une blancheur de linceul, son abdomen agit comme un réflecteur : nous flottons dans une sorte de halo luminescent. J'avoue être impressionné, et c'est sans doute l'effet escompté, les cétacés utilisant cette technique pour intimider leurs proies. J'interroge Serge du regard. Imperturbable, il conserve son cap, veillant surtout à ne pas créer d'incident diplomatique avec un animal de quelques dizaines de tonnes et peut-être d'humeur chagrine. Allez savoir ! Habituellement, j'aurais tenté de saisir quelques images sous-marines « à l'arraché » en immergeant un Nikonos le long du bord, cette fois, je m'abstiens. Une petite voix intérieure m'inciterait-elle à la prudence ? Toujours est-il que l'histoire ne repasse pas les plats une seconde fois. Notre rorqual disparaît en nous laissant aux prises avec des sentiments mitigés, à la fois émerveillés de la beauté de cette rencontre et frustrés de n'avoir pu l'immortaliser.

Au moment où nous envisageons de retraiter sagement vers le port, une masse jaillit des profondeurs, accompagnée dans la fraction de seconde qui suit d'un souffle explosif. Énorme. À cet instant précis, je me trouve exactement face à l'action. Une demi-seconde plus tard, le rorqual facétieux est passé en quatre exemplaires par l'objectif du Nikon. Et dire que j'ai

Après une longue apnée, le souffle du rorqual boréal est particulièrement spectaculaire.

Véritable lévrier des mers, le rorqual boréal est capable de parcourir des distances considérables à vive allure.

failli douter de mon étoile ! Il était temps ! Le printemps açorien se rappelle à notre bon souvenir en déversant sur nous un déluge digne de la plus belle des moussons. La chaleur en moins.

4 mai, 9 heures

Ce matin, vue du port de Lajes où nous embarquons sur *Bernadette :* le Pico [(5)] est triste. Pire, il est « en deuil » : les nuages noirs qui s'accrochent au sommet du cône de lave sont assez éloquents et ça ne me dit rien qui vaille. Pas besoin d'être météorologiste pour supposer que nous allons en baver.

Si j'avais seulement le moindre doute, il me suffirait de constater que João Pedro [(6)] a troqué ses lunettes de surfer hawaiien pour une paire de solides lunettes de glacier. De plus, il a enfilé son ciré intégral, d'un jaune à faire perdre ses plumes de dépit au plus beau des canaris. Olivier et moi avons anticipé à la fois sur la pluie et sur une éventuelle immersion en enfilant une combinaison de Néoprène, histoire de ne pas mourir de froid. Le gros temps a beau menacer, l'optimisme est pourtant bien là, car João Vigia nous a signalé des baleines en route vers Faial. Nous devrions les intercepter sous peu à la perpendiculaire de Lajes.

Devant l'étrave du Bombard, cinq rorquals boréaux tracent une route rectiligne dans les vagues. Lorsque João Pedro confirme le contact à João Vigia, ce dernier accuse réception par un immense éclat de rire, signe qu'il se réjouit du travail accompli. Nous sommes bien loin du calme plat et, si le vent se met de la partie, la sortie risque fort de se transformer en punition. Comme à l'accoutumée, nos rorquals progressent non pas en file indienne mais en ligne frontale, et selon un rythme immuable : trois respirations successives avant de disparaître sous la surface pendant quatre à cinq minutes. N'étant pas en quête de nourriture, ils ne sondent pas à proprement parler, ils nagent simplement à quelques mètres sous les vagues. Nous

(5) Le mont Pico : volcan d'une hauteur de 2 351 m, et dont la dernière éruption date du XVIIe siècle.

(6) João Pedro Sequeira : skipper et guide naturaliste émérite. Compagnon de route durant dix ans.

La nage ondulante du rorqual boréal *(Balaenoptera borealis)* lui donne un aspect presque reptilien.

La nageoire dorsale de ce rorqual boréal présente un aspect falciforme caractéristique.

en avons pour preuve les *foot prints* réguliers qui dénoncent chaque battement de la nageoire caudale. Trente minutes s'écoulent, que nous mettons à profit pour nous faire accepter et évaluer à qui nous avons affaire. Le groupe comporte deux individus juvéniles et trois adultes. Maintenant, il est grand temps d'en venir aux présentations ! Tout en nous équipant, nous mettons au point la stratégie d'approche sous-marine. João Pedro prendra plusieurs centaines de mètres d'avance en suivant, par la gauche, une trajectoire courbe qui nous ramènera, en bout de course, face aux rorquals. À son signal, nous nous immergerons le plus discrètement possible, tandis qu'il s'éloignera pour nous laisser le champ libre.

Dix minutes plus tard, la manœuvre a été respectée à la lettre. Olivier se laisse glisser le long du flotteur tribord. Lorsque je le rejoins, le bateau est déjà loin. Je croise mentalement les doigts pour que nous soyons bien sur le passage de nos baleines. Olivier scrute les profondeurs, tandis que je tente de repérer le moindre souffle au-dessus de la surface. Je viens à peine de me stabiliser lorsqu'une masse sombre surgit d'entre les vagues. Un souffle bref, un dos qui s'arrondit… Je sonde, à la fois pour prévenir Olivier et pour me placer correctement entre deux eaux. Deux silhouettes sortent du néant : apparemment une mère et son baleineau. L'hypothèse se confirme à la seconde même où ce dernier se réfugie derrière sa génitrice, échappant, hélas, à la photo de famille. Quelle étrange animal ! Nous sommes loin des rondeurs rassurantes de la baleine franche ou, dans une moindre mesure, de la baleine à bosse. Il y a du missile dans celle-là, mais un missile de 20 m qui ondulerait comme un serpent de mer. Lorsqu'il parvient à ma hauteur, le grand cétacé poursuit sa route, indifférent, sans dévier d'un degré. Certes, je n'espérais pas un clin d'œil complice, mais tout de même ! De surcroît,

En révélant la zone blanche uniquement présente sur le côté droit de la tête, la transparence de l'eau permet d'identifier à coup sûr un rorqual commun *(Balaenoptera physalus)*.

comme il était un peu trop loin de l'objectif à mon goût, il va me falloir affiner l'approche suivante. Nous remontons à bord de *Bernadette* sous la pluie. João Pedro remet aussitôt les gaz et nous reprenons la poursuite.

La seconde mise à l'eau s'effectue sous des trombes d'eau. L'eau de mer et l'eau douce faisant rarement bon ménage, voilà qui risque de ne pas favoriser la netteté des images sous-marines. Pourtant, à peine quinze secondes plus tard, je sonde, incrédule, devant un superbe rorqual, dans une eau limpide comme du cristal. Je suis presque dans l'axe de sa trajectoire, ce qui ne semble pas l'affecter outre mesure. Il n'est plus maintenant qu'à une quinzaine de mètres de mon objectif... 10 m, 8, 6... Aïe ! Tout cela va mal se terminer. À peine 3 m nous séparent lorsque j'appuie sur le déclencheur. Je m'écarte *in extremis,* juste pour voir passer l'énorme mâchoire, immédiatement suivie d'une pectorale. J'ai failli oublier qu'une baleine se termine généralement par une nageoire caudale de grande envergure. Une fraction de seconde avant qu'elle ne me fauche, j'ai l'ultime réflexe de me mettre en boule, la tête rentrée dans les épaules. Le violent déplacement d'eau me retourne comme une crêpe. Une seconde plus tard, indemne mais passablement secoué, je remercie mon ange gardien, d'autant plus que je l'ai un peu trop sollicité ces derniers temps.

En prenant une ultime respiration avant de plonger, le rorqual commun sort la tête au point d'exposer son maxillaire droit, sensiblement plus clair que le gauche.

Pour profiter de la poussée hydrostatique, les dauphins marsouinent volontiers devant un rorqual commun.

D'immersion en immersion, nos rorquals voyageurs nous ont entraînés dans le chenal qui sépare l'île de Pico de celle de Faïal. Le plein d'images est fait et il est temps de rentrer. Comme il se doit, il tombe des cordes, à un point tel que la mer paraît bouillir. Cramponné à la barre, les yeux meurtris par les embruns, João Pedro confirme sa réputation de marin chevronné en maintenant résolument son cap, malgré l'absence totale de visibilité. Une heure et demie plus tard, lorsqu'il coupe les gaz au large de la vigie, le soleil brille de tous ses feux et l'océan s'est fait tout plat, comme pour se faire pardonner. Voilà bien les Açores, magnifiques et versatiles à la fois. À peine le dernier sandwich a-t-il été englouti que la voix chantante de João Vigia monte du haut-parleur : « João Pedro, tu me reçois ? Vous avez une baleine au large de Pontas Negras. Elle vient droit vers vous ! »

Exactement comme notre vigie l'avait annoncé, le souffle d'un rorqual se matérialise bientôt sur fond de roches noires. À quelle espèce avons-nous affaire ? Pour le savoir, rien ne vaut d'aller y voir d'un peu plus près, les rorquals prenant rarement l'initiative de venir se présenter les premiers. Erreur : celui-ci poursuit calmement sa route, sans sonder. Passant à la hauteur du bateau, il exhibe le côté droit de sa mâchoire, d'un blanc éclatant, ce qui en fait avec certitude un rorqual commun, alias *Balaenoptera physalus,* cétacé numéro deux par la taille, derrière la baleine bleue. Avec à peine plus de 15 m du rostre à la caudale, il doit s'agir

d'un individu immature, tout au plus d'un jeune adulte. Les conditions de prise de vues sous-marines seraient sans doute meilleures si nous étions au large. Hélas, à proximité de la côte, le plancton est bien trop dense à mon goût !

Il ne fuit pas, ne sonde pas, ne se nourrit pas ; il monte tranquillement respirer toutes les quarante secondes. À ce train, nous verrons le soleil se coucher derrière le Pico sans qu'il se soit rien passé. Rien passé ? Ça reste encore à voir ! Au large de Ribeiras, venant d'on ne sait où, une troupe de dauphins communs(7) fait irruption. Comme ils ont coutume de le faire à la proue d'un bateau, les provocateurs marsouinent joyeusement devant le rostre de notre rorqual, profitant manifestement de la poussée hydrostatique. Dérangé au milieu de sa sieste par le cortège, un puffin cendré (8) s'enfuit en protestant contre le sans-gêne des étrangers.

Agacé par tout ce remue-ménage, le rorqual prend une longue inspiration, sonde et disparaît pour de bon. Le soleil est déjà passé derrière le volcan lorsque nous reprenons la direction du port de Lajes. À mi-chemin, quelques centaines de puffins s'envolent devant nous en râlant comme il se doit. Faut-il s'en étonner ? Face au dôme de lave brune du Castelete, nous adressons un merci chaleureux à notre guetteur. João Vigia nous répond joyeusement depuis son perchoir. Je suis sûr que ses yeux pétillent de malice. Je sais aussi que, demain, il n'attendra pas d'être dans la tour pour entamer sa journée de travail et que, à peine franchi le seuil de sa porte, il lui suffira d'un rapide coup d'œil vers l'océan, vers SON océan, pour savoir qui s'y trouve. Dame, quand on est sentinelle depuis un demi-siècle !...

Les puffins cendrés se concentrent là où il y a du poisson. Visible de loin, leur activité permet aux vigies de localiser dauphins et baleines, souvent associés à la curée.

(7) Dauphin commun à bec court *(Delphinus delphis)*, fréquent dans les eaux açoriennes.

(8) Puffin cendré *(Calonectris diomedea borealis)* : oiseau nicheur particulièrement bavard à la saison des amours, très commun aux Açores.

De gauche à droite, Sidonio Gonçalves et son père, João « Vigia » Gonçalves.

João

Les yeux de João « Vigia » se sont fermés pour toujours le 9 décembre 2005. Il avait 74 ans. C'était un homme simple et bon. Où qu'il soit, je sais qu'il continue d'inspirer tous ceux qui cherchent. De lui et de quelques autres qui partagent la même quête, j'ai appris que nous sommes tous des vigies et qu'il y a toujours une baleine quelque part, même lorsque l'océan paraît vide.

Mbotyi

Transkei (Afrique du Sud)

La baleine et la sardine

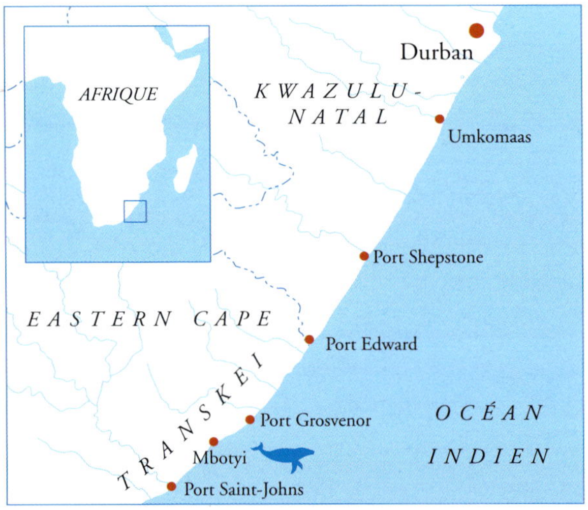

« Allô Delta ? Allô Delta ? *Do you copy ?* » La voix déformée de Walter parvient tant bien que mal jusqu'à nos tympans martyrisés. Au moins les écouteurs surdimensionnés ont-ils le mérite d'atténuer le vacarme du moteur, situé en arrière de l'étonnante machine volante biplace qui nous propulse le long des falaises du Transkei. Ça, pour ce qui est de « copier », on n'arrête pas, mais sans grand résultat ! Depuis que notre ULM a décollé de la plage, à l'embouchure de la Mbotyi River, la mer est désespérément vide. Devant moi, en position surbaissée, Louis-le-Pilote répond aux appels de Walter-le-Skipper. Juché sur une dune, ce dernier participe activement au repérage, les yeux ventousés à ses jumelles de marine. Sanglés sur nos sièges, en avant de l'énorme hélice, nous avons beau scruter la surface étincelante : rien ! Rien d'autre que l'ombre minuscule de notre aile Delta qui n'en finit plus de surfer sur les vagues de l'océan Indien.

Notre mission est double. Outre le plaisir de se prendre momentanément pour des oiseaux, nous devons repérer d'une part les concentrations de fous du Cap [1] – signe que les bancs de sardines, alias *Sardinops sagax,* se trouvent à faible profondeur – et, d'autre part, les baleines à bosse qui longent la côte en direction du Mozambique. Car, en ce tout début d'hiver austral, deux phénomènes naturels majeurs se cumulent et, pour nous, les « couvrir » dans un laps de temps aussi court risque fort de ne pas être une sinécure.

Le premier a été médiatisé par les pêcheurs locaux sous le nom de *sardine run* [2]. Longtemps, on a cru à une migration des sardines orientée vers le nord-est, un gigantesque mouvement censé prendre naissance du côté du cap des Aiguilles [3], site de reproduction traditionnel, et s'achever subitement au large de Durban, dans le Kwazulu-Natal. Après des années de collecte d'informations, les spécialistes ont compris que les sardines n'entreprenaient pas de déplacement à proprement parler, encore moins une course. Il s'avère qu'elles sont omniprésentes le long de la côte, entre le cap des Aiguilles et Durban, tout simplement parce que la nourriture y est plus riche qu'ailleurs.

Cette abondance d'éléments nutritifs résulte, d'une part, du télescopage du contre-courant des Aiguilles et du courant du Mozambique et, d'autre part, de la profondeur de la thermocline [4]. Riche en vie planctonique, cette

(1) Fou du Cap *(Morus capensis)* ou, localement, *Cape Gannet* : cousin germain du fou de Bassan des côtes européennes. Magnifique oiseau à tête orangée et « lunettes noires ». Espèce menacée, du fait de sa distribution limitée.

(2) Expression qu'on pourrait traduire ici par « course des sardines ».

(3) Limite géographique entre l'océan Atlantique et l'océan Indien.

(4) Couche d'eau marine à fort gradient vertical de température, entre l'eau chaude de surface et l'eau froide du fond.

Bien que rectiligne, la côte du Transkei porte la marque des assauts répétés de l'océan Indien.

couche d'eau froide remonte plus ou moins vers la surface, sous l'action des vents et des tempêtes de l'hiver austral. Certaines années, elle se situe à des profondeurs inaccessibles aux oiseaux, aux dauphins et aux otaries. Par conséquent, faute de prédation visible en surface, les pêcheurs sont incapables de localiser leurs proies favorites. Seuls les requins peuvent les atteindre, où qu'elles se trouvent. Ces années maudites pour les amateurs de barbecues sont qualifiées d'« années sans », par opposition aux « années avec ». Preuve qu'il ne s'agit nullement d'une course, les sardines apparaissent souvent en ordre dispersé. Ainsi, cette année, elles se sont d'abord manifestées au large de Durban, soit près de la ligne d'arrivée de leur prétendue course, alors que nul ne les avait

La Mbotyi River se déverse dans l'océan. Chaque matin, les habitants des villages alentours portent au marché les produits de leur récolte ou de leur pêche.

encore aperçues, ni au cap des Aiguilles, ni le long des côtes du Transkei.

Second phénomène saisonnier et non des moindres : le passage des baleines à bosse. En provenance des eaux froides du continent antarctique situées autour de 65° Sud, elles font route vers leurs quartiers d'hiver de la zone équatoriale de l'océan Indien. Gavées de nourriture après plusieurs mois de festin ininterrompu, elles ont mis le cap au nord dès le mois d'avril. Averties par la baisse de température et le raccourcissement du jour [5], elles ont senti l'imminence de l'hiver austral. Il est temps pour elles de rejoindre des eaux plus clémentes pour s'accoupler et, pour les femelles proches de leur terme, de mettre au monde leur baleineau. Par vagues successives, elles atteignent les côtes d'Afrique du Sud courant juin, à l'est de Mossel Bay, dans la province du Cap, puis, faisant route au nord-est, longent la côte du Transkei.

(5) Photopériode : près des pôles, l'alternance jour/nuit est beaucoup plus rapide que sous l'équateur (voir chapitre « Voir », p. 77).

D'un moyen l'autre

C'est là, au nord de Port Saint-John's, que nous attendons leur passage de pied ferme. Pour elles, l'heure n'est plus à la quête de nourriture, et il est encore trop tôt pour perpétuer l'espèce. Elles ont même toutes les raisons de ne pas traîner, car les côtes d'Afrique du Sud sont tout sauf hospitalières. La côte rectiligne est vierge de tout refuge, les eaux y sont encore trop froides et, de plus, regorgent d'un tas de créatures infréquentables qui ne se refuseraient sans doute pas un baleineau à la chair tendre. Nous voilà prévenus : il ne sera nullement question de les observer en prenant son temps. Et de longues heures de navigation nous attendent si nous voulons les accompagner. En fait, la seule véritable course est bien celle des baleines, à tel point qu'il serait plus exact de parler de *whale run* plutôt que de *sardine run*. Cela dit, à cet instant précis, nous n'avons ni l'un ni l'autre à nous mettre sous l'objectif.

La main gantée de Louis lâche brusquement la barre de direction de notre coléoptère motorisé. D'un index à répétition pointé vers le sud, il désigne une tache blanche minuscule sur la surface argentée. Elle disparaît puis réapparaît quelques secondes plus tard, un peu plus au nord. Nous tenons notre première baleine. Hélas, elle est trop éloignée de la côte ! Nous devons en effet gagner en altitude à mesure que nous nous éloignons de la plage, sécurité oblige : en cas de panne de moteur, il nous faudrait planer pour regagner la terre ferme, d'où la nécessité de prendre de la hauteur. Malheureusement, trop haut signifie « pas de photo », et c'est bien ce qui nous pend au nez ce matin.

Mais il ne sera pas dit que je me contenterai de faire des ronds dans les nuages. Je fais signe à Louis de regagner la plage. Par radio, il prévient Walter, qui est déjà en train de mettre notre embarcation à l'eau avec l'aide musclée de joyeux drilles venus du village voisin. En un rien de temps, je passe de mon siège suspendu à l'aile Delta, au flotteur bâbord du Zodiac.

Walter lance les deux Yamaha de 85 CV. Il lui faut plusieurs minutes et une demi-douzaine d'essais infructueux avant de parvenir à franchir la barre, succession de rouleaux écumants qui ne demandent qu'à nous retourner comme un *pancake*. À l'issue d'un rodéo

Traverser la Mbotyi River et franchir la barre de l'océan fait partie de notre quotidien.

mémorable et de quelques tassements de vertèbres, nous atteignons enfin la mer ouverte. Talkie-walkie plaqué à l'oreille, Walter pilote d'une seule main le gros pneumatique, suivant le cap fourni par Louis, qui a repris l'air dans la foulée.

C'est à trois milles de la côte, face au *waterfall bluff* **(6)**, que nous rejoignons notre baleine à bosse, nos baleines, devrais-je dire, car elles sont deux. L'une d'entre elles salue notre arrivée d'un *tail breach* aussi soudain que spectaculaire en faisant jaillir toute la partie postérieure de son corps, caudale dressée vers le ciel. Une seule fois.

Nous voilà prévenus. Cette démonstration de puissance spontanée n'est pas étonnante de leur part : gavées de nourriture pendant des mois le long du cercle polaire antarctique, elles débordent de vitalité. Poussées dans leur instinct reproducteur par une sécrétion massive d'hormones, elles n'ont qu'une hâte : franchir au plus vite les 5 000 ou 6 000 km qui les séparent des eaux tropicales de l'océan Indien pour s'accoupler. D'où cette impatience fort compréhensive. Patricia, qui participe activement à ce reportage, se redresse soudain : « Regardez, là-bas ! » Décidément, la nature a plus d'un tour dans son sac. Comme pour nous inciter à

(6) *Waterfall bluff* : l'un des trois sites au monde où une chute d'eau se déverse directement dans la mer.

Probable signe d'avertissement, la baleine à bosse exécute un *tail breach* aussi violent qu'inattendu.

Un fou du Cap *(Morus capensis)* vient de capturer une sardine à plusieurs mètres de profondeur.

laisser en paix nos deux baleines, un groupe de plusieurs dizaines de dauphins communs à long bec [7] nagent comme si leur vie en dépendait vers un groupe compact de fous du Cap dont le nombre croît à vue d'œil. Walter réagit instantanément en effectuant un demi-tour qui manque nous faire passer par-dessus bord.

Gare aux fous !

À mesure que nous nous rapprochons, l'activité des oiseaux s'intensifie. D'abord en vol stationnaire, tête dirigée vers le bas pour repérer leurs proies, ils plongent brusquement. Chaque impact s'accompagnant d'une germe d'écume, la mer semble bouillir par endroits. Walter coupe les gaz et, sans transition, pique une tête dans les vagues. Il nage littéralement au milieu des dauphins, qui ne lui accordent pas une once d'attention. Même lorsqu'il atteint la zone d'activité la plus intense, les fous ne se privent pas de percuter la surface autour de lui. Il lève un bras, signe qu'il a localisé le *bait ball* [8]. Je n'attendais que ça pour le rejoindre. Précédé de mon appareil, je plonge jusqu'à une dizaine de mètres de profondeur. Trois grands requins cuivre [9] nagent paresseusement autour d'une énorme masse de sardines, dont la forme ne cesse de changer. L'un d'eux me précède à l'intérieur du banc. Il nage sans se presser, se penche sur le côté et saisit délicatement une sardine du coin de la bouche. Il ne lui manque plus que la serviette autour du cou ! Brusquement, comme s'ils s'étaient donné le mot, les fous du Cap passent à l'attaque. Chaque impact s'accompagnant d'un bruit sourd, la multitude crée une cacophonie qui donne à ce spectacle inouï un relief sonore à couper le souffle. Aucun film ne pourra jamais exprimer une telle majesté, une telle puissance, ni surtout une beauté pareille. C'est à pleurer de bonheur. Me voilà redevenu le plongeur des débuts qui s'émerveillait des girelles multico-

En vol stationnaire, un fou du Cap scrute l'océan pour y repérer une proie au travers de la surface.

(7) *Delphinus capensis* : espèce récemment différenciée du dauphin commun à bec court (le *Delphinus delphis* de nos régions).

(8) *Bait ball*, littéralement « boule-appât » : stratégie de défense adoptée par certains poissons grégaires (sardines, harengs, anchois, etc.).

(9) Requin cuivre *(Carcharhinus brachyurus)*, le *Bronze whaler* des Anglo-Saxons.

Sous le banc de sardines, les dauphins communs à long bec *(Delphinus capensis)* se regroupent quelques secondes avant de reprendre leur festin.

lores de Méditerranée. Et, comme si cela ne suffisait pas, les dauphins entrent en scène. Par dizaines.

Devant le nouveau danger, le banc de sardines explose littéralement pour se reconstituer dans la seconde qui suit. Terrorisés, les poissons forment une sorte de baudruche gigantesque qui se gonfle et se dégonfle en un clin d'œil. Chaque pulsation s'accompagne d'une explosion de lumière, dès que les rayons du soleil frappent le mur d'écailles argentées. Taillant leur provende à grands coups de mâchoires, les dauphins sont partout à la fois, à tel point qu'aucun requin ne montre plus le bout de son nez. Soudain, plus rien. En une fraction de seconde, la vie reprend son cours ordinaire. Les sardines sont toujours là, sagement regroupées en une boule compacte, attendant doci-

Après un saut spectaculaire, une baleine à bosse retombe lourdement. Elle ne tardera à reprendre son cap vers le nord-est.

lement le prochain assaut. J'y perds mon latin. Qu'importe, après tout, il s'agit de leur vie. Je regagne le bateau pour refaire le plein de pellicule.

Le plus beau des cadeaux

Ça y est, l'appareil est de nouveau opérationnel. Je referme le boîtier étanche lorsque Patricia m'interpelle : « La baleine, là ! » Comme un sémaphore géant, une nageoire pectorale s'immobilise un court instant avant de frapper violemment la surface de l'eau. L'œil collé au viseur, j'ai tout le temps d'admirer le spectacle. Une énorme baleine bat la mesure, pour Dieu sait qui. En tout cas, elle y met toute son énergie. Elle souffle un long panache qui se stabilise quelques secondes avant de se dissoudre dans l'atmosphère, puis nage dans notre direction. Elle sonde à moins de 10 m du bateau. J'aurais dû m'en douter ! La voici qui jaillit sur l'autre bord presque entièrement, avant de retomber en faisant exploser la mer. Elle souffle une dernière fois, puis disparaît pour de bon. Il est clair que les braves mégaptères se soucient des sardines comme de leur premier fanon. Deux mondes se côtoient et pourtant s'ignorent superbement… tout au moins ici car, dans les eaux de l'Alaska, les baleines à bosse se livrent à des orgies alimentaires aux dépens des poissons. Mais aujourd'hui, elles ne sont pas là pour ça.

Comme il y a une fin à tout, le dernier jour de reportage arrive. Quand je dis « jour », c'est une boutade tant il fait sombre. La lumière du

soleil est occultée par une épaisse couche nuageuse et des traces de brume rendent la visibilité encore plus aléatoire. Cette fois, l'hiver austral est bien là. Le *cold front* (10) a frappé dans la nuit et le thermomètre en a profité pour dégringoler en chute libre. Encore un peu et il nous faudra chausser les skis. La voix de Louis, qui a courageusement décollé malgré le manque de visibilité, résonne dans le haut-parleur. Walter pousse ses moteurs tout en poursuivant la discussion avec le pilote. Le Deltaplane est devant nous, son aile frôlant le plancher de la couche nuageuse. À son aplomb, une baleine s'ébat nonchalamment, roulant sur elle-même, frappant de la pectorale à chacune de ses rotations. Un rouleau de film plus tard, sans doute lasse de jouer les derviches tourneurs, elle décide de quitter la scène. Or sa vitesse et surtout sa manière de lever la caudale haut sur l'eau m'intriguent à tel point que je préfère conserver mon appareil à la main. Allez savoir !

Je l'aurais juré ! À tribord, dans la timide lumière rosée du soleil d'hiver, une masse colossale franchit la surface dans un vacarme d'apocalypse. Alerté, je parviens à cadrer la baleine dans le viseur, avant même que ses nageoires pectorales soient entièrement sorties de l'eau. Le *staccato* du Nikon semble ne jamais devoir s'arrêter. Lorsque je relâche l'index, quinze images sont entrées dans la boîte magique. La séquence a duré à peine deux secondes, mais deux secondes de beauté pure. Quel plus beau cadeau pour cet « au revoir » l'Afrique pouvait-elle nous donner ?

Une baleine à bosse fait une courte pause avant de reprendre la route. Elle frappe la surface de l'eau de violents coups de nageoire pectorale, sans doute pour communiquer avec ses congénères.

(10) *Cold front :* front froid venu de l'Antarctique, qui peut s'accompagner de conditions météo exécrables.

Après tout un été passé à se nourrir dans les eaux de l'Antarctique, les baleines à bosse ont de l'énergie à revendre.

Sainte-Marie
(Madagascar)

Sainte-Marie-des-Baleines

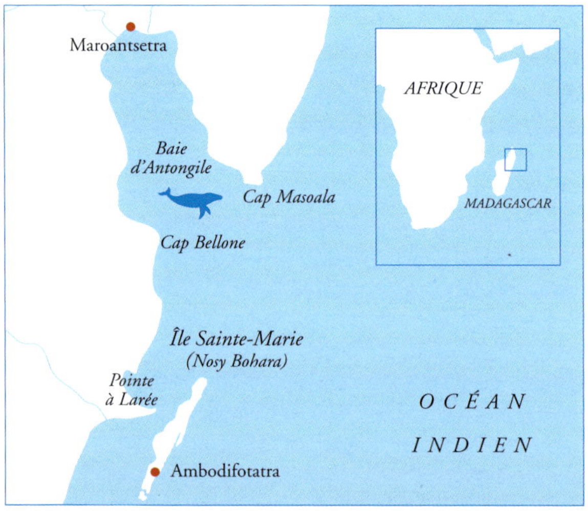

Le caméléon, symbole de Madagascar. Ici, un magnifique caméléon de Parson mâle *(Calumma parsonnii).*

Je serais tenté de commencer ce récit par une chanson, tant la bonne humeur ambiante est palpable en cette heure matinale. La petite foule se presse à la sortie du bateau qui vient à peine d'accoster, en provenance de Madagascar. Sur le quai, les victuailles s'entassent dans une belle anarchie. Une journée ordinaire commence pour le minuscule port d'Ambodifotatra. Je ne peux m'empêcher de penser à tous les personnages qui, au cours de l'Histoire, ont foulé le sol de Sainte-Marie, alias Nosy Bohara, l'« île des Femmes ». Car, du pirate anglais Thomas White à l'ancien soldat du roi de France Louis-Onésime Filet, dit « la Bigorne », les aventuriers s'y sont succédés et, avec eux, leur cortège de violence, d'amours et d'intrigues. Mais bon, là n'est pas notre propos, *Il Balenottero* tire sur ses amarres, prêt pour une longue journée que nous espérons pleine de rencontres.

Casquette de base-ball vissée sur le crâne, Cyril, mon marin préféré, arbore un sourire qui lui fait trois fois le tour du visage. Avec l'air entendu de quelqu'un qui sait de quoi il parle, il me lance : « Tu sais, ce matin, peut-être y en a petite la pluie ! » Dix minutes plus tard, nous sommes tous les deux plantés au milieu de la baie, sous un déluge de cauchemar. « Monsieur Météo » semble ravi de ses prévisions. Une demi-heure plus tard, le soleil est non seulement revenu, mais il fait aussi une chaleur de fournaise. Ainsi sont les tropiques. Grand bien nous fasse car plus rien n'est sec, excepté les appareils photo qui patientent au fond de la mallette étanche.

En cette mi-septembre, le grand retour des baleines à bosse est déjà bien engagé. Les premières à avoir pris la route de l'Antarctique sont les femelles récemment fécondées. Elles ont été suivies par leurs consœurs en repos de cycle reproducteur, puis par les individus immatures. En quête d'une éventuelle partenaire de dernière minute, les mâles reproducteurs échelonnent leur départ. Les mères et leur baleineau né en fin de saison fermeront la marche, le temps pour ce dernier d'acquérir les forces nécessaires à un voyage de plus de 5 000 km. Ce sont précisément ces couples mère / petit que nous devrions rencontrer.

Abrité de la haute mer, le chenal qui sépare Sainte-Marie de Madagascar sert de quartier d'hiver à une partie seulement des baleines à bosse de l'océan Indien occidental. C'est aussi la voie d'accès direct pour toutes les résidentes

Les sternes colonisent la plupart des îlots rocheux qui bordent la côte ouest de l'île Sainte-Marie.

de la baie d'Antongil [1] et des Seychelles. En juin dernier, le long des côtes d'Afrique du Sud, nous avons été témoins de leur passage. En provenance du cercle polaire antarctique, elles faisaient route au nord. Plus tard, certaines ont emprunté le canal du Mozambique qui sépare Madagascar du continent africain, d'autres ont pris la route de l'est, par Sainte-Marie. Enfin, une troisième population a choisi la voie la plus orientale, qui mène aux Mascareignes [2].

Toutes les vingt secondes

« Y a baleine, là-bas ! » Oups ! Dans le lointain, j'assiste à l'ultime phase d'un superbe *breach* [3], c'est-à-dire l'instant précis où la baleine disparaît dans une explosion d'écume. En clair, la frustration type du photographe pris au dépourvu. Le bateau file, ricochant sur les vagues qui arrivent de face, retombant trop souvent dans un bruit de catastrophe. La vitesse, qui me tire vers l'arrière, m'assure, sinon le confort, tout au moins la sécurité, grâce au bout de Nylon passé autour de la taille et frappé sur un taquet à l'avant. Une sage précaution, dictée par l'expérience. Devant nous, une mère et son petit naviguent plein sud. Ce dernier vient encore de sauter.

Le vent et la mer forcissent à vue d'œil. Lorsque l'étrave heurte une vague, les rafales rabattent violemment les embruns à l'intérieur du bateau, excluant toute tentative de sortie de l'appareil photo, même emmailloté dans une jupe de plastique de ma fabrication. Un second

(1) Baie d'Antongil : immense baie située à Madagascar, au nord de Tamatave. Difficile d'accès, elle abrite une population de mégaptères qui peuvent s'ébattre librement hors de toute pression touristique.

(2) Les Mascareignes : groupe d'îles comprenant principalement la Réunion et l'île Maurice.

(3) *Breaching* : dans le jargon spécialisé, action de sauter hors de l'eau. Voir « Communiquer », p. 84.

Lorsque le vent est favorable, toutes sortes d'embarcations franchissent le chenal qui sépare Sainte-Marie de Madagascar.

bateau nous rejoint, celui du *signor* Maximo, grand ordonnateur de la plongée et du *whale watching* d'Ambodifotatra. Indifférent, le baleineau jaillit de nouveau entre deux vagues et retombe lourdement. Impossible de s'en rapprocher dans de telles conditions. Ça y est, il pleut de nouveau ! Notre acrobate bondit une nouvelle fois, faisant grimper ma tension qui n'avait pas besoin de ça.

Mon Nikon n'en peut plus de se morfondre dans l'obscurité de sa valise étanche. Et moi, d'être réduit à l'impuissance au fond de mon bateau ! Le petit vient de sauter derechef. On croit rêver. Il profite de la poussée des vagues qui viennent à sa rencontre, comme un avion ferait face au vent pour décoller. Celui-là n'a plus rien à apprendre sur la mécanique des fluides. Lorsqu'il saute de nouveau, je regarde ma montre consultée à peine vingt secondes auparavant. Je ne le crois pas ! Vérification faite, il sort, à peu de choses près, toutes les vingt secondes. Je n'ai pas le droit de manquer ça. J'extrais le lourd appareil et me cale tant bien que mal à l'extrémité de la corde. À ce moment précis, le bateau, suspendu un court instant au sommet d'une vague, chute brutalement… Quelques instants plus tard, genoux meurtris par la collision avec le plancher, la peau du dos brûlée par le Nylon de la corde de sécurité, le cou scié par la sangle de l'appareil, je cherche à tâtons le parasoleil de mon téléobjectif, qui s'est envolé sous le choc. Il est grand temps de songer à me reconvertir dans la photo de paysages.

Mais pour l'instant, il est hors de question que la coalition mer / vent / baleines ait le dernier mot ! Je pointe mon objectif dans la direction supposée du prochain saut. À la seconde près, la baleine miniature sort d'une vague, nageoires plaquées au corps. Je cadre au jugé, écartelé entre le désir de rapporter des images et celui d'épargner le matériel. La séquence en rafale à peine achevée, je sauve l'appareil, en le protégeant *in extremis* avec le couvercle de la mallette. Alors que je m'attends tout naturellement à voir le petit sauter, il saute, certes, mais en parfait synchronisme avec sa mère qui retombe sur le flanc dans une gerbe d'écume. C'est bon, là, question frustration, j'ai fait le plein !

Quarante minutes s'écoulent. Je décide de laisser le couple à ses facéties, d'autant que la mer forcit encore et que nous sommes éreintés par le matraquage systématique. Au total, le baleineau aura sauté plus de 150 fois. Maximo,

La pointe sud de l'île aux Nattes est non seulement fréquentée par les pêcheurs, mais aussi par les baleines qui y prennent leur cap pour rejoindre l'Antarctique.

Pour rappeler son baleineau, une mère martèle la surface de l'eau à répétition.

qui a suivi le cortège jusqu'à l'île aux Nattes, confirmera ce nombre… augmenté de 70 sauts supplémentaires. En termes d'énergie, de quoi fournir toute l'île en électricité jusqu'à Noël !

Au vol !

Une brise survivante nous pousse vers le nord. Juste avant la « Pointe à Larée », goulot d'étranglement entre Madagascar et Sainte-Marie, deux souffles se détachent sur les roches sombres de la côte : une mère et son petit font route au sud. Trajectoire rectiligne, vitesse tranquille, deux paramètres qui facilitent une approche sous-marine. Palmes, masque, tuba, ceinture de lest, appareil photo sous-marin sont extraits du coffre en un rien de temps. Le sourire géant de Cyril me dit qu'il s'amuse beaucoup de toute cette agitation, du genre : « Ils sont fous, ces *vasa* (4) ! » Je dérive sans palmer, surveillant alternativement le dessus et le dessous de la surface. Deux têtes noires émergent. Les baleines ne m'ont pas encore repéré. Lorsqu'elles entrent dans mon champ de vision, je vide mes poumons pour descendre sans à-coups. Cette fois, elles m'ont vu. Le baleineau est littéralement collé à sa mère.

Lorsqu'elles me frôlent, le souvenir me vient d'une rencontre inopportune entre mes côtes et la nageoire caudale d'une certaine baleine franche de Patagonie (5). L'instant est magique et je « vole » quelques images au passage, dans un état second. L'eau n'a pas la limpidité idéale, mais il faudra faire avec. Ne gâchons pas notre plaisir !

À la troisième tentative, la mère a si bien compris ma stratégie qu'elle infléchit systématiquement sa course, tantôt à gauche, tantôt à droite, mettant à chaque fois un peu plus d'espace entre nous pour se sentir en sécurité. Je réprime mon envie d'insister, le contact « à la hussard » n'étant pas du meilleur goût, surtout envers une dame accompagnée de sa progéniture. Précédé de son sourire en Cinémascope, Cyril me lance : « Y a pas faim, toi ? » Là, je le

(4) *Vasa :* mot malgache utilisé à l'origine pour désigner les Français ; aujourd'hui, un étranger en général.

(5) Voir chapitre « Prédateurs à plumes », p. 124.

Lors d'un *breach,* une baleine retombe de préférence sur le dos ou sur le flanc. Plus rarement, il lui arrive d'enchaîner les sauts avec réception ventrale, généralement lorsqu'elle fait route face aux vagues.

Remplis d'énergie, les baleineaux testent volontiers leur force avant le grand départ pour l'Antarctique.

La mère entraîne son baleineau à la nage. La durée des exercices quotidiens s'allonge à mesure que se rapproche le jour du départ vers le Grand Sud.

vois venir. Il nous imaginerait bien sous les cocotiers de La Crique, attablés autour d'une montagne de riz. Et bien non, Cyril, il nous faudra patienter car, à 200 m, « maman » vient de nous faire un *lobtail* (6) d'anthologie.

Avec la régularité d'un métronome, elle frappe violemment la surface, entraînant à chaque fois une énorme quantité d'eau qui retombe en cataractes. Moteur coupé, nous dérivons. Je retiens mon souffle. Lorsque nous sommes parvenus à moins de 30 m de l'action, je me demande s'il ne va pas falloir remettre les gaz pour nous maintenir hors de portée. À cet instant seulement, je constate que, contrairement aux habitudes, cette baleine-là bat la mesure à l'envers, c'est-à-dire ventre en l'air.

(6) *Lobtailing* (ou *tail slapping*) : la baleine frappe la surface de l'eau avec sa nageoire caudale. Un geste qui peut être soit un moyen de communication entre congénères, soit un signe de mise en garde.

Elle prend appui sur ses immenses pectorales écartées, dresse sa caudale vers le ciel et frappe la surface de l'eau comme si sa vie en dépendait. J'imagine qu'à cet instant aucune baleine dans un rayon de plusieurs kilomètres n'ignore plus rien de ce qui se passe ici. Nous avons tout le temps d'admirer le dessin de sa nageoire caudale. Aussi unique qu'une empreinte digitale, il sert aux spécialistes à identifier chaque individu après l'avoir photographié. Une démarche de la plus grande utilité pour contrôler les migrations et la démographie d'une population. Nos deux baleines reprennent la route de l'Antarctique. Trop loin, trop froid pour moi ! C'est bon, mettons le cap sur La Crique, avant que Cyril ne nous fasse une crise d'hypoglycémie !

Tard dans l'après-midi, alors que le soleil s'apprête à plonger derrière les montagnes de Madagascar, nous croisons la route de deux grandes baleines apparemment pressées de sortir du chenal. Les suivre est un jeu d'enfant tant leur séquence respiratoire est régulière et leurs *foot prints* (7) parfaitement visibles. Il n'y a qu'à suivre le pointillé ! En équilibre instable du fait de notre cap qui coupe les vagues de biais, je parviens malgré tout à saisir une série d'images des deux caudales, à la fraction de seconde qui précède leur disparition.

Nos deux voyageuses nous quittent définitivement à la pointe sud de l'île aux Nattes. Comme toutes les autres, elles font route au 210. Plus rien ne les arrêtera avant le but ultime de ce long voyage dans l'océan Indien : manger, engouffrer des tonnes de nourriture avant de revenir l'an prochain. « Tu vois, mon vieux Cyril, c'est comme pour nous, quand c'est l'heure, c'est l'heure ! »

(7) *Foot print :* empreinte de pas. En l'occurrence, trace circulaire lisse, provoquée par le battement de la nageoire caudale, lorsque qu'un cétacé nage directement sous la surface de l'eau.

Cette image met en relief l'abondance des rémoras accompagnateurs. Une abondance que l'on ne retrouve pas dans les eaux polynésiennes.

La forme et le graphisme qui orne le dessous d'une nageoire caudale permettent d'identifier chaque individu et de le suivre tout au long de son existence.

Phénomène rare, cette baleine à bosse frappe la surface de l'eau, allongée sur le dos, et non pas sur le ventre comme le font la plupart de ses congénères.

Grande Barrière de corail

Australie

Opération « *Minke Whale* »

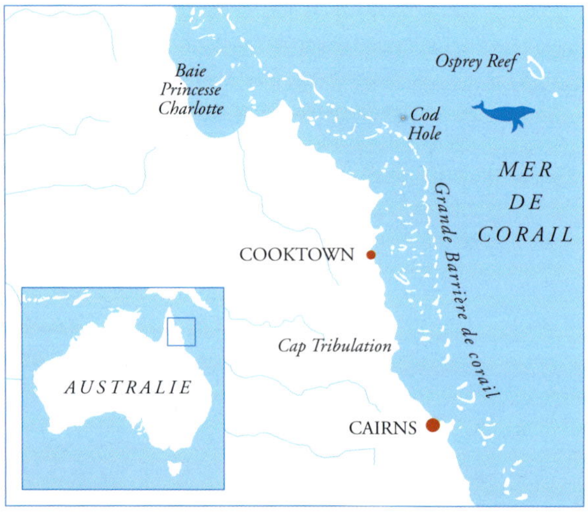

(1) Dr Alastair Birtles (James Cook University), directeur du *Minke Whale Project.*

(2) Dr Peter Arnold, du Museum of Tropical Queensland.

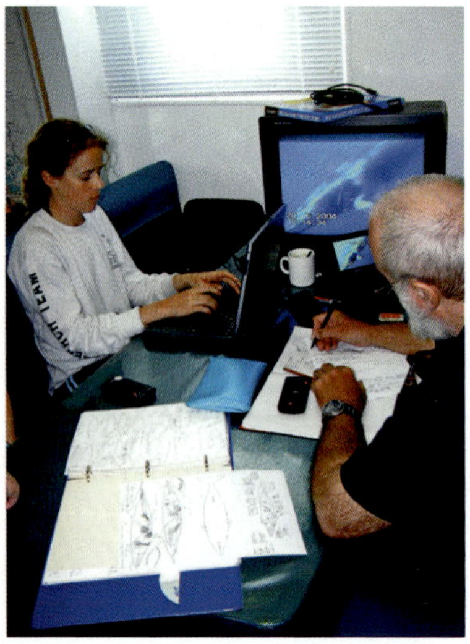

Les scientifiques du bord emploient les longues soirées passées au mouillage pour faire la synthèse des images récoltées durant la journée.

Solidement campé sur le toit de la passerelle de l'*Undersea Explorer,* Alastair [1] scrute attentivement l'horizon. À ses côtés, Susan, son assistante, éprouve quelques difficultés à maîtriser sa tignasse blonde martyrisée par le vent en ce début d'hiver austral. Chacun se partage une tranche de cet horizon : à l'est, la mer de Corail ; à l'ouest, l'immense lagon protégé des assauts de l'océan. *Captain* Andy vient de jeter l'ancre, près de Ribbon Reef, sans doute le récif le plus riche au monde pour l'abondance et la variété de ses coraux.

Distinguer un souffle parmi les vagues n'est pas une sinécure, loin de là, d'autant que le bateau roule bord sur bord. Sans oublier que le petit rorqual nain, la *Dwarf Minke Whale* des Anglo-Saxons (*Balaenoptera acutorostrata ssp.* pour les latinistes distingués), est la plus petite des baleines à fanons. D'une taille de 6 à 7 m, elle pratique la furtivité avec un talent accompli, même lorsqu'elle dresse son museau pointu vers le ciel avant de respirer. Un souffle bref, parfois émis alors que l'évent est encore sous la surface de l'eau, puis l'apparition durant deux secondes de la nageoire dorsale, et hop ! la mer se referme pour une période indéterminée. À tribord, prêt à dégainer carnet et crayon à la moindre alerte, Peter [2] surveille l'océan d'un œil tout aussi expert. La patience étant la vertu cardinale de l'observateur de cétacés, aucun des trois scientifiques ne montre le moindre signe de nervosité. En vieux routiers de la Grande Barrière, ils savent bien que tôt ou tard, poussées par leur curiosité chronique, ces baleines-là ne pourront résister à la tentation de venir pointer leur museau près du bateau.

Branle-bas de combat

Les paupières encore lourdes de sommeil, Patricia émerge du pont inférieur : « Dites, vous avez vu les deux baleines qui nagent à l'arrière, depuis cinq minutes ? » Les trois paires d'yeux se tournent dans la direction indiquée. Effectivement, l'une après l'autre, deux nageoires en forme de croissant viennent découper une tranche de la houle qui donne au bateau des allures de ludion facétieux. Rien qu'à voir la tête de nos trois spécialistes, je sais que la loi dite de la « chance du débutant » vient encore de frapper.

Comme au bon vieux temps de la marine à voile, c'est le branle-bas de combat. Rompu

Attirés par les plongeurs sagement accrochés le long du bout, les petits rorquals sont capables de passer des heures à satisfaire leur curiosité naturelle.

à la manœuvre, l'équipage frappe deux bouts de 30 m, l'un à l'avant, l'autre à l'arrière, chacun comportant six chambres à air *(rings)* destinées à l'accrochage individuel des plongeurs en apnée. Entraînés par le vent et le courant, les deux bouts viennent sagement se mettre à la perpendiculaire du bateau au mouillage. Chacun saute dans sa combinaison – hiver austral oblige –, chausse palmes, masque et tuba, et rejoint un anneau, en respectant un protocole très strict. Cette rencontre est tout simplement unique au monde – donc fragile. Chaque année, durant quelques semaines, cette zone protégée (3) a le privilège de voir se regrouper toute une population de petits rorquals, de la sous-espèce dite « naine ». Les scientifiques peuvent ainsi les étudier *in vivo* et les recenser grâce à la vidéo, à la photo-identification, aux croquis tant aériens que sous-marins.

Préposée à la caméra numérique, Susan pendule déjà à l'extrémité du bout arrière lorsque je rejoins Alastair, locataire attitré de l'extrémité du bout avant. Lui, c'est le directeur du projet, l'homme du crayon et du Nikonos. Derrière le masque, je distingue son œil pétillant d'éternel galopin, facétieux, bon vivant, esprit scientifique ouvert et particulièrement affûté. D'un signe, il me souhaite la bienvenue. Je dois dire que, depuis le début de notre collaboration, une vraie complicité s'est établie. Associées, nos deux paires d'yeux sont bien plus efficaces pour localiser une baleine qui pourrait venir de n'importe quel côté. D'autant qu'aujourd'hui la visibilité n'est pas ce qui se fait de mieux en la matière.

(3) *Great Barrier Reef Marine Park :* parc marin de la Grande Barrière de Corail, d'une surface de 35 500 km².

Privilège du responsable scientifique de l'expédition : sa place réservée à l'extrémité du bout. Une position qui lui permet de prendre des notes et des croquis d'identification.

Une secousse dans la corde, un index tendu et… voilà le travail ! Surgi de nulle part, un fuseau gris aux courbes parfaites vient à notre rencontre. Dieu que c'est beau, une baleine ! Même en modèle réduit. Rostre effilé, nageoires pectorales plaquées au corps, puissante nageoire caudale aux courbes parfaites. Rien à redire ! Celle-ci semble pleine de bonne volonté car elle se stabilise dans le courant, à 2 m de nos palmes. Son œil mobile me scrute intensément. Je mesure mes gestes pour ne pas l'effrayer, ni surtout trahir sa confiance. Car c'est bien de cela qu'il s'agit. Solidaires de cette corde pour respecter la charte en vigueur, nous ne pouvons la quitter ni surtout faire mine de nous diriger vers la baleine. Ce comportement réfléchi n'est pas le fruit d'un quelconque diktat, mais tout simplement celui du bon sens. D'abord surpris d'une telle rigueur, j'ai vite mesuré à quel point ces rencontres étaient rares, et par conséquent précieuses. Le B.A.BA de cette interaction est de se comporter chacun en ambassadeur responsable, faute de quoi l'étonnante complicité qui nous lie à ces animaux, libres par définition, serait réduite à néant. Dont acte.

Sur le flanc de notre visiteuse, je constate plusieurs plaies circulaires récentes. Ces morsures sont la signature d'un petit requin océanique, le squalelet féroce *(Isistius brasiliensis)* ou *Cookie cutter shark* – requin découpeur de biscuit –, un prédateur astucieux dont la bouche aux lèvres adaptées se ventouse sur le flanc de sa proie, permettant à la mâchoire de découper un morceau de chair en quelques secondes. Ces plaies cicatrisant avec le temps, le requin malin dispose indéfiniment de nourriture fraîche.

Ma baleine partie, je me tourne vers Alastair. Je ne le crois pas ! Crayon en main, il prend posément des notes tandis qu'une autre baleine fait la belle devant son masque. Elle prend son temps, dresse le rostre vers la surface et, dans une belle trajectoire courbe, prend une goulée d'air, puis vient reprendre sa place entre les deux bouts. Une autre la rejoint et la sollicite de l'extrémité du rostre. Soudain, une étrange musique envahit mon cerveau : *La Guerre des étoile* ! Erreur. Il s'agit tout bêtement d'une séquence sonore propre à l'espèce, spontanément qualifiée de « *Star Wars melody* » par les biologistes, tant la similitude avec la bande originale du film est frappante. Est-ce la saison des amours qui suscite de telles vocalises ? Certains biologistes le pensent, d'autres penchent plutôt pour un moyen de communication à distance. Les deux individus cessent leur cour et s'en vont batifoler plus loin. Une baleine remonte lentement du fond, droit sur moi. J'alerte Alastair d'une brève traction de la corde. M'est avis qu'il va y avoir du spectacle... Va-t-elle me percuter ? À la dernière seconde, elle vire sur l'aile, en me livrant son ventre blanc, cette partie du corps vulnérable, fragile, habituellement cachée. Je peux pratiquement compter les sillons gulaires, ces plis en accordéon qui joignent l'extrémité du « menton » à l'abdomen.

Lorsqu'il se nourrit dans un banc de plancton, de krill ou de minuscules poissons tout en nageant, un rorqual abaisse sa mâchoire inférieure. Sous l'effet de la poussée hydrostatique, la poche ventrale se déplie et se gonfle d'eau chargée de nourriture. Il y a peu de chances que nous assistions à une telle scène, car les baleines ne sont ici que pour se reproduire.

À en juger par les secousses rythmiques qui me martyrisent l'épaule, la mer a encore grossi. La séquence de houle s'est raccourcie et la couche d'eau proche de la surface se sature de microbulles d'air, rendant la visibilité encore plus précaire. Quant à rapporter des images propres... Pourtant, l'ambiance « machine à laver » fait la joie de nos invités. Je ne parviens même plus à identifier les individus qui surfent dans la vague, pratiquement au ras de mon objectif. Qu'est-ce qui peut bien pousser ces animaux dits sauvages à se comporter de la sorte en notre présence ? Pourquoi là préci-

Position caractéristique du petit rorqual qui s'apprête à prendre sa respiration. Vu de l'autre côté de la surface, le rostre paraît presque vertical.

Ce petit rorqual effectue une volte-face devant l'objectif, révélant ainsi le réseau des sillons gulaires qui parcourent sa gorge.

sément et pas quelques centaines de mètres plus loin ? Comme si les vagues fonctionnaient mieux ici !

L'ami Scratch

Hier soir, Alastair m'a conté l'histoire de Scratch, un petit rorqual rencontré quelques années plus tôt entre Ribbon Reef et Cod Hole, près de la limite Nord de la réserve. En scientifique scrupuleux, il l'avait dessiné, photographié, mesuré grâce au télémètre numérique et, finalement, avait ajouté son nom aux centaines d'autres de la liste. Le plus étonnant pour lui, c'était l'insistance avec laquelle Scratch s'approchait de lui, en le fixant de longues minutes avant de disparaître comme à regret. Bien évidemment, Alastair avait été touché de cette sollicitude. Puis chacun était rentré chez soi, Alastair à Townsville, et Scratch quelque part entre les cinquantièmes rugissants et le continent antarctique. Cette histoire aurait pu n'être qu'une sympathique anecdote si l'année suivante une baleine n'avait littéralement fait fête à Alastair : roulades, sauts hors de l'eau, lâcher de bulles intempestif, exhibition de l'abdomen et, fait rarissime, ouverture de la bouche avec extension répétée de la poche gulaire ! Scratch – car c'était bien lui ! – était tout joyeux d'avoir retrouvé son « copain » de l'année passée et le lui faisait savoir ! Joyeux peut-être aussi d'être encore en vie, après avoir passé tout un été dans les eaux de l'Antarctique, où les baleiniers japonais exécutent sans le moindre état d'âme des centaines de petits rorquals pour de prétendues raisons scientifiques. Les dites « raisons scientifiques » transitant par les marchés de Tokyo ou d'Osaka, avant d'être « transformées » et servies à prix d'or dans les restaurants chics de l'archipel nippon.

Mais je suis optimiste car, durant toutes ces années à fréquenter des animaux mis en péril par la cupidité humaine, j'ai souvent côtoyé des « ambassadeurs » issus de leurs rangs. Des individus « différents », dont le comportement – le langage, donc – permet de mieux connaître leurs congénères. Scratch est évidemment l'un de ceux-là. Son comportement aura suscité les commentaires d'un Alastair et, par rebond, l'écriture d'articles ou d'ouvrages comme celui-ci pour défendre la cause de ses semblables. Puissent un jour les chasseurs et leurs commanditaires masqués voir en ces animaux magnifiques des êtres amicaux, plutôt que quelques tonnes de protéines, pas même indispensables à la survie de l'humanité.

Avoir parcouru 20 000 km et me retrouver à barboter au bout d'une corde en compagnie de ces animaux joueurs a quelque chose de fascinant. Que dire à la vie, sinon merci ? Deux heures et trois changements de film plus tard, rompus de fatigue, nous posons un pied incertain sur la plate-forme arrière qui refuse de tenir en place. Au clin d'œil que m'adresse Alastair, je sais que mon bonheur est partagé : onze individus différents viennent d'être identifiés, mesurés et catalogués. À l'issue de douze jours de croisière, quatre-vingt-quatre individus au total auront nourri les statistiques. Allez, une fois n'est pas coutume, je m'autorise à dire que la pêche a été bonne !

Familier, ce petit rorqual émerge le long de la coque du bateau. La faculté d'adaptation de son œil lui permet une vision atmosphérique satisfaisante.

Rurutu

Iles Australes, Polynésie française

Neige des Australes

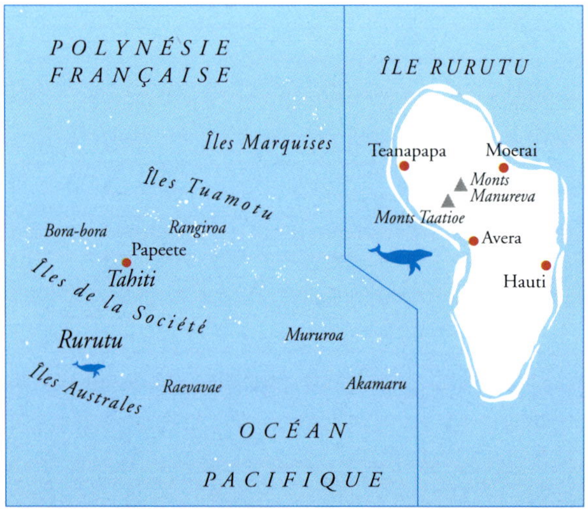

L'auteur, en compagnie des membres de l'expédition.

Infatigable, le Pacifique se déchaîne sur les récifs de la côte Ouest, vaporisant ses embruns dans les frondaisons de la chape végétale. Sentinelle éloignée face à l'immensité des mers australes, Rurutu n'est plus tout à fait la Polynésie des cartes postales. Certains jours, lorsque les brumes persistantes s'accrochent aux monts Manureva et Taatioe, l'île se donne même des allures d'Irlande. Aux endroits stratégiques, les falaises calcaires forment un rempart, comme pour la protéger d'un hypothétique envahisseur.

Au large de Teanapapa, Yves (1) fait stopper le *poti marara* (2) face à la lame. Pilotée d'une main sûre par Dominique – marin rurutais aussi chevronné que peu loquace –, cette embarcation est idéale pour naviguer dans les eaux capricieuses du Pacifique. Habituellement utilisée pour la pêche au *mahi mahi* (daurade coryphène), elle sert ici à approcher les baleines à bosse, alias mégaptères, sur leur territoire de reproduction. Nous approchons de la fin septembre, début du printemps austral, et ces dernières s'apprêtent à rejoindre les eaux de l'Antarctique pour se nourrir.

Éric plonge l'hydrophone le long de la coque. Bientôt, le haut-parleur vibre sous les accents d'un « chanteur » : un mâle en quête de compagnie. C'est bien la preuve qu'une ou plusieurs femelles sont présentes sur le site. Dominique-le-Marin lâche un « Là-bas ! » laconique, appuyé d'un bref mouvement du menton. Traduction : « Si tout va bien, le léger souffle, à peine entrevu entre deux crêtes d'écume arrachées par le vent à la surface de l'océan, pourrait bien être produit par la respiration d'un baleineau, venu respirer à la surface pendant que sa mère, stationnée tête en bas à 15 m de profondeur, se repose en attendant de reprendre l'entraînement de son petit, en vue du grand retour vers les dures contrées australes, retour qui devrait intervenir courant octobre, lorsqu'elle jugera qu'il est fin prêt ! » Aux longs commentaires à jamais bannis de ses pratiques insulaires, Dominique préfère l'action. Il pousse la manette des gaz. Le puissant diesel rugit comme un V8 de Ford Mustang, et le fin bateau décolle de la vague… Nous aussi !

Lorsque maman dort…

Trois hématomes plus tard, nous stoppons à la hauteur de deux *footprints* (3), synonymes de

(1) Yves Lefèvre et Éric Leborgne dirigent les opérations du Raie Manta Club de Rurutu, ainsi que celles de Rangiroa, dans les Tuamotu.

(2) *Poti marara :* bateau polynésien rapide, piloté grâce à un « manche à balai » et non par une barre classique. Placé à l'avant en position surélevée, le poste de pilotage permet de repérer les proies à distance.

(3) *Footprint :* empreinte circulaire laissée par la nageoire caudale d'un cétacé à la surface de l'eau.

rencontre imminente avec un couple de mégaptères. Il s'agit d'une mère et de son rejeton, à peine entrevus quelques instants plus tôt. Comme à l'accoutumée, ils doivent se tenir immobiles entre deux eaux et nous devrions sous peu avoir de leurs nouvelles. L'instant d'après, une tête triangulaire crève la surface, pulvérisant de fines gouttelettes d'eau dans un bruit de tuyauterie martyrisée. Comme prévu, le baleineau – à court d'air – a dû quitter la protection de sa mère, dont l'autonomie respiratoire est trois fois supérieure à la sienne. Il prend deux goulées d'air et replonge, laissant apparaître un soupçon de nageoire caudale.

Yves donne le signal de la mise à l'eau. Sous mes palmes, à une quinzaine de mètres de profondeur, une gigantesque silhouette paraît suspendue, tête en bas. La mère dort, ou tout au moins se repose des efforts accomplis pour entraîner son petit. Après toute une journée passée à nager, bondir, jouer, allaiter et répondre à toutes les sollicitations du « bambin », elle doit passer par d'indispensables périodes de repos. D'autant que les jours qui la séparent du grand départ sont comptés : 4 000 km à parcourir représentent une épreuve qui la fera maigrir de plusieurs tonnes. En outre, elle devra faire face à toutes sortes d'embûches sous forme d'orques ou de requins opportunistes, qui guetteront la moindre manifestation de faiblesse. En attendant, je goûte pleinement cet instant d'une rare beauté.

Quelle étrange posture ! Elle reste imperturbable, même lorsque le baleineau se frotte contre son abdomen rebondi et vient la solliciter « bec à bec ». De nouveau en quête d'air pur, ce dernier remonte. Il hésite car, vues par en dessous, nos silhouettes se découpent en ombres chinoises, sûrement inquiétantes. Tout juste âgé de 2 mois, il est encore peu familier de la présence humaine et tient à garder ses distances. Il poursuit sa progression : 10 m, 5 m… C'est un animal splendide dont le poids de naissance a déjà doublé et doit se situer entre 3 et 4 t. Sur le flanc, une blessure circulaire dénonce la morsure d'un squalelet féroce [(4)].

La baie d'Avera sert fréquemment de refuge aux baleines, surtout lorsque le vent souffle de l'ouest.

L'hydrophone permettra de capter les chants d'amour des baleines à bosse mâles.

(4) Squalelet féroce *(Isistius brasiliensis)* : petit requin pélagique capable de découper une « carotte » de chair sur le flanc de ses victimes (voir « Opération *Minke Whale* », p. 200).

Après avoir respiré, le baleineau plonge de nouveau pour retrouver sa mère à 15 m de profondeur.

Curieux, le baleineau profite de ses retours obligés à la surface pour s'approcher des plongeurs.

Pressé de respirer, il crève la surface, sortant momentanément du cadre de mon viseur. Il trace une élégante courbe et replonge, avant de se stabiliser à quelques mètres de profondeur. Il lui faut respirer une dernière fois avant de rejoindre sa mère. À cette distance, je distingue chaque détail. L'œil tout d'abord, logé en bas du crâne, à la frontière des deux maxillaires ; les sillons gulaires capables de se distendre pour engouffrer la nourriture ; les curieuses protubérances qui ponctuent l'extrémité des deux mâchoires et, surtout, les longues nageoires frangées de blanc auxquelles l'espèce doit son surnom.

… bébé s'amuse

Après une brève hésitation, le baleineau remonte prendre sa deuxième inspiration puis, sans doute intrigué, décide de rester. Provocateur, il teste les trois photographes en présence, batifole de l'un à l'autre, simule une collision, se frotte même contre la coque du bateau. Il est clair que, pour les baleines, nous faisons de plus en plus partie du paysage et que, les rencontres succédant aux rencontres, elles finissent par nous accepter. Hélas ! si la chasse devait reprendre, la confiance qu'elles mettent aujourd'hui en nous serait trahie et, du même coup, leur serait fatale. Gageons que la sagesse de nos contemporains aura le dernier mot et que, un jour, hommes et baleines éprouveront un égal bonheur à cohabiter. Pour ma part, je crois le processus irréversible. Simple question de temps.

À l'issue d'une figure particulièrement élégante, le baleineau joueur s'immobilise, tête en bas, à 1 m de la surface. Intrigué, je m'approche. Soudain, une masse énorme me passe au ras des palmes, dans un maelström de bulles. Fasciné par mon sujet, j'avais complètement oublié la mère qui, sa sieste terminée, s'était tout bonnement mise en quête de sa progéniture. Je remercie le ciel que les baleines ne soient pas nos prédateurs naturels, sinon j'aurais pu payer au prix fort un tel moment d'inattention. Mais bon ! En rentrant au port de Moerai, je me repasse en boucle les images magnifiques de cette rencontre, un peu aussi pour oublier la pluie d'enfer qui s'est abattue sur nous. Rien n'est jamais parfait !

Une ballerine de 25 tonnes

Ce matin, le Pacifique est d'une humeur de chien. Ballottés par la houle croisée, rincés par les embruns, laminés par le vent, nous cumulons roulis et tangage. Seul point positif, il ne pleut pas encore. Parvenus au nord de la baie d'Avera, Yves arbore un petit sourire qui en dit long. Entre deux vagues, deux souffles apparaissent, aussitôt cisaillés par une bourrasque. Voilà qui promet. Soudain, sans le moindre signe précurseur, une nageoire caudale déchire la surface, aspergeant généreusement d'écume les alentours. Nous ne sommes qu'à 20 m de la scène. Contre toute attente, la nageoire reste dressée entre ciel et mer, comme une énorme

La baleine à bosse dresse longuement sa nageoire caudale au-dessus de la surface de l'eau pour refroidir son organisme.

Particulièrement familière, la baleine à bosse se donne littéralement en spectacle aux plongeurs qui l'entourent.

balise blanche. Trois longues minutes s'écoulent avant qu'elle s'enfonce pour de bon dans les profondeurs. Rejoignons-la !

L'eau paraît tiède. Fini les rafales de vent, les roulades bord sur bord ; oublié le matraquage des vagues contre la coque. Vue de l'autre côté du miroir, la mer est silencieuse. Enfin, presque. L'important n'est pas là, car ce ne sont pas deux baleines mais quatre qui nagent à quelques mètres de la surface. La confusion qui règne là-haut a complètement faussé notre estimation. Il ne paraît pas y avoir de petits, seulement deux adultes et deux immatures, probablement nés l'année précédente et en passe d'acquérir leur autonomie. Familière, l'une d'entre elles vient à ma rencontre. Elle tourne sur elle-même dans un ralenti de rêve, les longues nageoires pectorales accompagnant le mouvement avec grâce. Parvenue à ma hauteur, la ballerine de 25 t prend le temps de me fixer.

Dire qu'il n'y a aucune hostilité dans ce regard est un euphémisme. J'y vois même un authentique désir de contact. Et tant pis si je fais dans l'anthropocentrisme facile, je l'assume. Elle va me percuter. Non ! À 2 m de mon masque, elle bascule en arrière dans un looping d'anthologie. Mètre après mètre, elle défile devant mes yeux : d'abord le menton boursouflé de curieuses protubérances, puis les interminables sillons gulaires d'un blanc immaculé, suivis de l'abdomen tout aussi pur. Lorsque la caudale parvient à ma hauteur, au dessin de la voilure, je reconnais celle qui, un peu plus tôt, nous avait signalé sa présence en surface. Je n'ose imaginer qu'il s'agissait là d'une réelle intention. Quoique... !

De retour sur le bateau pour recharger les appareils photo, force m'est de constater que la mer a encore grossi. Impossible de continuer dans ces conditions, sécurité oblige.

Le baleineau folâtre en compagnie de sa mère au-dessus des coraux.

Bilan de l'opération : deux rouleaux de film, témoins d'une rencontre magnifique avec celle que j'ai déjà surnommée Snow [5] et... une lourde frustration d'avoir dû y mettre un terme prématurément.

Quelques jours plus tard, le ciel est d'un bleu immaculé, le vent inexistant et la lumière prometteuse. Il n'est pas encore 8 heures lorsque nous quittons le port d'Avera. Éric, qui conduit l'expédition, fait mettre le cap au sud.

(5) *Snow :* neige, en anglais. Surnom fréquemment attribué par les observateurs anglo-saxons à une baleine dont la sous-caudale est immaculée.

Ce jour-là, les baleines acceptaient même de « danser » pour le plaisir des photographes.

Un matin pas comme les autres, où tout un groupe de baleines avait élu domicile près du rivage au sud d'Avera.

Pour Snow, aux facéties sous-marines du matin ont succédé les démonstrations de surface de l'après-midi.

Je le sentais : pratiquement au pied des falaises calcaires, prises d'assaut par les rouleaux bouillonnants d'écume, plusieurs souffles font leur apparition. Ces baleines-là me paraissent exceptionnellement calmes. Dominique coupe les gaz. Je me glisse à l'eau sans attendre, car de telles occasions se présentent rarement deux fois. Nos baleines, qui ont fort peu bougé, sont à 100 m à peine. Je prends mon temps. Il est hors de question de tout gâcher par une irruption intempestive. Contrairement aux rencontres précédentes qui ont eu lieu dans le Grand Bleu, celle-ci a toutes les chances de se faire au ras du corail… Ce qui n'est pas pour me déplaire.

Dans la lumière encore rasante, trois, puis quatre silhouettes se détachent. Nous venons de retrouver le groupe rencontré quelques jours auparavant. Ce n'est certainement pas l'essoufflement qui me fait battre le cœur aussi fort. Dieu, qu'elle sont belles ! Bien entendu, elles m'ont vite repéré. Pourtant, elles ne fuient pas. Mieux, elles se comportent exactement comme si j'étais absent. C'en est presque vexant. Parmi celles qui me rejoignent, je reconnais ma ballerine préférée : Snow en personne !

Facétieuse, elle ne cesse de provoquer sa mère en la sollicitant du rostre et des nageoires, dans toutes les postures imaginables. Elles m'offrent une chorégraphie de rêve, jouant dans les rais de lumière qui cascadent depuis la surface, rasant parfois le fond où les massifs de coraux alternent avec des langues de sable vierge. Je m'offre même le luxe d'une série

Même après le quinzième saut,
Snow paraît infatigable.

d'apnées tranquilles, cramponnant d'une main une branche de corail mort, de l'autre l'appareil photo.

Inconsciemment, je me retrouve au milieu du groupe qui vit sa vie en m'ignorant royalement. Cela m'arrange car, s'il lui prenait l'envie de m'en chasser, je ne pèserais pas bien lourd. Je profite de la magie du moment, magie toujours intacte à l'instant où je pianote ces lignes. Hélas ! tout a une fin, y compris les moments d'exception, d'autant qu'il faut refaire le plein de pellicule. Lorsque je replonge, les baleines ont disparu.

Nous ne les retrouverons qu'en fin d'après-midi. Disons-le franchement, ce sont elles qui nous ont retrouvés. Alors que, résignés, nous naviguons vers Moerai, nous tombons littéralement sur leur petit groupe. Spontanément, elles nous offrent un festival, comme pour se faire pardonner de nous avoir faussé compagnie. Snow est de loin la plus espiègle. Elle enchaîne saut après saut, marsouine, bat la mesure de la caudale, jaillit de l'eau « bras écartés » et, pour finir en apothéose, quitte la scène sur un ultime et magnifique saut dans la lumière rosée. Un dernier saut ? Pas si sûr, car je dois bien l'avouer : aujourd'hui encore, en particulier lorsque le sommeil tarde à venir, la baleine qui ne cesse de bondir dans un coin de ma mémoire lui ressemble étonnamment.

Apothéose d'une longue journée,
Snow bondit une dernière fois
au-dessus des vagues.

Alaska
États-Unis

Bulles d'Alaska

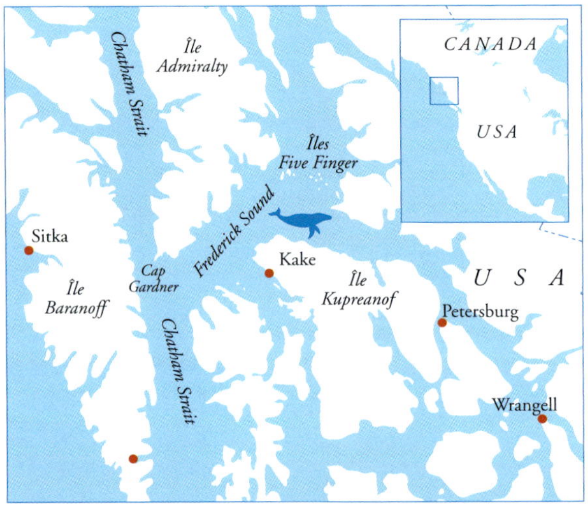

Inside Passage, le « Passage intérieur »… Plus qu'un nom, tout un parfum sorti des livres de mon enfance, lorsque les maîtres de l'aventure s'appelaient Jack London, Howard Pease, Hergé, ou encore Henri Vernes ! Nous venons de décoller de Ketchikan et l'Inside Passage défile sous les ailes du confortable Boeing 737 d'Alaska Airways. Aujourd'hui, l'aventure s'écrit le plus souvent avec un petit « a », mais qu'importe ! Il suffit de fermer les yeux. Je m'imagine volontiers à bord d'un vénérable bateau de bois fleurant bon le goudron et la saumure. Nous franchirions le fameux passage maritime, ouvert comme une immense blessure à travers la poussière d'îles atomisée entre océan Pacifique et continent nord-américain… Ketchikan, Wrangell, Petersburg, Glacier Bay et Skagway, qui vit passer des milliers d'aventuriers lors de la « ruée vers l'or » de 1849. Le contact avec la piste me ramène à la réalité : Petersburg, modeste port de pêche certes, mais point de départ idéal pour rejoindre les quartiers d'été des baleines à bosse, pour la plupart en provenance d'Hawaii. Le ronronnement des diesels fait à peine frémir les membrures de l'*Alaska Adventurer,* solide bateau haut perché, presque aussi hérissé d'antennes qu'un chalutier soviétique au temps de la guerre froide. Dans la cabine de pilotage, Dennis-le-Skipper arbore un sourire confiant que souligne sa moustache de *coast guard*. De l'index, Jim-le-Naturaliste trace la route sur la carte marine. Protégée de la violence du Pacifique, cette partie de l'Alaska est composée d'un patchwork d'îles aux pentes souvent abruptes, phagocytées par la forêt. Quelques heures après avoir doublé la balise de

L'*Alaska Adventurer,* base itinérante de l'expédition.

Détachée du glacier, cette glace d'une grande pureté contribuera à rafraîchir les boissons durant toute l'expédition.

DILETTANTES ET EXPERTES

La plupart des mégaptères du Sud-Est Alaska sont des dévoreuses de krill, une proie facile qu'elles sont capables de capturer en solitaire, même s'il leur arrive de chasser côte à côte dans une forte concentration de ces crustacés. Dans ce cas, on ne peut parler d'association et chacune repartira de son côté sitôt le stock épuisé. En revanche, la pêche au hareng requiert une authentique collaboration, et donc un vrai savoir-faire. Toutes ne l'ont pas, il s'en faut de beaucoup. Sur les 600 baleines à bosse qui peuplent cette région durant l'été, à peine plus de la moitié ont déjà participé, et parfois une seule fois, à une pêche collective au hareng. Deux territoires contigus déterminent deux « écoles » distinctes : le détroit de Frederick Sound, presque une mer intérieure, et, dans son prolongement, le détroit de Chatham Strait, portail ouvert sur le Pacifique.

Groupe « Frederick »

Ce sont avant tout des pêcheuses opportunistes. Bien qu'elles privilégient le krill, elles peuvent, à l'occasion, s'associer pour traquer un banc de harengs. Après des années d'observation, les scientifiques de l'AWF [1] ont conclu à une moindre compétence de cette population en termes de stratégie collective. Infiniment plus bavardes que leurs voisines du groupe « Chatham », elles s'interrompent parfois au beau milieu d'une pêche. Il n'est pas rare d'observer un réseau de bulles inachevé, après quoi les hydrophones vibrent d'une débauche de grognements traduisant une dispute entre partenaires mécontents. Le prix du dilettantisme, en quelque sorte !

Groupe « Chatham »

C'est le noyau dur des pêcheuses de harengs, limité en tout et pour tout à deux douzaines de baleines hautement spécialisées. Ces « expertes » n'opèrent pas toujours ensemble ; elles se séparent fréquemment pour créer trois ou quatre nouveaux groupes, auxquels se joignent temporairement d'autres individus. On peut supposer qu'elles remplissent les rôles clés, tels que celui du chanteur et celui du souffleur de bulles. Quoi qu'il en soit, chaque mission est menée à bien, sans altercations. Lorsque le stock de poissons est épuisé, les partenaires de la dernière heure se dispersent pour trouver individuellement du krill, alors que les membres du noyau dur poursuivent ensemble leur traque du hareng. Le compagnonnage de ces baleines-là est durable, car il est uniquement fondé sur la compétence individuelle ; ainsi, certaines sont associées depuis plus de vingt ans. Dans leur monde, ni les liens familiaux ni la démocratie n'ont droit de cité. C'est là le prix de l'efficacité !

(1) Alaska-British Columbia Whale Foundation : associée à la Simon Fraser University, cette fondation est chargée d'interpréter le comportement et la structure sociale des mégaptères du Sud-Est Alaska.

Selon la technique du *lunge feeding,* cette baleine isolée engouffre le krill concentré près du rivage.

(2) Krill : petit crustacé apparenté aux crevettes, l'un des constituants du zooplancton.

(3) Hareng du Pacifique *(Clupea pallasii)* : d'une taille de 30 à 45 cm, il vit en bancs qui peuvent atteindre plusieurs millions d'individus.

Petersburg, nous laissons les Sukoi Islets sur bâbord. Nous faisons le plein de glace aux dépens d'un iceberg à la dérive, puis nous doublons Beacon Point, et enfin Cape Strait. Nous y sommes ! L'étrave fend maintenant les eaux verdâtres de Frederick Sound, l'un des terrains de chasse favoris de la baleine à bosse, alias mégaptère. Outre sa beauté sauvage, cette immense étendue d'eau est aussi un formidable réservoir de protéines où pullulent le krill (2) et le hareng du Pacifique (3). Ceci expliquant cela, on comprend mieux l'attirance des baleines pour un tel eldorado.

Harengs pour les uns, cabernet pour les autres

Captain Dennis se montre d'autant plus vigilant que la marée montante est proche de son apogée. En clair, le courant fait remonter les éléments nutritifs vers la surface et les concentre près des côtes et sur les hauts-fonds. Une manne pour les harengs… et pour les baleines, qui n'attendent que ça. Dans des lointains occultés par une lumière quasi crépusculaire et par la pluie, je distingue bien çà et là une certaine activité de surface, mais rien qui vaille une prise de vue. Soudain, alors que nous atteignons le premier des deux Brothers, près d'Admiralty Island, une tête émerge brusquement près du rivage, à moins de 20 m du bateau. Bouche grande ouverte, une baleine solitaire retombe dans un bruit de catastrophe.

Dans Frederick Sound, les baleines s'emploient à repérer les bancs de harengs.

Malgré l'heure tardive, les baleines traquent inlassablement les harengs selon la méthode du *bubblenet feeding*.

Celle-ci ne pêche pas le hareng mais le krill et, à en juger par son embonpoint, elle n'en a guère manqué jusqu'à présent. Elle pratique le *lunge feeding*, technique basique qui consiste à foncer droit devant soi, bouche ouverte, pour engloutir un maximum de nourriture. Un procédé qui ne requiert aucune compétence particulière ; d'ailleurs, si l'eau n'était pas si froide, je tenterais volontiers ma chance.

Quelques minutes plus tard, profitant d'une des rares éclaircies de la journée, notre belle solitaire nous gratifie d'un long salut immobile, nageoire caudale dressée. Surchauffée par son intense activité, elle expose tout naturellement la partie la moins isolée de son corps pour refroidir son système sanguin. Notre proximité ne semble pas l'affecter le moins du monde. Apparemment, ces années passées à côtoyer une humanité enfin respectueuse à leur égard ont ôté aux baleines toute inhibition. Je croise mentalement les doigts pour qu'il en soit toujours ainsi. Au fait, pourquoi l'Unesco n'élèverait-il pas aussi au rang de « Patrimoine mondial de l'humanité » des richesses comme la « Paix avec les baleines », le « Respect des oiseaux », la « Préservation de la forêt primaire » ? Certes, il s'agirait de richesses intangibles mais, pour autant, ne seraient-elles pas les plus belles de notre patrimoine ?

Régurgitée par l'écubier, la chaîne d'ancre émet une longue plainte avant de se taire pour la nuit. Les coursives sont envahies d'un solide parfum d'ail et de crustacés grillés. À l'étrave, un verre de cabernet blanc de Californie à la main, *Captain* Dennis et Jim-le-Naturaliste me font partager « leurs » baleines. À en juger par la somme d'anecdotes égrenées, il va falloir plus d'une croisière pour venir à bout du sujet. On jurerait qu'il ne s'agit pas de baleines, mais de leur famille respective. À ce stade-là, parler d'attachement est presque un euphémisme. « *Look here !* » Dennis désigne le centre de la crique, à 20 m de la chaîne d'ancre. Un cercle de bulles achève de se refermer, accompagné d'un bruit de friture. L'instant d'après, une demi-douzaine de lourdes silhouettes noires font exploser la surface dans un grondement sourd. Les mâchoires grandes ouvertes montent à l'assaut du ciel, exposant l'énorme poche gulaire distendue où les harengs se sont fait piéger par centaines. Jaillis des profondeurs, nageoire contre nageoire, dans un synchronisme parfait, les mastodontes n'ont laissé aucune chance aux poissons tétanisés. Aux premières

Sous l'objectif de l'auteur, les baleines jaillissent à la proue de l'*Alaska Adventurer*.

Parfois, l'abondance des harengs est telle que certaines baleines peuvent pêcher en ordre dispersé.

loges, nous venons d'assister à la première séquence de *bubblenet feeding* de l'expédition.

Oubliés les crevettes à l'ail et le cabernet ! Les diesels reprennent illico du service. L'ancre est remontée en un temps record et l'étrave se tourne vers la sortie de la baie. Il n'y a pas seulement un, mais au minimum trois groupes de baleines, c'est dire à quel point le garde-manger est garni.

L'orgie alimentaire qui se prolonge au-delà de l'étale de marée haute laisse augurer l'abondance du stock de harengs. Partout, ce ne sont que gueules béantes, fanons au vent, pectorales

Parfait exemple de synchronisation pour une phase finale de *bubblenet feeding*.

entremêlées et caudales qui giflent la surface, à quoi vient s'ajouter la cacophonie des souffles. Je qualifierais volontiers de « chaos » ce joyeux pataquès si je ne savais à quel point tout cela est savamment orchestré. Nous assistons ni plus ni moins à la mise en œuvre d'une des stratégies de prédation collective les plus élaborées du monde animal. Il est 21 heures passé et la nuit s'installe pour de bon, en même temps qu'un crachin insidieux. Le reportage à la bougie n'étant pas mon activité de prédilection, je réintègre le confort du carré. Les crevettes à l'ail n'ont qu'à bien se tenir.

Sur la route de *Five Finger Island*

Doubler le Cap Gardner, à la pointe sud d'Admiralty Islands, a quelque chose de magique. À cet endroit, Chatham Strait se resserre, mettant à portée de regard les crêtes enneigées de Baranoff Island, pour moi l'un des plus beaux spectacles que l'hémisphère Nord puisse offrir. C'est aussi le domaine privilégié des lions de mer de Steller (4), les plus grosses des otaries. Elles sont omniprésentes. Leur roquerie (5) occupe près de la moitié de l'îlot gardien de l'entrée du chenal. Territoriales au point

(4) Lion de mer de Steller *(Eumetopias jubatus)* : un mâle peut mesurer jusqu'à 3 m et peser 1 t. Dans le Sud-Est Alaska, la population est stable à l'intérieur de l'archipel, mais réduite de 80 % du côté océan.

(5) Roquerie (ou rookerie) : colonie à forte densité de population. Territoire estival pour les accouplements et les naissances.

d'en être velléitaires, elles mettent la région en coupe réglée, n'hésitant pas à harceler quiconque traverse leur domaine, même s'il s'agit d'une baleine de 50 t.

Au moment où nous obliquons pour remonter Chatham Strait, trois d'entre elles nous prennent à partie, aboyant leur désapprobation sur notre passage. Dieu merci, l'échelle est remontée, sinon, je parie qu'elles seraient montées à bord pour contrôler nos papiers ! Au retour, les trois énergumènes se disputent bruyamment un espace grand comme un set de table, sur la bouée rouge qui balise le chenal. Je confirme : elles sont infréquentables !

Durant deux longues heures, l'*Alaska Adventurer* ne croise plus la route d'aucune autre créature, excepté un aigle chauve qui quitte son observatoire le temps de surprendre un poisson au milieu de sa sieste. Consulté sur ses intentions, *Captain* Dennis arbore une moue dubitative, ce qui n'est pas bon signe. Je m'apprête à rejoindre la passerelle lorsqu'un appel tombe des haut-parleurs : un pêcheur vient de localiser un groupe de baleines à l'ouest de Five Finger Island. La moue du capitaine se transforme instantanément en sourire

Trois lions de mer de Steller tentent d'intimider les baleines qui traversent leur « territoire ».

façon 16/9e. Reste que l'observation a été faite de l'autre côté de Frederick Sound et qu'il va falloir mettre le turbo pour y parvenir avant la marée. Dennis pousse à fond deux manettes chromées, libérant du même coup la totalité des chevaux disponibles. Sous la coque, les deux grosses hélices de bronze moulinent à tout va, assez pour transformer en tartare tout ce qui aurait la malencontreuse idée de se trouver sur notre route.

Un chanteur, un souffleur, des flashes

Deux heures plus tard, le phare de Five Finger Island se détache sur l'horizon. Au premier coup d'œil, le nombre de souffles visibles aux alentours est de bon augure. Les hélices cessent de battre, les appareils photo sont extraits des boîtes étanches et Jim immerge le micro de l'hydrophone. Tous les ingrédients d'un reportage réussi sont là, reste à les harmoniser. Théoriquement, c'est enfantin, mais la réalité est tout autre, car nous ne sommes pas calés près d'une côte et les protagonistes disposent d'un espace considérable pour manœuvrer. Où vont-ils émerger ? Réussir une séquence photo nécessite de réagir à l'instant précis où les rostres franchissent la surface. Une seconde plus tard, c'est déjà trop tard ! Depuis la disparition du dernier groupe de baleines, il s'est à peine écoulé dix minutes. L'hydrophone ne restitue pour l'instant que le bruit de fond de l'océan. Soudain, du haut-parleur monte une étrange plainte qui me met les poils au garde-à-vous. Quelque part en dessous, la traque vient de commencer.

Sur les quinze baleines en présence, seul le « chanteur » est descendu au fond, à près de 40 m de la surface. De sa furtivité dépend la réussite de la manœuvre. En silence, il tente de passer sous le banc de harengs en prenant soin de ne pas les faire fuir prématurément. Parvenu à ses fins, il émet une longue plainte rauque. Terrorisés, les poissons n'ont qu'une hâte : mettre le plus de distance possible entre eux et la source sonore. Hélas ! une autre mauvaise surprise les attend. Tout autour, un rideau de

Distendues, les poches gulaires renferment encore des centaines de harengs pris au piège.

bulles bouillonnantes les menace. Le « souffleur » a rempli son office en les enfermant dans un cylindre virtuel. La liberté se situe maintenant quelque part vers le haut. Dès lors, les autres baleines les harcèlent encore un peu plus, à coups de « flashes », usant astucieusement de leur ventre et du dessous des pectorales pour refléter la lumière. Crescendo, le chant gagne en âpreté et en intensité. Le piège se referme. Lorsque les harengs ne sont plus qu'à 10 m de la surface, le chanteur s'interrompt. Sur *l'Alaska Adventurer,* chacun sait ce que cela signifie. Quelques secondes plus tard, à 50 m de l'étrave, les quinze baleines émergent dans un ensemble parfait. L'énergie déployée par certaines est telle qu'elles sortent aux trois quarts de l'eau, avant de retomber lourdement sur un congénère moins véloce. Une à une, les immenses mâchoires se referment, faisant gicler l'eau au travers des fanons. Aplaties sur la surface, les poches gulaires se donnent un temps des airs de robes à crinoline, avant de retrouver progressivement leur forme initiale. Victimes à la fois de leur instinct grégaire et de l'ingéniosité de leurs prédatrices, les harengs disparaissent par milliers dans les gosiers obscurs.

Le soleil est déjà bas sur l'horizon lorsque la traque s'interrompt, probablement faute de gibier. Un à un, les groupes se disloquent. Certaines baleines poursuivent seules leur quête de nourriture, tandis que d'autres s'en vont par petits groupes. Au détour de Five Finger Island, dans la lumière orangée, de longs panaches de vapeur montent vers le ciel avant de se dissoudre lentement dans l'atmosphère. Sagement alignées, comme à la parade, cinq baleines nous adressent un au revoir à leur façon. Savent-elles que nous ne les reverrons pas ? À moins qu'à Hawaii, dans six mois…

Parfaitement rangées, les « associées » s'éloignent dans la lumière déclinante du soleil.

Basse-Californie

Mexique

Les trois lagunes

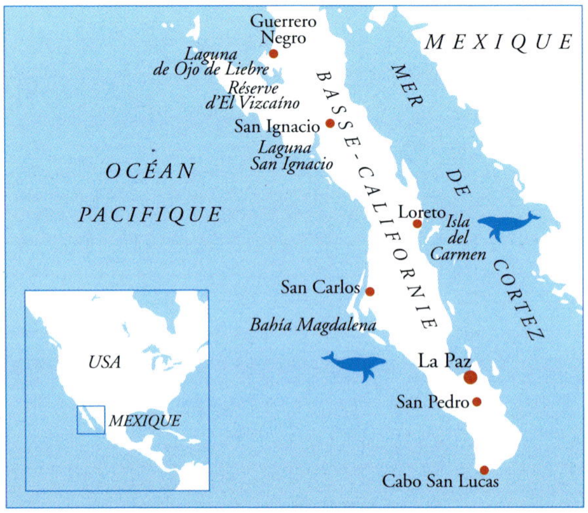

(1) Laguna de Ojo de Liebre, « lagune de l'Œil-de-Lièvre » : version mexicaine du Scammon's Lagoon américain, sanctuaire de reproduction de la baleine grise, découvert en 1855 par le capitaine baleinier américain Charles Scammon. En 1874, ce dernier reconnaissait que l'espèce était pratiquement exterminée.

(2) *Panga :* embarcation longue et plate, de faible tirant d'eau.

(3) *Ranchero :* gardien de troupeaux de bovins.

Nichée au cœur des plus grandes salines de la planète, la Laguna de Ojo de Liebre est surtout réputée pour ses baleines grises.

Planté sur une dune, parmi la maigre végétation du littoral, El Coyote parcourt l'horizon à l'aide de ses jumelles. Depuis l'aube, comme à l'accoutumée, il repère les baleines qui s'aventurent au fond de la baie et note ses observations dans un inénarrable carnet fermé par un élastique. Cet étonnant globe-trotter, parti de France il y a bien longtemps, s'est totalement fondu dans le paysage dépouillé de la Laguna de Ojo de Liebre [(1)]. Durant tout l'hiver, il vit à l'heure de « ses » baleines, dort enroulé dans un poncho, à même le sol, une porte de bois vermoulu en guise de toit. Son seul viatique : une paire de jumelles et deux manuels, l'un de cétologie, l'autre d'ornithologie. Hormis durant les repas partagés avec les gardes mexicains de la réserve d'El Vizcaino, il arpente les dunes pieds nus, veillant à ce que chaque visiteur respecte le sanctuaire naturel, classé au « Patrimoine mondial de l'humanité ». Rencontré quelques mois plus tôt au milieu des requins des Galápagos, cet attachant personnage n'a pas eu trop de mal à me convaincre de le rejoindre pour cette expédition « baleine grise ». Voilà pourquoi, en cette mi-février, mon complice Emmanuel et moi-même avons planté notre camp à côté de son « ermitage », creusé dans la dune.

Assis en tailleur à l'avant de la *panga* [(2)], El Coyote scrute l'entrée de la baie où nous avons aperçu plusieurs sauts, hélas trop lointains. Tenant la barre d'une main distraite, le guide mâchouille un cigarillo qui répand une persistante odeur de pneu brûlé. *Rancheros* [(3)] durant le restant de l'année, les gardiens délaissent leurs troupeaux dès l'arrivée des premières baleines pour « traiter » au jour le jour leur quota d'écotouristes, s'acquittant de leur tâche avec un enthousiasme qui fait plaisir à voir.

Après une heure entière à tirer des bords sans apercevoir âme qui vive, El Coyote se lève brusquement, l'index tendu vers le large. Le temps pour Emmanuel de tirer notre *ranchero* de sa torpeur, et nous mettons le cap sur ce qui ressemble fort à une baleine adulte, si j'en juge par le degré de parasitage de son épiderme. La tête est tellement recouverte d'anatifes que la peau est quasiment invisible. Apparemment, l'élégante est seule. Peut-être s'agit-il d'un mâle attardé ou d'une « tante » restée sur place pour aider une mère à s'occuper de sa progéniture. Quoi qu'il en soit, elle vient volontiers exhiber son étrange coiffure près de la *panga.* Je trouve étonnante cette cohabitation entre une baleine et ses crustacés parasites – un mariage pour la

vie puisque les anatifes passent l'intégralité de leur existence là où ils se sont fixés. Dans un bruit de chaudière, la belle souffle à moins d'un mètre de l'étrave, exhalant un parfum de poissonnerie en grève. Si on y ajoute les relents âcres de cigare et l'odeur persistante de vase qui baigne la lagune, cet endroit n'a décidément rien à envier à un port d'Extrême-Orient.

Profitant d'un grain subit, la belle encapuchonnée disparaît purement et simplement. Le guide ouvre un œil pour consulter sa montre : c'est l'heure ! Et quand c'est l'heure… Nous remettons donc le cap sur la base. Balayés par le vent qui souffle sans rencontrer d'obstacle depuis le Pacifique, les nuages se dispersent à l'est, au-dessus des salines de Guerrero Negro, qui sont les plus grandes du monde, capables d'assurer 35 % des besoins en sel de l'humanité.

Les jours passent, rythmés par nos incursions dans la lagune ; les nuits également, rythmées par les razzias des coyotes et des rats-kangourous dans nos provisions. Charmant pays que ce pays où l'eau est plus rare que l'or, où les *rancheros* se morfondent loin de leurs troupeaux, et où la faune locale se gave à nos dépens ! Dieu merci, à cause du froid, les mygales réfugiées sous les pierres des alentours ne sortent pas la nuit. Ce dont personne ne se plaint.

L'observation des baleines commence dès le lever du soleil.

Durant toute son existence, la baleine grise est colonisée par des centaines d'anatifes parasites.

Les rivages de la lagune servent de garde-manger à une faune avicole particulièrement riche.

À qui perd gagne

Ce matin, des centaines d'échassiers à bec courbe ont consciencieusement passé au crible la vase, à 3 m de la tente, mettant à force de piaillements un terme à une nuit pourtant déjà trop courte. Nous rembarquons, bien décidés à faire rentrer quelques baleines dans les appareils photo avant qu'elles ne remettent le cap sur la mer de Béring. Notre *ranchero* de service met en panne à l'entrée d'une crique où une mère et son baleineau se livrent à une course-poursuite, comme si leur vie en dépendait. La tête qui émerge un court instant me paraît bien juvénile car aucun parasite n'y a encore élu domicile. En revanche, les alvéoles qui lui grêlent l'épiderme pourraient bien servir de future résidence à ces fainéants de *Cryptolepas rhachianecti,* pour ne pas les citer.

Avec l'indulgence qui sied à la plupart des mères, celle-ci subit sans broncher le harcèlement de son rejeton. Sans broncher ? Voire. Alors que celui-ci tente de l'escalader par la face ouest, elle relève brusquement la caudale et lui assène une gifle monumentale. Tout autre se serait découragé, pas lui. Il repart à l'assaut de sa génitrice, cette fois par la face nord qui, comme chacun sait, se trouve à l'opposé de la caudale. On apprend vite dans le petit monde des baleines grises. Il s'ensuit une lutte confuse durant laquelle les deux protagonistes se flanquent de joyeuses raclées, à grand renfort d'éclaboussures. Subitement, la crique redevient silencieuse. Je me demande déjà si elles ne nous ont pas faussé compagnie lorsqu'un missile jaillit de la surface à 20 m de la *panga.* Le baleineau, qui n'en est pas à une facétie près, enchaîne une série de bonds désordonnés. Tandis qu'il s'éloigne vers le centre de la lagune, sa mère réapparaît. Le temps pour eux de respirer en chœur, et ils disparaissent pour de bon. Nous reprenons d'autant plus volontiers le chemin du campement qu'une averse glacée s'abat sur la lagune.

Encore vierge, l'épiderme du baleineau ne tardera pas à se recouvrir de parasites.

Malgré ses vingt tonnes, la mère n'hésite pas à engager une course poursuite avec son baleineau.

Triste découverte

S'il est des matins qui chantent, celui-ci doit être aphone. La pluie est tombée toute la nuit. Grâce à Dieu, elle a cessé peu après l'aube, chassée sans ménagement par le vent d'ouest qui, au passage, a cru malin d'aplatir la tente à deux reprises. Conséquence : la baie est im-pra-ti-ca-ble. Fort heureusement, El Coyote n'est jamais à cours de ressources et nous mettons à profit cette pause forcée pour explorer la lagune, côté terre. Après des kilomètres de pistes incertaines louvoyant dans l'immensité des salines, nous parvenons au bout du monde, un territoire vide de toute humanité mais rempli de milliers d'oiseaux de toutes espèces : pélicans, oiseaux de mer, échassiers et rapaces. Hélas ! dans un tel univers, les heures sont brèves et le soleil plonge trop rapidement derrière les dunes. Au détour d'un chemin qui surplombe la côte, la fuite d'un coyote nous alerte. Sur le rivage, le corps sans vie d'un baleineau [4] se détache en contre-jour…

Pour l'atteindre, il nous faut ruser au travers des sables mouvants où plusieurs carcasses de baleines à moitié enfouies achèvent de se décomposer. Nous atteignons enfin le rivage, recouverts de la tête aux pieds d'une vase nauséabonde. Le baleineau mort-né a dû s'échouer voici plusieurs jours et les charognards ont déjà bien avancé leur besogne, en commençant par la langue, comme à l'accoutumée. Ceci explique la présence du coyote. En fait, cette partie de la lagune est un vaste cul-de-sac, où viennent s'échouer toutes sortes de créatures défuntes poussées par le vent et les marées. La découverte macabre met un terme à la première étape de notre « route des lagunes ». Demain, nous mettrons le cap sur la Laguna San Ignacio, l'autre sanctuaire officiel des baleines.

Après deux contrôles routiers par l'armée mexicaine dont une fouille musclée de la voiture, l'explosion d'un vautour sur le pare-brise et 50 km de mauvaise piste entre la mission de San Ignacio et l'océan, nous atteignons le minuscule village de La Laguna. Quelques habitations perdues au milieu de nulle part y alternent avec d'improbables épaves de véhicules *made in USA*. Fuyant le « parking » balisé d'ossements de baleine, nous plantons la tente

(4) Voir « Le cycle de la vie », « Échouages », p. 93.

Débordant d'énergie, le baleineau est volontiers provocateur.

Une manière comme une autre de baliser le « parking » du village de La Laguna, au bord du lagon de San Ignacio.

sous l'unique arbre du village, juste à temps pour assister à un somptueux coucher de soleil. Ici, les rares pêcheurs doivent en grande partie leur subsistance à la visite annuelle des « grises ». Le calcul effectué par le WDCS (5) se vérifie encore une fois : « Une baleine vivante est infiniment plus rentable qu'une baleine morte. » Le concept peut paraître abrupt, il n'en exprime pas moins une réalité. Puissent les professionnels de la chasse se donner la peine de le vérifier à leur tour. Il y a urgence !

(5) WDCS (Whale and Dolphin Conservation Society) : « Société pour la préservation des dauphins et des baleines ». Basé en Grande-Bretagne, cet organisme œuvre pour la sauvegarde des cétacés, entre autres grâce à des études de rentabilité du *whale watching*.

On n'approche pas !

Le guide lance négligemment le moteur de la *panga*. Dieu soit loué ! celui-ci n'est pas un aficionado du cigarillo local... seulement des caramels mous qu'il engloutit avec la régularité d'un métronome. Si j'en juge par le nombre d'embarcations qui sillonnent la baie, il va falloir cadrer serré pour rapporter des images vierges de toute trace de civilisation. Nous piquons jusqu'à l'embouchure. Dans une crique abritée des regards, une intense activité attire notre attention. Une mère accompagnée de son baleineau répond par de violents coups de nageoires aux sollicitations d'un mâle.

Gaz coupés, nous dérivons lentement vers la scène. Il semble que la dame ne soit pas disposée, car elle se maintient à la surface ventre en l'air pour rester hors d'atteinte. Cela ne fait pas du tout l'affaire du Roméo à nageoires si j'en juge l'avantageux pénis rose vif qui affleure à la surface de l'eau. Dépassé par toute cette agitation, le petit tente de s'interposer, ce qui n'est pas une bonne idée – il l'apprend vite à ses dépens. Vigoureusement propulsé d'un formidable revers de nageoire caudale, il décolle littéralement avant de retomber lourdement. Dépité, il s'éloigne en bondissant, bouche ouverte, comme pour exprimer sa désapprobation. Décidément, le monde est bien injuste !

Pas moins de trois autres *pangas* pénètrent simultanément dans la crique, mettant un terme prématuré à la querelle de famille… et au spectacle, hélas ! Réveillé en sursaut d'une bourrade familière, notre guide en avale son caramel. C'est dit, nous mettons un terme à cette courte étape : trop d'embouteillages et, à l'instar de leurs collègues du Nord, une implication plutôt tiède des guides mandatés. Le succès de cette expédition repose maintenant sur la lagune numéro trois : Bahia Magdalena, qui n'est pas une réserve d'État. De longues heures de route nous attendent. El Coyote remonte vers le nord – devoir oblige –, mais je sais déjà que nos routes se croiseront de nouveau : « *Que te vaya bien, amigo !* » Quant à nous… cap au sud !

Course-poursuite

Pesant de tout son poids sur la longue perche, Christo engage la *panga* dans le labyrinthe végétal. La barque plate glisse sans bruit sur le chenal aux contours torturés. Bahia Magdalena, ça n'est pas seulement le territoire d'élection des baleines grises, c'est aussi celui des oiseaux qui colonisent la mangrove et les rivages. Sur la cime des palétuviers se côtoient cormorans noirs, grands hérons bleus et ibis blancs, pour ne citer que les plus pittoresques. Si l'impression de silence domine de prime abord, elle ne dure pas. Depuis les frondaisons jusqu'au cœur du réseau de racines entrelacées, des myriades d'insectes, de crustacés, de reptiles vivent et meurent dans un grouillement incessant. Le

Un ibis blanc monte une garde hiératique au sommet des palétuviers.

Sollicitée par un mâle en présence de son baleineau, une mère se défend vigoureusement.

Le jeu occupe une place importante dans la vie quotidienne de la plupart des baleineaux.

moustique dont j'ai croisé le regard vicieux un peu plus tôt est sans doute allé sonner le rappel, car nous sommes pris d'assaut par quelques milliers de ses collègues assoiffés de sang. La gifle d'autodéfense dont Emmanuel se gratifie donne le signal du départ. Notre contribution aux repas de la faune locale s'arrêtera donc là. Christo lance opportunément le moteur. Direction : l'embouchure de la baie.

En quelques minutes, le vent du Pacifique a chassé les miasmes qui nous collaient à l'épiderme. La longue barque plate rebondit sur la lame, scalpant la crête des vagues à tout va. Le saut entrevu un peu plus tôt doit être le fait d'un baleineau âgé de quelques mois. En ce début mars, les mâles ont pour la plupart quitté la lagune et rejoint l'océan. Seules restent les nouvelles mères, qui échelonnent leur départ selon le degré de préparation de leur progéniture. Tiens ! puisqu'on parle « progéniture », le baleineau s'est sensiblement rapproché de la *panga,* en bondissant comme un cabri. Avec une telle énergie à dépenser, celui-ci ne devrait plus tarder à prendre la route du Nord.

Christo met provisoirement le cap sur la base de Puerto San Carlos, ville étrange ouverte à tous les vents, poussiéreuse à souhait et, selon moi, la plus grosse concentration au monde de sacs plastique en liberté. Imperturbable, le joyeux sauteur nous emboîte le pas sans se décourager, au point de tenter de nous distancer. Et coureur, de surcroît ! C'est un animal juvénile, ô combien magnifique. À peine quelques plaques parasites çà et là, mais rien de comparable avec la carapace de crustacés arborée par sa mère, qui veille au grain à quelques dizaines de mètres de là.

Nous parcourons encore un bon mille au même rythme avant que le danseur se lasse. Christo coupe les gaz. Le coquin doit bien connaître ses baleines car le baleineau entreprend de faire le tour de la panga. J'en profite pour « faire tremper le Nikonos », en clair, tirer quelques clichés sous-marins, penché par-dessus bord, en relevant simplement les man-

Preuve irréfutable de sa coopération, une mère accompagne son baleineau jusqu'au bord du bateau.

La jeune baleine nous provoque dans une course-poursuite qui s'étire sur plus d'un mille.

Un moment d'une rare intensité : le baleineau reçoit les caresses qu'il a sollicitées.

ches. J'ai connu plus exaltant, certes, mais pas question de transgresser la loi en se mettant à l'eau, la visite des geôles mexicaines n'est pas prévue au programme. Provocateur, le bébé marsouine, hoche la tête, nous éclabousse et, finalement disparaît. À 20 m de là, sa mère n'a pas bougé d'un pouce, et seul le souffle caverneux rappelle son existence.

Une secousse suivie d'un bruit de coque malmenée nous prend tous au dépourvu. L'énorme tête du baleineau se pose sur le bord de la *panga* qui en profite pour s'incliner dangereusement. Il attend. D'émotion, j'en oublie presque de respirer. Subjugué, Emmanuel ose un geste dans sa direction. Non seulement, le joyeux farceur ne s'éloigne pas, bien au contraire, il hoche doucement la tête comme pour solliciter une caresse. Il en faut moins que ça à mon camarade pour poser la main sur la tête encore ruisselante. Le baleineau ferme les yeux de contentement, à la manière d'un chat. Pour un peu, il ronronnerait !

L'énorme bouche s'entrouvre. Emmanuel, qui n'est plus à ça près, caresse doucement la langue offerte. Je crois rêver. Pourtant enclin à l'optimisme, je n'aurais jamais imaginé assister un jour à une aussi étonnante rencontre. Car il s'agit bien d'une rencontre délibérée, rendue possible par une confiance mutuelle. Film épuisé, je pose mon appareil et me rapproche de la scène. En tournant la tête dans un bruit de racle, le baleineau glisse vers moi, bouche entrouverte. Oubliant que mon cœur tente de s'échapper de ma poitrine, je pose à mon tour

mes mains sur l'étrange tête. Avec d'infinies précautions, je caresse l'extrémité du museau, puis le menton parsemé de courtes vibrisses (6) et – après tout, pourquoi se gêner ? – les fanons... et enfin la langue. Il en redemande. Après plusieurs minutes de cet échange, il glisse lentement et rejoint sa mère qui n'a cessé de le surveiller.

Nous n'avons guère le temps de nous remettre de nos émotions car les deux baleines se dirigent droit sur la *panga*. Sans même prendre le temps de relever mes manches, j'immerge le Nikonos. Moins de 50 cm séparent l'appareil du baleineau. C'est encore trop pour son goût et il vient carrément poser son rostre sur l'objectif, ce qui ne va pas faciliter la mise au point. Histoire d'aggraver son cas, il tente même de soulever la *panga* en s'aidant de la tête.

Je n'en mène pas large car nous avons affaire à un animal de plusieurs tonnes, capable de nous retourner comme une crêpe si l'envie lui en prenait. Dieu merci, il a d'autres projets et s'en va rejoindre sa mère, posée dans la vase, à 3 m sous la quille. Cette dernière lâche un « souffle explosif (7) » qui donne le signal du départ. Nos deux baleines s'éloignent vers le large en prenant leur temps. Une dernière fois, le baleineau nous adresse un message muet en nous saluant d'un *spy hopping* (8) prolongé. « Salut, l'ami ! Puissent les hommes ne jamais trahir ta confiance ! » Pudeur, émotion ? L'*abbrazzo* que nous échangeons avec Emmanuel se prolonge plus que de coutume. En silence, car il est des bonheurs que les mots ne sauraient exprimer.

Le baleineau vient littéralement coller son museau sur l'objectif du Nikonos.

(6) Vibrisses : poils tactiles de certains mammifères, comme les moustaches du chat.

(7) Souffle explosif : le *bubble blast* des Anglo-Saxons. Brève et sonore, cette émission d'air peut ici être interprétée comme un signe d'avertissement.

(8) *Spy hopping :* attitude de surface de la plupart des cétacés. Dressé verticalement, tête hors de l'eau, l'animal peut ainsi observer les alentours.

Du fond de la lagune, la mère lâche un « souffle explosif » *(bubble blast)*.

Basse-Californie
Mexique

Les « bleues » de Carmen

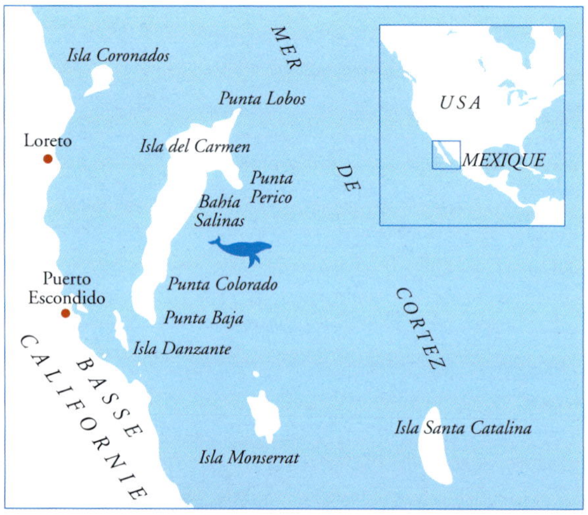

Découverte de l'île de Danzante.

Accrochée à la pointe Sud de la Basse-Californie comme une tique à sa victime, Cabo San Lucas semble appartenir à une autre planète. Sans transition, nous sommes passés de la beauté sauvage de la Sierra de la Laguna avec ses dédales de roches rouges vomies par les volcans du miocène [1] à une caricature de civilisation. Nous n'y étions pas préparés.

Dévorant comme une tumeur terrasses et canyons, ce qui fut jadis un sympathique port de pêche ne cesse de ravager le paysage. Tout ce que l'Occident a pu concocter de plus grotesque et d'artificiel s'épanouit ici sans vergogne. Si le cri du chacal s'est tu, celui du billet vert est assourdissant. D'ailleurs, ne dit-on pas ici, que les véritables prédateurs ne sont pas les requins tigres mais les promoteurs immobiliers ?

En quittant Bahia Magdalena, le roi n'était pas mon cousin. La nature avait été généreuse à notre égard, et la moisson d'images particulièrement riche. Les baleines grises nous avaient comblés au-delà de toute espérance. Alors, comment pouvait-il en être autrement des baleines à bosse de Cabo San Lucas, un de leurs sanctuaires hivernaux [2] ? Nous sommes à pied d'œuvre pour le vérifier.

Du pire...

Le gros pneumatique rouge pompier quitte le port en prenant tout son temps. Lorsque la dernière famille de touristes est montée à bord, j'ai bien cru que nous allions couler. Contre toute attente, l'embarcation supporte vaillamment la surcharge et, bientôt, nous abandonnons dans notre sillage marinas, casinos, boîtes de nuit, rues embouteillées où des myriades de petits marchands indiens tentent de survivre au jour le jour. Nous doublons la pointe de Land's End [3], où quelques lions de mer [4] apathiques se font rôtir au soleil. Protégés jusqu'ici par la falaise, nous sommes pris à partie par un vent particulièrement musclé. Côté mer, ça n'est pas mieux et les embruns ont tôt fait de détremper l'intérieur du bateau. Debout, à l'arrière du flotteur bâbord, je tente à la fois de conserver mon équilibre et d'épargner le matériel photo. À tribord, au milieu d'un fatras de sandwiches détrempés, de pop-corn et de sodas épars, Emmanuel lutte avec un trio de charmants bambins pour quelques centimètres carrés d'espace vital. L'apparition de la première baleine à bosse évite *in extremis* la mutinerie qui pointait à l'horizon.

(1) Miocène : période géologique qui s'étend de -23 à -5 millions d'années. La formation du golfe de Californie, le long de la faille de San Andreas, se situe aux alentours de -12 millions d'années.

(2) Les trois principaux sites mexicains de la mégaptère sont la région de Cabo San Lucas, les îles Revilegigados et la baie de Puerto Vallarta située sur le continent, au sud de la mer de Cortez.

(3) *Land's End* : « La fin de la terre ». Limite méridionale de la péninsule de Basse-Californie.

(4) Lion de mer de Californie *(Zalophus californianus)*. Otarie qui vit sur un terrain allant de Basse-Californie jusqu'à la Colombie Britannique (Canada), ainsi qu'aux Galapagos.

Le sud de la péninsule révèle des paysages d'une rare beauté.

… au meilleur !

Tout excité par l'état de la mer, un baleineau bondit dans les vagues. Curieusement, il se déplace peu entre chaque saut, et surgit pratiquement toujours au même endroit. C'est inhabituel mais pratique : nous n'avons pas à anticiper son déplacement pour le cadrer correctement. À l'instar des baleines grises rencontrées quelques jours auparavant, cette petite baleine à bosse déborde de vitalité. Apparemment, elle est en parfaite condition physique pour entreprendre la longue route qui les mènera, elle et sa mère, jusque dans les eaux froides du Pacifique Nord. Tiens ! Justement, sa génitrice, qui, jusqu'à présent, se tenait immobile à quelques dizaines de mètres de là, vient de disparaître discrètement sous la surface. Pris d'un doute, je décale mon téléobjectif vers la droite, laissant momentanément le baleineau à ses cabrioles. Soudain, la surface explose littéralement sous l'impact d'une masse formidable. En réponse aux sollicitations de son rejeton, la mère vient de bondir à son tour. Je la tiens dans mon viseur.

Douze images à la volée

Presque en contre-jour, l'immense fuseau anthracite s'élève à la verticale, décrit un arc de cercle et retombe dans un bruit de fin du monde. Cinquante tonnes, ça ne risque pas de passer inaperçu ! Lorsque mon index relâche le déclencheur, douze images sont entrées dans l'appareil : une seconde et demie de beauté pure que je ne suis pas près d'oublier. Quelques instants plus tard, le vent a encore

La jeune baleine à bosse provoque sa mère par des sauts à répétition.

forci, rendant toute prise de vues aléatoire. Le skipper décide de battre en retraite, ce dont personne ne se plaint. Comme pour mettre une touche finale à cette éphémère rencontre, la mère nous adresse un superbe *lobtailing* en dressant violemment sa nageoire caudale hors de l'eau.

Agacement, avertissement ? Je préfère y voir un signal complice. En peu de temps, Cabo San Lucas nous a nourris du pire, certes, mais aussi du meilleur, et je veux ne retenir que celui-ci. Demain, nous mettrons un terme à cette visite éclair – mais incontournable – et ferons cap sur la mer de Cortez, qui vit à chaque printemps sous le signe des « bleues ».

Sans complexe

Puerto Escondido, c'est le Mexique revisité façon *Jurassic Park*. Du matin au soir, dans un décor de roches torturées, des pélicans au faciès de ptérosauriens envahissent le port et passent leur temps à se disputer les meilleures places. Emmitouflé pour se protéger du soleil et du vent, Fernando sollicite son puissant moteur, faisant bondir la *panga*. Fréquemment croisés par les pélicans qui patrouillent en rase-mottes, nous enroulons bientôt la pointe rocheuse qui marque la fin du long chenal. Au-delà s'ouvre la mer de Cortez. En remontant vers le nord, nous laissons, à l'ouest, la route qui mène à Loreto et, à l'est, Isla del Carmen, sanctuaire peuplé de milliers d'oiseaux de mer et de quelques dizaines d'otaries. Emmanuel repère plusieurs souffles dans le lointain : deux colonnes vaporeuses se détachent sur la roche rougeâtre de l'île. Le temps de s'approcher en respectant les bonnes manières, nous identifions deux rorquals communs : des adultes, eu égard à leur taille, qui se nourrissent en ratissant méthodiquement le même secteur. Krill ou poisson ? Allez savoir avec cette espèce ! À moins d'aller le vérifier par nous-mêmes, la question restera sans réponse.

Moteur coupé, nous dérivons lentement. Pas un souffle de vent, pas une vague ne vient troubler la surface du détroit. Pas le moindre oiseau non plus. Les deux rorquals ayant dis-

En réponse aux provocations de son baleineau, la mère propulse ses 40 t au-dessus de la surface.

Particulièrement bavards, les lions de mer de Californie ne cessent de s'interpeller.

(5) Punta Lobos : la « pointe des loups de mer » sont l'équivalent des « lions de mer » des Anglo-Saxons, c'est-à-dire des otaries.

(6) Dauphin commun à long bec *(Delphinus capensis)* : la même espèce que celle rencontrée en Afrique du Sud lors du *sardine run.* voir « La baleine et la sardine », p. 178).

Qui peut prétendre qu'un rorqual n'est pas aussi un artiste de talent ?

paru dans les profondeurs, un silence inhabituel s'est installé. Fernando consulte sa montre : huit minutes se sont déjà écoulées depuis leur dernière plongée. Sans le moindre signe avant-coureur, une masse noire crève la surface à 20 m de la *panga,* immédiatement suivie d'un énorme souffle. Je saisis quelques images à la volée lorsque le second rorqual émerge à son tour, cette fois à moins de 10 m de l'étrave. Sans le moindre complexe à notre égard, les deux baleines prennent le temps de s'oxygéner et, dans la foulée, replongent vers leur petit déjeuner. Le silence se réinstalle, presque incongru. J'aime à penser qu'après plusieurs siècles de massacre organisé nous sommes enfin entrés dans une ère nouvelle. Qui aurait cru, il y a seulement vingt ans, que de tels animaux puissent avoir perdu toute inhibition face à nous, les hommes ? Le bruit du moteur me tire de mes réflexions. Fernando reprend le cap. Nous allons contourner Isla del Carmen par le nord et redescendre en longeant la côte Est, par Punta Lobos (5).

Dauphins par centaines

Punta Lobos mérite bien son surnom. Trois douzaines d'otaries ont élu domicile dans les rochers nus battus par les vagues. La saison des amours n'ayant pas encore commencé, les mâles ne sont pas agressifs. En revanche, les aboiements fusent de toutes parts, les jeunes, en particulier, s'invectivant pour d'obscures raisons. Ces otaries-là ont la réputation d'être les plus bavardes et elle le prouvent. Respectueux des règles en usage dans le sanctuaire, nous poursuivons notre route sans mettre pied à terre. Durant l'heure suivante, nous longeons la côte orientale d'Isla del Carmen, désespérément vide. Dame Chance aurait-elle pris des vacances ? Soudain, Fernando coupe le moteur, l'air absorbé.

Sourcils froncés, il tend l'oreille en grattant sa barbe de trois jour, ce qui est plutôt bon signe. Il me semble également percevoir un étrange bruit de fond venu d'on ne sait où. D'abord insignifiant, il s'impose *crescendo,* sans grand mal d'ailleurs tant la mer est calme, et le vent aux abonnés absents. La vague rumeur se transforme bientôt en grondement sourd. À quelques centaines de mètres de là, un immense troupeau de dauphins se rapproche : 500, 600 ? En tous cas, j'avoue n'avoir jamais rien vu de semblable. L'ampleur du mouvement est d'autant plus impressionnante que les dauphins (6) sont maintenant à notre hauteur. La densité du troupeau est telle que les souffles forment un crépitement ininterrompu. Partagé entre fascination béate et désir de témoigner, j'opte finalement pour ce dernier en invitant

Quelques centaines de dauphins à long bec croisent au sud d'Isla del Carmen.

quelques joyeux *capensis* à passer par mon téléobjectif. Décidément, on ne se refait pas. Cela dit, photo ou non, il me suffit aujourd'hui encore de fermer les yeux pour me retrouver au milieu de ces dauphins-là. Et, de surcroît, je les entends !

La « bleue », enfin

Le troupeau parti, la mer ressemble à un désert. Le soleil mexicain se fait de plus en plus agressif, d'autant qu'il est presque au zénith. Enturbanné comme pour une transsaharienne, je rejoins Emmanuel qui scrute l'horizon. « Làààà ! » Dans un ensemble touchant, nos index désignent le même panache de vapeur qui s'élève dans le lointain. Sans perdre une seconde, Fernando met le cap sur Isla de Monserrat. Durant le parcours effectué à toute allure, le souffle s'élève à plusieurs reprises, immanquable par un temps aussi idéal. Nous tenons notre première baleine bleue de la saison.

En fait, la trouver ici n'est pas le fruit du hasard, car nous naviguons au centre d'une zone bien particulière. Sous l'effet du courant qui télescope les îles Carmen, Danzante et Monserrat, les nutriments remontent d'une profondeur de 600 à 700 m vers la surface, ce qui explique la présence des grands prédateurs. À cette heure, le krill doit être encore profond et c'est la raison pour laquelle la baleine ne réapparaît qu'après vingt bonnes minutes d'absence. Pour la photographier, nous devons être près d'elle, et ça n'est pas une mince affaire, car nul ne sait jamais où ni quand elle va sortir. Nous tentons bien de déterminer une constante dans son comportement, mais en vain. L'attendre au sud, c'est avoir la quasi-certitude de la voir émerger au nord et vice versa. D'aucuns se seraient découragés, mais nous n'avons pas franchi une telle distance pour nous laisser impressionner par une baleine, fût-elle bleue et peser 100 t. Moteur coupé, nous prenons notre mal en patience. Les vingt minutes se sont largement écoulées. À mon humble avis, il faut se rendre à l'évi-

Qui pourrait croire que, sur cette photo, la partie visible de la baleine bleue ne représente qu'un tiers de l'ensemble ?

Dans le contre-jour, le souffle d'une baleine bleue est particulièrement visible.

dence : elle nous a faussé compagnie. J'envisage déjà un retour maussade, lourd de frustrations, lorsqu'une chose énorme fait exploser la surface de l'eau à 30 m de la *panga,* prenant tout le monde au dépourvu. Le formidable rostre s'élève et retombe lourdement, comme l'étrave d'un sous-marin en exercice. D'aussi près, le premier souffle fait l'effet d'un coup de tonnerre, d'autant plus puissant que la baleine évacue d'un coup l'air vicié par sa longue apnée. Le dos, marbré de bleu et de gris, défile interminablement devant nos yeux écarquillés.

Lorsque la minuscule nageoire dorsale apparaît, la caudale se soulève pesamment, provoquant une spectaculaire cascade d'eau écumante. De profil, le pédoncule caudal paraît énorme alors que, vu de l'arrière, il semble ridiculement étroit, fragile au point de risquer de se briser sous le poids de la gigantesque voilure. Il ne reste bientôt plus qu'un immense *foot print,* vite réduit à l'état de souvenir. Quelque part sous la quille, dans l'obscurité océanique, la géante a retrouvé les infortunés crustacés qu'elle engloutit par quintaux.

Les meilleures choses ont une fin et nous abandonnons notre baleine à ses agapes, d'autant plus volontiers qu'à chacune de ses apparitions elle s'est généreusement donnée en spectacle, pas plus inhibée que les rorquals du matin. Les heures passent, avec quelques apparitions notables : une bande de dauphins en maraude, un rorqual tropical trop timide, et même une baleine à bosse. Si nous attendions confirmation de la place de choix qu'occupe la *Baja*(7) au hit-parade des destinations de *whale watching,* nous l'avons.

(7) *Baja California :* Basse-Californie, en espagnol.

Festin au crépuscule

Le soir tombe vite à l'ouest de la mer de Cortez, car la chaîne montagneuse qui frange la péninsule n'est pas si éloignée. Nous faisons route au nord en longeant la côte orientale d'Isla del Carmen. Nous doublons Punta Baja, Punta Colorado et, enfin, entrons dans Bahia Salinas. À l'instant où nous en atteignons le centre, je prends conscience de l'étrange vibration qui remplit l'atmosphère, semblable au grésillement d'une ligne électrique à haute tension. Je veux bien y croire, sauf qu'apparemment cette île déserte n'en comporte aucune. En scrutant les alentours, nous comprenons l'origine du phénomène. Une immense tache rose frémissante affleure la surface de l'eau : du krill ! Et bruyant avec ça ! Des millions de crustacés agglutinés profitent de la concentration du plancton près de la surface pour se nourrir à ses dépens.

À l'entrée de la baie, deux apparitions attirent simultanément notre attention : un kayak de mer avec deux passagers et... une baleine bleue. Apparemment, il ne s'agit pas du même individu que celui rencontré quelques heures plus tôt, sa nageoire dorsale étant nettement plus triangulaire. En revanche, il se nourrit avec la même énergie. Comme à l'accoutumée, l'heure tardive concentre la chaîne alimentaire près de la surface – d'abord le phytoplancton, puis le krill, puis les baleines et enfin... les photographes, tous réunis dans une même démarche : chasser. Ne nous voilons pas la face, la photographie animalière est une forme édulcorée de la chasse. Cependant, dans ce cas précis, la différence est de taille : l'une est faite pour tuer, l'autre pour préserver la vie. En pleine digression, j'allais manquer l'essentiel : le porche de la cathédrale de Chartres vient brusquement de crever la surface de l'eau. Culminant à trois bon mètres, il s'approche lentement. Je maintiens l'index appuyé sur le déclencheur, réalisant une séquence ininterrompue de vingt images. J'ai l'intime conviction de vivre un moment d'exception. Je l'avoue, à cet instant précis, j'ignore totalement de quoi il s'agit, mais qu'importe, on verra plus tard ! Lentement, le « porche » s'enfonce et disparaît dans les eaux sombres de la baie. Je ne perds pas une seconde et m'empresse de remettre du film frais dans l'appareil. Soudain, une détonation sourde retentit à 5 m de l'étrave, accompagnée d'un souffle qui nous asperge de fines gouttelettes aux relents musqués. En vaporisant ainsi la *panga* – et le matériel photo, merci ! –, la baleine vient de nous adresser un salut que je ne suis pas près d'oublier.

Notre « bleue » pêchait tout simplement ventre en l'air, bouche grande ouverte, en nageant juste sous la surface. Le « porche de cathédrale » n'était, en fait, que son impressionnante mâchoire inférieure dressée verticalement. J'ose espérer que les « bleues », si elles m'entendent, ne me tiendront pas rigueur de cette comparaison hâtive. Le temps me manquait et, tout bien considéré, les lignes de leur bouche ne sont-elles pas plus élégantes encore que celles du plus bel art gothique ?

Lorsqu'une baleine bleue récolte le krill près de la surface, seul son maxillaire inférieur est visible.

Puerto Vallarta
Mexique

La baie de l'iguane

Rien n'échappe à l'iguane vert dissimulé dans les palétuviers.

Jadis modeste bourgade de pêcheurs, somnolant à l'embouchure du Rio Cuale, Puerto Vallarta a bien grandi. Il en est des cités comme des hommes, auxquels le destin donne un malicieux coup de pouce : elles deviennent méconnaissables en un rien de temps. Ce coup de pouce-là, Puerto Vallarta le reçoit au milieu des années 1960, quand un certain John Huston y tourne *La Nuit de l'iguane,* avec le couple mythique Ava Gardner / Richard Burton. Anonyme jusqu'alors, le village découvre simultanément l'ivresse de la gloire et les affres de la notoriété.

Puerto Vallarta s'étire aujourd'hui sur des dizaines de kilomètres et ne cesse de bétonner implacablement les rivages de Bahia de Banderas [(1)], l'une des plus grandes baies du Mexique avec ses 48 km de largeur. Dans le genre kitsch, Acapulco, la grande sœur méridionale, n'a qu'à bien se tenir ! Maigre consolation, la cité a su préserver dans le vieux quartier une vague touche d'authenticité. Provisoirement du moins. Lorsque Emmanuel et moi y posons le pied pour la première fois, c'est moins pour le folklore tarifé que pour les trois cents baleines à bosse de Bahia de Banderas, un de leurs principaux sites de reproduction du Pacifique Nord.

Captain Alfredo largue l'amarre du bateau sous l'œil atone d'un énorme iguane vert, prêt à entamer une rude journée de sieste sur sa branche préférée. L'air renfrogné du T-Rex miniature me dit qu'il ne nous pardonne pas de l'avoir surpris dans le poste de pilotage. Surtout en galante compagnie ! Marcellito-le-Skipper pousse la manette des gaz. Lentement, nous quittons le quai et gagnons l'entrée du port, où un bateau de croisière, vaste comme un immeuble, déverse ses touristes en colonnes par quatre. Devant nous s'étend l'immense baie, refuge millénaire des mégaptères et autres porteurs de fanons. Tiendra-t-elle ses promesses ? À la mine réjouie d'Alfredo, j'aurais tendance à croire que oui. En ce début mars, la plupart des baleines encore présentes dans la baie sont des mères accompagnées de leur petit, né durant l'hiver. Depuis quelques semaines, les départs se sont échelonnés. Les femelles récemment fécondées ont pris la tête, suivies des individus immatures, puis des mâles adultes. Tous ont pris la direction des côtes américaines, vers un vaste territoire marin chevauchant la Californie, l'Oregon et l'État de Washington. Une belle revanche, car l'espèce y avait pratiquement été exterminée au cours du siècle dernier.

(1) Bahia de Banderas : en espagnol, la « baie des drapeaux ».

Un rorqual tropical parcourt inlassablement les eaux de la baie.

Dans le lointain, un souffle timide se mêle aux lambeaux de brume qui font encore écran aux rayons solaires. Une nageoire dorsale fend la surface avant de disparaître : trop haute, trop falciforme pour être celle d'une baleine à bosse ! Il ne peut s'agir que d'un autre rorqual, mais lequel ? Dix minutes plus tard, une légère brise a finalement raison de la brume et nous y voyons plus clair. Méthodiquement, l'animal tire des bords de courte durée, parallèles au rivage. Les *foot prints* rapprochés qui ponctuent son sillage prouvent qu'il se nourrit juste sous la surface de l'eau. À l'occasion d'un passage à quelques mètres du bateau, il sort généreusement la tête. Sur le plat du rostre, trois sillons presque parallèles permettent de l'identifier avec certitude : il s'agit bien d'un rorqual tropical (2). Quelques minutes plus tard, il parvient à nous fausser compagnie. Qu'importe ! Par radio, un skipper ami nous signale deux baleines à bosse. Marcellito fait rugir les moteurs.

Le cauchemar

Parler de cauchemar est un euphémisme. Dans un rayon de 300 m, devant la plage d'un grand hôtel au ciment encore frais, pas moins de 25 bateaux cernent un couple de baleines. Un monstre à double pont, croulant sous son chargement de touristes bariolés, vomit un panache de fumée noire qui empuantit l'atmosphère. Tout ce qui est en état de flotter à Puerto Vallarta semble s'être réuni ici en une pitoyable armada : voiliers de croisière, vedettes de tous calibres, catamarans, barcasses à la limite du naufrage. Je ne serais pas autrement surpris d'y apercevoir une baignoire. Tandis que nous

(2) Rorqual tropical : à ce jour, on distingue deux espèces, *Balaenoptera brydei* et *Balaenoptera edeni*. Voir « Les grandes familles », p. 48-49.

Par des sauts à répétition, la jeune baleine à bosse provoque joyeusement sa mère.

longeons un faux galion animé par des pirates de pacotille, d'authentiques touristes tentent d'atteindre les infortunées baleines à l'aide de canettes de bière. Au briefing, Alfredo avait pourtant été formel : « La baie est une réserve naturelle protégée et les règles de bonne conduite y sont incontournables. » J'ose à peine imaginer ce qu'elle deviendrait sans ces règles « incontournables ». Ce que je lis dans le regard d'Emmanuel se passe de commentaires. Alors que nous pensions avoir atteint le fond de l'abîme, trois jet skis surgissent d'entre les bateaux et chargent les baleines – une mère et son rejeton – dans des rugissements de moteurs surchauffés. C'est assez pour aujourd'hui ! Une conférence au sommet s'impose de toute urgence, car il semble y avoir un malentendu. Je crains qu'ici on ne confonde *whale watching* et music-hall.

Renseignements pris, l'horreur à laquelle nous avons assisté n'est pas supposée exister, d'autant que les licences de *whale watching* sont attribuées à un nombre strictement limité d'opérateurs. Malheureusement, la marine de guerre chargée de faire respecter la loi ne dispose pas d'un nombre suffisant d'unités. Alfredo nous promet de mettre d'équerre son programme du lendemain et d'éviter, au moins le temps d'un reportage, la fréquentation des « bateaux voyous ». Grand bien nous fasse !

Un baleineau pour cible...

Le lendemain, nous reprenons la mer, après le salut rituel à l'iguane de garde. Cette fois, Alfredo fait mettre le cap au nord de la baie, vers une pointe rocheuse que la lèpre immobilière n'a pas encore contaminée. Il s'agit surtout de s'éloigner de la zone côtière trop fréquentée, une fois suffit. Une demi-heure de navigation s'écoule sans rien de notable lorsque soudain, un panache s'élève à 300 m du bateau : une mère et son baleineau filent comme s'ils avaient le diable à leurs trousses. Comme toutes les mères à l'approche du grand départ vers le nord, celle-ci entraîne son petit. Gavé plusieurs fois par jour d'un lait crémeux à souhait, ce dernier développe toutes les capacités nécessaires à sa survie, non seulement la vitesse et l'endurance, mais aussi la connaissance du milieu, l'apprentissage des dangers et les moyens d'y échapper.

Alors qu'il avait disparu depuis quelques minutes, le baleineau bondit à l'avant du bateau. Pris au dépourvu, je n'ai pas eu le temps de cadrer. Au deuxième saut, je parviens à saisir une longue séquence, d'autant plus précieuse qu'il ouvre la bouche en grand. Au troisième, il s'est encore rapproché et je distingue parfaitement les fanons gris-bleu. On jurerait qu'il bâille ! Au quatrième, il nous tourne le dos. Au cinquième… Non ! cette fois, il rattrape sa génitrice et tous deux reprennent leur course interrompue, vers la côte. Il ne s'agissait donc que d'une simple répétition, en prévision du « jour J ». La mère lève son impressionnante caudale, provoquant une spectaculaire cascade d'écume. Elle disparaît dans les profondeurs de la baie, suivie de son rejeton. Marcellito reprend le cap initial.

À mi-parcours, nous rattrapons une autre mère et son petit qui suivent tranquillement une route parallèle à la nôtre. Contrairement au couple précédent, ces deux-là ne semblent pas vouloir battre un quelconque record. Nous les suivons à bonne distance, jusqu'à l'arrivée d'une embarcation au mât duquel flotte le drapeau de l'université de Mexico. Alfredo salue joyeusement le capitaine en qui il a reconnu un confrère. Étudiants en biologie marine, les six passagers participent à un programme de recensement des mégaptères locaux. Respectueux, nous leur laissons volontiers le champ libre, d'autant plus qu'après l'horreur de la veille cette rencontre est plutôt rafraîchissante. Pas vraiment concernées par l'échange de civilités, les deux baleines vont leur bonhomme de chemin, comme si nous n'existions pas. À l'avant de la grosse barque, une étudiante lève son arbalète…

Minuscule, le baleineau devra attendre encore quelques semaines avant de prendre la route du nord.

Au moment précis où le baleineau franchit la surface de l'eau, elle presse la détente. À peine un léger recul et le carreau (3) file vers sa cible… Et la manque ! Déhalé grâce au fil de rappel, le carreau reprend sa place sur l'arbalète. Nouvelle visée, nouveau tir… Nouvel échec ! À la troisième tentative, il atteint enfin le flanc du baleineau qui sursaute sous l'effet de la piqûre et plonge. La tête creuse du projectile contient maintenant le précieux échantillon. On pourrait croire la mission accomplie,

(3) Carreau d'arbalète : à l'origine, sorte de flèche à pointe en losange à quatre pans. Jadis arme de guerre, elle est employée aujourd'hui avec une tête creuse pour prélever des échantillons organiques destinés à l'analyse ADN.

Habituées aux embouteillages de la baie, les baleines ne changent même plus de cap à l'approche d'un bateau de *whale watching* improvisé.

eh bien, non ! La biologiste en herbe cède la place à un condisciple qui se met en position à son tour. Dire que le baleineau apprécie la seconde piqûre serait exagéré. Il plonge après avoir poussé un cri rauque et, dix secondes plus tard, jaillit de la surface comme un missile. Le troisième tir effectué par un autre membre de la classe de travaux pratiques provoque carrément sa colère. Il bondit à nouveau, cette fois si près du tireur que ce dernier a un mouvement de recul et perd l'équilibre… sous un énorme éclat de rire collectif. Lorsque le dernier de la classe presse la détente, la flèche rebondit sur la tête du baleineau excédé, manquant l'évent d'à peine deux doigts. Cette fois, c'en est trop ! Les deux baleines plongent et disparaissent pour de bon. Subjugués par tant de « compétence », nous laissons les Marx Brothers méditer sur les bienfaits de la science et reprenons notre route.

Jeux complices

À vitesse réduite, il nous faut presque une heure pour atteindre la pointe rocheuse. Il est midi et, fidèle à ses habitudes, le vent d'ouest s'est levé. Une mère et son petit se sont abrités dans une crique bordée d'épineux. Les sauts qui avaient attiré notre attention se poursuivent sans interruption. Nul besoin d'un diplôme d'éthologie pour comprendre que les deux

Tir d'entraînement à l'arbalète sur baleine vivante, pour « raisons scientifiques ».

Dans les jours qui précèdent le grand départ, les mères participent volontiers aux jeux de leur rejeton.

baleines s'amusent comme des folles, sans autre raison que le plaisir de jouer. La mêlée est parfois telle qu'il est difficile de savoir qui est qui. Dans le bouillonnement d'écume qui agite la surface, j'entrevois tantôt une pectorale, tantôt une tête ou une caudale, parfois le tout en même temps. C'est bien la preuve que ces animaux sont infiniment plus que des estomacs ou des machines à se reproduire. Tout dans leur comportement affirme le contraire. Je n'y vois pas autre chose qu'une maman jouant avec son bébé dans un échange de complicité et d'amour partagés. Et c'est magnifique. Comment les baleiniers ont-ils pu utiliser cet attachement réciproque pour les tuer à coup sûr, en se servant de l'un pour attirer l'autre ?

Infatigables, les deux protagonistes, qui auraient pu se contenter de ce jeu brouillon, entamAent un concerto de percussions. Roulant sur elle-même, la mère frappe la surface de l'eau de ses pectorales avec la régularité d'un métronome, donnant le *tempo* à son rejeton. Ce dernier répond par des frappes de la caudale qui s'harmonisent avec celles de sa mère. Au bout de plusieurs minutes de cet échange sans la moindre discordance, mon incrédulité s'est définitivement envolée. Les liens sont si étroits entre ces deux êtres qu'ils sont capables de s'exprimer en rythme. Et tant pis si ces réflexions font ricaner sur les bancs de l'Académie, ce qui vient de nous être offert échappe à toute théorie scientifique. Et c'est tant mieux. Mes élucu-

La mère et son baleineau, dans un numéro de duettistes inattendu.

brations s'arrêtent là, car un bateau vient de faire son apparition. À son bord, il me semble bien reconnaître la trop fameuse équipe d'arbalétriers. Raison supplémentaire pour plier bagage.

C'est sur le chemin du retour que la chose se produit. Alors que le ciel se couvre de nuages annonciateurs de pluie, deux nouvelles baleines viennent à notre rencontre. Comme à l'accoutumée, le baleineau provoque sa mère par des jeux incessants. Agacée, elle a beau s'ébrouer et le repousser vigoureusement, rien n'y fait. Elle plonge. Resté seul, à quelques mètres de l'étrave, le rejeton se cherche un nouveau partenaire. C'est l'énormité du bruit qui nous alerte. Une montagne crève la surface de l'eau à 20 m du bateau : maman est de retour ! Elle s'élève un moment et retombe dans un extraordinaire ralenti tandis que l'eau s'écoule en cascade. L'impact avec la surface est tel que je ne peux m'empêcher de rentrer la tête dans les épaules. Dans la seconde qui suit, la clameur qui s'élève dans le bateau est à la hauteur de l'événement. L'émotion est à son comble et, à cet instant précis, j'ai la certitude d'être au centre de l'Univers. Apparemment, mes compagnons aussi. Décidément, cet endroit nous aura fait connaître à la fois le pire et le meilleur. Tout compte fait, ne serait-il pas à l'image de la vie ici-bas, où la laideur est indispensable pour apprécier la beauté, et l'ombre la lumière ?

La mère nous offre un somptueux *breach* d'adieu.

Bibliographie

BEAUBRUN P. C. *Atlas préliminaire de distribution des cétacés de Méditerranée,* Musée océanographique de Monaco, Monaco, 1995.

BOMPAR J. M. *Les Cétacés de Méditerranée,* Édisud, Aix-en-Provence, 2000.

CARWARDINE Mark, HOYT Erich, FORDYCE R. Ewan, *An Australian Guide to Whales, Dolphins and Porpoises,* Australian Geographic, Weldon Owen Pty, Sydney, San Francisco, 1998.

CARWARDINE Mark, CAMM Martin, *Whales, dolphins and porpoises,* Dorling Kindersley, Londres, New York, Stuttgart, 1995.

CLAPHAM Phil, *Baleines à bosse,* Nathan, Paris, 2001.

COHAT Yves, *Vie et mort des baleines,* Découvertes Gallimard, Paris, 1986.

COLLET Anne et ROSS Gillie, *Baleines, un enjeu économique,* Les Éditions Autrement, Paris, 1999.

CORRIGAN Patricia, *The Whale Watcher's Guide, in North America,* NorthWord Press, Minnetonka, 1999.

COUSTEAU Jacques-Yves et PACCALET Yves, *La Planète des baleines,* Robert Laffont, Paris, 1986.

DE BAULIEU François, *Mammifères marins de nos côtes,* Chasse-Marée / ArMen, 1994.

DODGE Ernest S., *Baleiniers à Tahiti,* Société des Océanistes, Paris, 1971.

DUMONT J. M. et Rémy MARION, *Cap sur les baleines,* Nathan, Paris, 1997.

FONTAINE Pierre-Henry, *Les Baleines de l'Atlantique Nord,* Multimondes, Sainte-Foy, Québec, 1998.

GILLES Peter et BURKE Cecilia, *Whale watching in Australian & New Zealand waters,* Australian Geographic, Terrey Hills, 1999.

HARRISON Richard et BRYDEN M. M., *Baleines, dauphins et marsouins,* Bordas, Paris, 1989.

LEFEVRE Yves et PLAGNES LEFÈVRE Florence, *Petite Baleine,* Pôles d'Images, Barbizon, 2004.

LETHERWOOD Stephen et REEVES Randall R., *Whales and Dolphins,* Sierra Club Books, San Francisco, 1983.

MARTIN Anthony, *Whales and Dolphins,* Salamander Books, Londres, New York, 1990.

NABARTOLO DI SCIARA Giuseppe et DEMMA Massimo, *Guida dei mammiferi marini del Mediterraneo,* Franco Muzzio Editore, 1994.

PACCALET Yves, *La Mer et la vie,* Larousse, Paris, 1994.

PERRIN William F., Bernd WÜRSIG, THEWISSEN J. M. G., *Encyclopedia of Marine Mammals,* Academic Press, San Diego, Londres, 2002.

SIFAOUI Brigitte, *Le Livre des dauphins et des baleines,* CLES - Albin Michel, Paris, 1996.

SOURY Gérard, *L'Univers des dauphins et des baleines,* Fleurus-BBC, Paris, 2004.

SYLVESTRE Jean-Pierre, *Baleines et cachalots,* Times Editions / Les Éditions du Pacifique, Singapour, 1989.

TODD Barbara, *Whales & Dolphins of Kaikoura,* New Zealand, 1991.

VÉLY Michel, *Les Baleines à bosse à Madagascar,* Carambole, Antananarivo, 2001.

VIALLELLE Serge, *Dauphins et baleines des Açores,* Espaço Talassa, Lajes do Pico, 1993.

WANDREY R., *Guide des mammifères marins du monde,* Delachaux et Niestlé, Lausanne, 1997.

WATSON Lyall, *Whales of the the World, Hutchinson,* Londres, Sydney, Auckland, Johannesburg, 1981.

WHITFIELD Philip, *L'Évolution,* Nathan, Paris, 1993.

WÜRTZ Maurizio, REPETTO Nadia, *Dauphins et baleines,* Gründ, Paris, 2003.

Index

Remerciements

Afrique du Sud (Overberg)

Christophe Beau *(Turquoise Horizon, East London),*
Charles Maxwell *(Underwater Video Services, Cap Town).*

Afrique du Sud (Transkei)

Walter et Sandy Bernardis *(African Watersports Aliwal, Durban).*

Argentine (Patagonie)

Franck Wirth *(Pico Sports Lda),* Jorge Schmid *(Punta Ballenas, Puerto Piramides).*

Australie

Andy Dunstan et John Rumney *(Undersea Explorer, Port Douglas, QLD),*
Dr. Alastair Birtles *(James Cook University, Australia),* Dr Peter Arnold *(Museum of Tropical Queensland).*

Canada

Brad Parker *(Igloolik Outdoor Adventures, Igloolik, Nunavut).*

France (Méditerranée)

Tiphaine Fermi, Denis Cointrel et Frédéric Bouché *(Cetus).*

Madagascar (Sainte-Marie)

Maximo et Claudia Felici, et Cyril *(Il Balenottero, Ambodifotatra, Nosy Bohara).*

Mexique (Basse-Californie)

Cédric « Coyote » Gourmelin *(Laguna de Ojo de Liebre, Guerrero Negro, BC),*
Fernando Arcas Saiz *(Grupo Eecologista Antares, Loreto, BC).*

Mexique (Puerto Vallarta)

Alfredo Herrera *(Discover Pacific Tour, Puerto Vallarta).*

Polynésie française (Rurutu, Australes) :

Yves Lefèvre, Sandra Bessudo, Eric Leborgne *(Raie Manta Club, Rangiroa et Rurutu).*

Portugal (Açores)

Serge et Xana Viallelle, João Pedro Sequeira, João Quaresma, João Gonçalves, Sidonio Gonçalves *(Espaço Talassa, Lajes do Pico),* Direction régionale de l'Environnement (Horta).

États-Unis (Alaska)

Jim Nahmens (*Nature Spirit*), Dennis Rogers *(Alaska Sea Adventures).*

Et…

Jean Attard *(Apnea),* J.-M. Bompar, Pierre Camus *(Océans),* J.-M. Hastings *(Air Tahiti Nui),* Pierre Martin Razi *(Subaqua),* Rémy Marion *(Pôles d'images),* J.-L. Albouy *(GNGL),* Tumata Vernaudon *(GIE Tahiti Tourisme),* Céline Charvet et Caroline Larroche *(Nathan),* Jacques Hennaux (*L'Équipe*), Patricia Vusio, Maurizio Würtz *(Université de Gênes, Italie).* Olivier Soury *(Humaterra.net)* et Emmanuel Tardy *(gaiaexpedition.com)*, pour notre vision commune de la nature en liberté.

Crédits photographiques

Yves Lefèvre : p. 89H, 90B, 91 ; Camille Lusardi : p. 194 et 195 ; Jim Nahmens : p. 218HG ; Olivier Soury : p. 162B et 175H ; Agence Sunset : p. 97, 98H et 98B.

Toutes les autres photos sont de l'auteur.
Contact : www.gerardsoury.com

La caricature de la page suivante est de Pierre Camus.

Matériels photographiques utilisés :
Usage terrestre : Nikon F5 et Nikon D 200.
Usage sous-marin : Nikon F 90 X en caisson Sea & Sea, Nikonos V (objectifs 15 et 20 mm),
Film : Fuji Provia 100 et Provia 400.

Conception graphique et mise en pages
Jacques Hennaux

Relecture des textes
Régine Sabre et Elisabeth Privat

Cartographie
Noël Blotti

Ouvrage réalisé avec la collaboration de Caroline Larroche

Photogravure
Gérard Soury et Dupont, Paris

ISBN : 209-260003-6
N° d'éditeur : 10092282
Dépôt légal : octobre 2006
Imprimé en France par Pollina - L41001